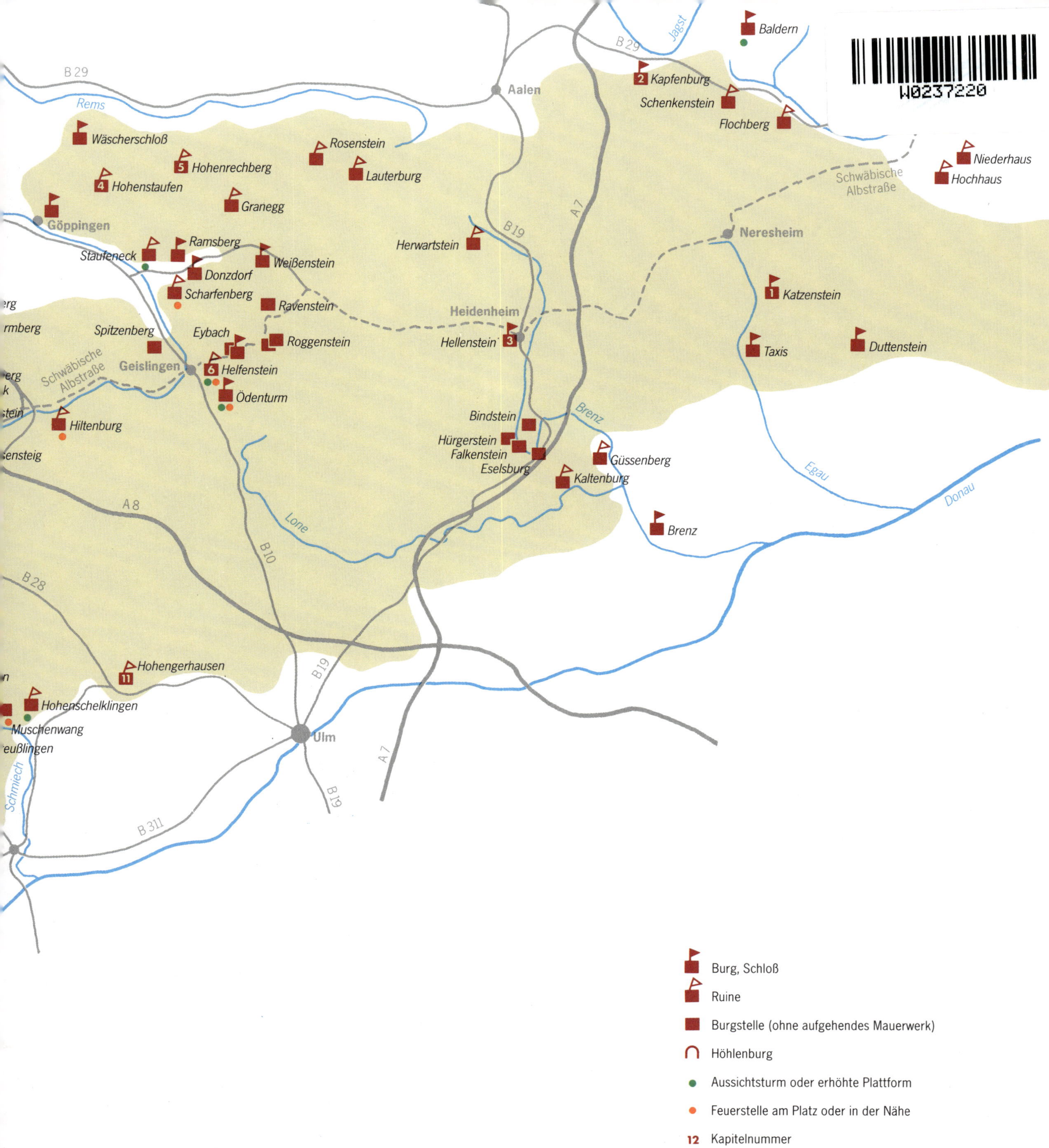

Baldern
B 29
Jagst
Aalen
Rems
Kapfenburg
Schenkenstein
Flochberg
Wäscherschloß
Rosenstein
Hohenrechberg
Lauterburg
Hohenstaufen
Granegg
Niederhaus
Hochhaus
Schwäbische Albstraße
Göppingen
Neresheim
B19
A 7
Herwartstein
Staufeneck
Ramsberg
Weißenstein
Donzdorf
Scharfenberg
Ravenstein
Katzenstein
Heidenheim
Spitzenberg
Eybach
Roggenstein
Hellenstein
Taxis
Duttenstein
Geislingen
Helfenstein
Ödenturm
Hiltenburg
Bindstein
Brenz
Hürgerstein
Falkenstein
Eselsburg
Güssenberg
Kaltenburg
Egau
A 8
Lone
Donau
B10
B 28
Hohengerhausen
Hohenschelklingen
Muschenwang
Ulm
Schmiech
B 311
Burg, Schloß
Ruine
Burgstelle (ohne aufgehendes Mauerwerk)
Höhlenburg
Aussichtsturm oder erhöhte Plattform
Feuerstelle am Platz oder in der Nähe
12 Kapitelnummer

Burgen und Schlösser der Schwäbischen Alb

Wie verwunschen in Waldeseinsamkeit ist der **Wielandstein** ganz das, was den Reiz der versunkenen Ritterburgen ausmacht: lockend, geheimnisvoll und ein bißchen unheimlich (zu Seite 46).

Christoph Bizer
Wilhelm Gradmann

Burgen und Schlösser der Schwäbischen Alb

3. Auflage,
vollständig neu bearbeitet und erweitert
von Christoph Bizer

DRW-Verlag

ISBN 3-87181-284-6

3., vollständig neu bearbeitete und erweiterte Auflage

Gestaltung: Peter Stecher
Umschlag: Berthold Gauder
Druck: Karl Weinbrenner & Söhne GmbH & Co., Leinfelden-Echterdingen

Bestellnummer 284

Inhalt

Vorwort

Von einem Buch über Burgen und Schlösser der Schwäbischen Alb wird man keine Vollständigkeit erwarten – zu viele dieser merkwürdigen Wohnplätze gab es einst, und von den meisten sind nur spärliche Reste oder kaum erkennbare Geländespuren geblieben. Keine Burgen im engeren Sinn sind die sogenannten Volks- oder Fliehburgen der Vorgeschichte und des Frühmittelalters, die auf schützenden Höhen den Bewohnern der Umgebung Zuflucht boten. Gegenstand unseres Buches ist in erster Linie die Ritterburg des Hoch- und Spätmittelalters, die als befestigter Wohnsitz einer Adelsfamilie zum namengebenden Stammsitz ganzer Geschlechter werden konnte und sich in einigen Fällen zum Schloß oder zur Festung fortentwickelte. Auf die Unterscheidung des Erhaltungszustandes (Burg, Ruine, Burgstelle) wurde im Text verzichtet – diese Information kann der Vorsatzkarte entnommen werden.

Der vorliegende Band ist eine grundlegende Neubearbeitung des in zweiter Auflage vergriffenen Buches „Burgen und Schlösser der Schwäbischen Alb" von Wilhelm Gradmann (†). Unsere Auswahl aus den etwa 400 Burgen und Schlössern der Schwäbischen Alb will dem Leser Anlagen vorstellen, die öffentlich zugänglich sind, die über sehenswerte Baureste oder Geländespuren verfügen oder die sich durch reizvolle Lage und Umgebung als Ausflugsziele lohnen. Doch will das Buch kein Burgen- oder Wanderführer sein. Das Zusammenstellen von Fahrten und Wanderungen sowie das Auffinden der Anlagen im Gelände, wozu wenigstens eine gute Karte nötig sein dürfte, bleibt dem Leser überlassen. Unser Buch möchte solche Unternehmungen auf die Alb anregen und die gewonnenen Eindrücke später in Bild und Erläuterung vertiefen und nachklingen lassen. Dabei wünschen Verlag und Verfasser Freude und Bereicherung.

Zu danken hat der Verfasser Studiendirektor Rolf Götz (Weilheim) für sein Mitwirken bei der Arbeit mit Quellen und Literatur und bei der Textfassung sowie Steinmetzmeister Christoph Stauß (Rulfingen) für die Rekonstruktionszeichnungen und vielerlei Hinweise und Anregungen. Zu danken ist außerdem für die Überlassung von Bildvorlagen und für manchen Tip den Architekten Günter Schmitt (Biberach) und Rudolf Brändle (Münsingen), Gunther Dohl (Rottenacker), Kreisarchivar Walter Ziegler (Göppingen), Hans Kübler (Bingen), Franz Frey (Leibertingen), Florian Setzen (Waldstetten), Helmut Söllner (Überlingen) und vielen ungenannten Burgenfreunden.

Burg Lupfen nach einer Zeichnung K. A. Kochs von 1909 (s. auch S. 120).

Albburgen – Entstehung, Entwicklung, Erforschung

Burgplätze und Burggründer

Sucht man nach Besonderheiten der Albburgen, so fällt zuerst ihre Vielfalt ins Auge, die so ausgeprägt in anderen Burgenlandschaften nicht festzustellen ist. Ursache mag die starke besitzrechtliche Zersplitterung besonders im westlichen Teil der Alb gewesen sein, aber auch die vielgestaltige Landschaft, die vom Albvorland mit seinen Vulkankegeln und Zeugenbergen zum Steilabfall des Albtraufs über die Weite der Hochfläche mit flachen Kuppen und Trockentälern zu den felsigen Talschluchten und dem tief eingeschnittenen Tal des Donaudurchbruchs reicht. So finden sich Burgen auf freien Gipfeln, in wilder Felslage, in Höhlen und vorgeschichtlichen Anlagen, auf Geländespornen am Rand der Hochfläche, auf Halbhöhen, auf Kuppen und als Wasserburgen im Talgrund. Eine Bevorzugung bei der Wahl des Burgplatzes läßt sich bestenfalls darin erkennen, daß frühe Burgen meist an Plätzen mit hoher natürlicher Sicherheit liegen, an denen keine großen Erdarbeiten erforderlich waren, wie auf steilen Gipfeln, auf Felsspitzen und in Höhlen oder in vorgeschichtlichen Anlagen mit bereits vorhandener Wall-Graben-Sicherung. Burgen des Spätmittelalters (1250–1500) mieden dagegen extreme Standorte und entstanden mehrheitlich in siedlungsnahen Halbhöhen- oder Tallagen.

Burggründer im 11. und 12. Jh. waren Angehörige des Hochadels wie Herzöge, Grafen und Edelfreie; eine Abfolge nach dem Stand der Gründer ist nicht erkennbar. Der Niederadel aus ursprünglich unfreien ritterlichen Dienstleuten (Ministerialen) des Hochadels oder der Kirche und aus Ortsadligen erscheint deutlich später, meist erst im 13. Jh., im Besitz von Burgen, häufig als Lehen.

Eigen, Lehen, Pfandbesitz

Noch bunter als bei den Burggründern und Burgplätzen war die Vielfalt der möglichen Eigentums- und Besitzrechte an Burgen. Eigentümer von Burgen waren das Reich und die Kirche (vertreten etwa durch ein Bistum oder Kloster) sowie Landesherren, Städte, Grafen und Edelfreie. Unfreie und Nichtadlige konnten kein Eigentum an Burgen erwerben. Eigentümer konnten ihre Burgen von Vögten verwalten lassen oder als Lehen in den Besitz anderer geben und dadurch die Zahl ihrer Gefolgsleute und damit ihre Macht vermehren. Bei den üblicherweise erblichen Lehen waren Burg und Zugehör meist für sehr lange Zeit der Verfügungsgewalt des Eigentümers entzogen. Nur bei schweren Verstößen gegen die Lehenspflicht und beim Fehlen standesgemäßer männlicher Nachkommen (Frauen waren nicht lehensfähig) fiel das Lehen an den Lehnsherrn zurück. Stets bestand dazuhin die Gefahr der Entfremdung (= Verlust) von Lehen, weil sie die Lehnsnehmer zunehmend wie Eigengut handhabten und besonders bei häufigem Besitzerwechsel durch Verkauf der Lehen die Bindung an den Lehnsherrn litt.

Wurde die Burg nur als Pfand weggegeben, so erhielt der Eigentümer flüssige Mittel und konnte bei Bedarf sein Eigentum wieder auslösen, hatte allerdings auch keinen Gefolgsmann auf seiner Burg. Ein Burgeigentümer konnte diese auch einem anderen zu Lehen auftragen, also ihm seine Burg übergeben und als Lehen zurückerhalten, wodurch er z. B. den Rückhalt eines starken Lehnsherrn gewinnen konnte. Durch Erbteilungen, Verkäufe und Verpfändungen konnte der Besitz einer Burg an mehrere Teilbesitzer aufsplittern, die dann in besonderen Verträgen (= Burgfrieden) die erforderlichen Abmachungen trafen. Eine abgeschwächte Form des Eigentumsrechts und oft der erste Schritt zum Erwerb einer Burg war das Öffnungsrecht, wodurch z. B. einem Landesherrn die betreffende Burg bei Bedarf zur militärischen Nutzung zur Verfügung stand, diese aber nicht gegen ihn verwandt werden durfte.

Obwohl Lehnsnehmer und Pfandinhaber zum baulichen Unterhalt der Burg verpflichtet waren, brachte häufiger Besitzerwechsel gewöhnlich den Niedergang einer Anlage. Wurde sie nicht mehr herrschaftlich bewohnt, weil den Lehns- oder Pfandinhaber nur das Zugehör an Besitz und Rechten, nicht aber die Burg als Wohnsitz interessierte, so war ihr Abgang abzusehen. Doch auch eine nicht mehr bewohnbare Burg (= Burgstall) war weiterhin Lehens-, Kauf- und Pfandobjekt, weil die mit ihr verbundenen Abgaben und Dienste (= Fronen) davon unberührt blieben.

Burgen der Salierzeit

An der Vielfalt der Albburgen, die von der Abhängigkeit vom Burgplatz, von der vorgesehenen Aufgabe und den wirtschaftlichen Möglichkeiten des Bauherrn herrührt, sind bislang alle Versuche gescheitert, sie in Typengruppen zu ordnen, um so ihre Masse überschaubarer und die Einzelburg in ihrer Anlage verständlicher zu machen. Es kommt hinzu, daß sich der Bautyp Burg im Lauf der Jahrhunderte fortentwickelt hat und durch die unterschiedliche Übernahme der Neuerungen zusätzliche Vielfalt entstand. Wie diese Entwicklung verlief, sei im folgenden knapp skizziert.

Die Burgen der Salierzeit (1024–1125) bestanden vielfach aus Wohntürmen in oft großflächigen Anlagen von eher geringer Wehrhaftigkeit; befestigte Vorburgen fehlten häufig. Bei kleineren Anlagen bestand die Burg nur aus einem Gebäude mit kleinem Hof (= Turmburg). Bezeichnend für die Wohntürme früher Burgen waren große Grundfläche, geringe Höhe und nur mäßig starke Mauern aus handlichen Kleinquadern. Kachelöfen waren in Burgen des 11. Jh.s ganz seltene Ausnahmen.

Burgen der Stauferzeit

In der Stauferzeit (1138–1254) entstanden Burgen als geschlossene Anlagen auf kleiner Fläche mit

großer passiver Wehrhaftigkeit, die durch hohe Mauern, tiefe Gräben, Vorburgen und erschwerte Zugänge erreicht wurde. Wohn- und Wehrfunktion wurden nun baulich getrennt. Der Wohnbau einer Burg (= Palas) enthielt als zentralen Ort des Burglebens den großen Saal, in dem zunehmend die rauchfreie Kachelofenheizung üblich wurde. Überwiegend Wehr- und Repräsentationsbau war der hohe Hauptturm stauferzeitlicher Burgen (= Bergfried). Durch gewaltig dicke, fensterlose Mauern in den unteren Geschossen und den hochliegenden Eingang war er als letzte Zuflucht geeignet, für dauernden Wohnaufenthalt sicher nicht.

Schildmauer nennen wir den verstärkten und erhöhten Teil der Ringmauer, der Spornburgen häufig feldseitig abschirmte. Oft als selbständiger Baukörper ausgebildet, waren Schildmauern begehbar und durch Zinnengänge oder überdachte Wehrgänge wie ein Turm rundum zu verteidigen. Verbreitet war in spätstaufischer Zeit (erste Hälfte des 13. Jh.s) an Albburgen die Verwendung von Buckelquadern. Durch den Gegensatz von exaktem Randschlag und vorquellendem Buckel gaben sie dem Mauerwerk den Ausdruck gebändigter Kraft, womit es zum anschaulichen Abbild des stauferzeitlichen Ritterideals wurde.

Spätmittelalterliche Burgen

Die Burgen des Spätmittelalters (1250–1500) sind auf der Alb meist nicht als Neuanlagen, sondern aus der Umgestaltung älterer Anlagen entstanden. Sie sind die bauliche Antwort auf die verbesserte Belagerungstechnik infolge der Kreuzzüge und die zunehmend wirkungsvolleren Pulvergeschütze.

Oberflächenfunde aus dem Müll einer ehemaligen Burg ermöglichen Rückschlüsse auf die Entstehungs- und Abgangszeit der Anlage und gewähren Einblicke in den Burgalltag. Unser Bild mit Funden von der mittleren Alb zeigt Reste der Geschirrkeramik (links), der Ofenkeramik (rechts) sowie Stücke aus Eisen, Glas, Ton, Buntmetall und Knochen.

Die hohen Bergfriede und Schildmauern verschwanden, weil sie bei Beschuß zu gute Ziele boten. Für den aufwendigen Prestigebau in Buckelquadern hatte man keine Mittel mehr, gebaut wurde nur noch in Bruchsteinmauerwerk, das anschließend verputzt und geweißt wurde. Vorspringende Türme (= Flankierungstürme) ermöglichten die Bekämpfung des Angreifers von der Seite, vorgelagerte niedere Mauern (= Zwingermauern) mit

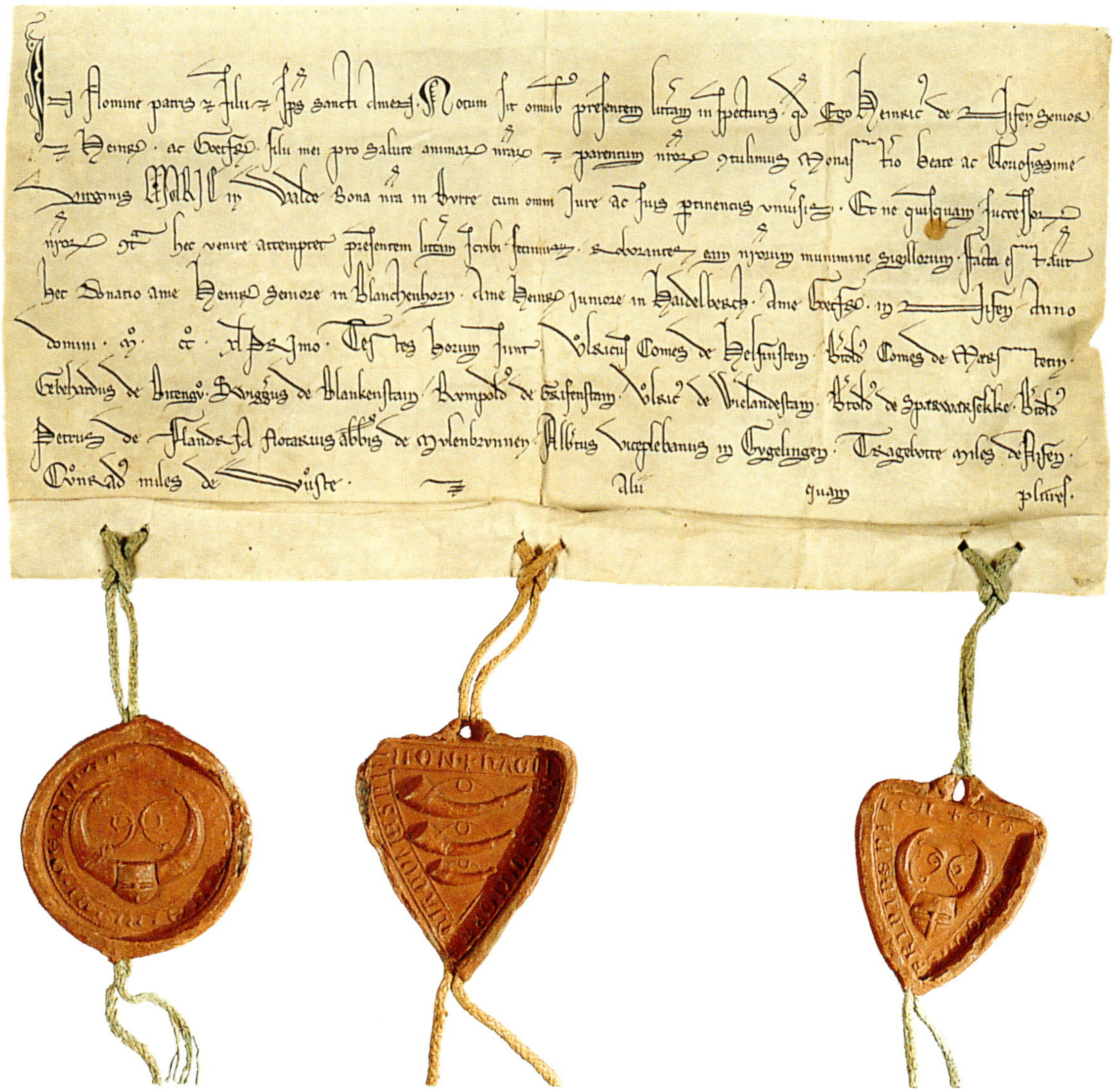

Urkunde Heinrichs von Neuffen und seiner Söhne Heinrich und Gottfried als schriftliche Bestätigung einer Güterschenkung an das Zisterzienserinnenkloster Wald von 1241. Die Zeugenliste (6.–9. Zeile), streng nach Standeszugehörigkeit geordnet, nennt zwei Grafen, sechs Edelfreie, zwei Geistliche und zwei niederadlige Ritter.

nach innen offenen Türmchen (= Schalentürme, Halbtürme) sollten ihn von der Hauptmauer fernhalten. Der Raum zwischen beiden Mauern (=Zwinger) diente als Burggarten, Tummelplatz oder Tiergehege. Zahlreiche und vielgestaltige Schießscharten für Armbrüste und Mauerbüchsen sowie die breiten Maulscharten für Geschütze sind Ausdruck aktiver Wehrhaftigkeit. Der Zugang wurde durch mehrere Tore, Zugbrücken und Voranlagen besser gesichert. Durch die langsam aufkommende Fensterverglasung wurde die Wohnlichkeit entscheidend gesteigert.

Da an vielen Burgen solche Ausbaumaßnahmen nicht möglich waren, viele Burgherren sie sich nicht leisten konnten und die Landesherren den teuren Ausbau auf wenige ihrer zahlreichen Burgen beschränkten, blieben immer mehr Burgen hinter dem zeitgemäßen Baustandard zurück. Diese veralteten Burgen boten keine ausreichende Sicherheit mehr und wurden deshalb nach und nach aufgegeben, wenn nicht ein Feuer oder eine kriegerische Zerstörung ihnen dieses Ende ersparte.

Festungen

Mit der völligen Trennung von Wohn- und Wehrfunktion im nachmittelalterlichen Schloß- und Festungsbau endet die Zeit der Burgen. Bei den überwiegend aus Burgen hervorgegangenen Festungen im Albbereich trat im Zuge dieser Entwicklung der herrschaftliche Wohnteil zurück oder verschwand ganz. Dafür entstanden nun überwölbte, oft durch Erdauffüllung gesicherte Schutzräume für Mannschaft und Vorräte (= Kasematten), vorspringende, gegen Beschuß teilweise mit Erde hinterfüllte Werke (= Basteien, Bastione) und große, weitgehend massive Rundbastione mit offener Geschützplattform. Die Zugänge führten in langen Tunneln durch Erdwerke und Bastione. Ausgedehnte Vorfeldanlagen in Stein und Erde und spitze oder sternförmige Graben- und Erdwerke (= Schanzen) – heute meist kaum mehr zu erkennen – sollten feindliche Geschütze möglichst weit von der Festung fernhalten.

Baureste und Geländespuren, oft bis zur Unkenntlichkeit verschüttet und überwuchert, können Aufschluß geben über scheinbar restlos verschwundene Anlagen. Zusammen mit Oberflächenfunden können sie zur Wiederentdeckung völlig vergessener Burgen führen. Hier Mauerreste mit einem Balkenabdruck und einem in den Fels gearbeiteten Balkenloch (oben) sowie ein künstlicher Felsabsatz als Auflage für hölzerne Einbauten (unten).

Burgenforschung

Unser Wissen von Burgen und Rittern stammt aus zahllosen Schrift- und Bildquellen des Mittelalters, von überliefertem Sachgut wie Waffen, Geräten, Hausrat und Gebäudeausstattungen und von erhaltenen Bauwerken selbst. Aus den Anfängen der Burgenzeit liegen diese Quellen nur spärlich und bruchstückhaft vor, und entsprechend lückenhaft und unscharf ist unser Bild dieser Zeit.

Urkunden sind für die Burgenforschung besonders ergiebig, auch wenn sie überwiegend nur Güterübertragungen regeln. Da sie meist datiert sind und die Zeugen des Rechtsgeschäfts nennen, erhalten wir damit zahlreiche Erstnennungen von Adelsfamilien und ihren Burgen. Wie lange eine Burg schon vor dieser zufälligen Erwähnung bestand, bleibt freilich offen. Der ständisch gegliederten Gesellschaft des Mittelalters entsprechend erscheinen die Zeugen streng geordnet nach ihrem Rang als Grafen, Edelfreie, Ministerialen u. a. Die schlichte Zeugenliste einer Urkunde überliefert uns so für einen angegebenen Zeitpunkt Burgen, ihre Besitzer und deren ständische Stellung.

Neue Erkenntnisse auch über scheinbar vollständig verschwundene Burganlagen ergeben sich immer wieder aus der genauen Untersuchung von Bauresten, von Felsbearbeitungsspuren und von künstlichen Geländeveränderungen wie Gräben, Wällen, Gebäudestandflächen, Wegtrassen, Abgrabungen und Aufschüttungen.

Jüngste Quelle der Burgenforschung, deren reiche Möglichkeiten erst in Ansätzen genutzt, vielfach noch kaum begriffen werden, sind Oberflächenfunde von den steilen Hängen vieler Albburgen. Sie enthalten die unverweslichen Bestandteile des Burgmülls, die durch witterungsbedingte Abtragungsvorgänge freigelegt werden. Behauene Steine, Mörtelreste, Ziegel- und Schieferstücke, gebrannte Wandlehmbrocken, Metallstücke und Scherben der Geschirr- und Ofenkeramik ermöglichen vielerlei Rückschlüsse auf verschwundene Bauwerke sowie ihre Entstehungs- und Abgangszeit und gewähren Einblicke in den Alltag der Burgbewohner.

Damit lassen sich Forschungsergebnisse erzielen, „die man bisher zum Teil kaum für möglich gehalten hätte“ (Hans-Martin Maurer), und die in wesentlichen Bereichen zu einem regelrecht neuen Bild der Burgen unserer Schwäbischen Alb führen werden.

Ritterleben und Burgenalltag

Der Traum jedes Ritters: Als strahlender **Turnier**sieger, umringt von Musikanten, Turnierhelfern und den sein Lob ausrufenden Knappen (vorn), nimmt Heinrich von Breslau aus der Hand edler Damen einen Blütenkranz entgegen. Die Verbindung von Turnier und höfischem Minnedienst wird zusätzlich durch das Wort „Amor" auf der Pferdedecke des prachtvoll gerüsteten Herzogs verdeutlicht.

Hart zur Sache geht es hier beim **Kampf** des Grafen Albrecht von Hohenberg und Haigerloch vor seiner Burg Leinstetten. Händeringend verfolgen Frauen von der Burg aus das blutrünstige Geschehen, bei dem der Hohenberger 1298 den Tod fand. Die Darstellung zeigt Albrecht, um ihn zusätzlich zur Lanze mit der Wappenfahne zu kennzeichnen, mit nur im Turnier üblicher Helmzier.

Belagerung und Verteidigung einer Burg. Angreifer bestürmen mit Axt und Brandfackel das Tor, während Armbrustschützen ihnen „Feuerschutz" geben. Dennoch schießen und werfen die Verteidiger (auch eine Frau) aus allen Fenster- und Zinnenöffnungen. In drohender Haltung steht der Burgherr über dem Tor, voll gerüstet wie zum Turnier mit Panzer und Waffenrock, mit Schwert, Schild, Lanze und Topfhelm.

Die schönen Bilder der Manesse-Handschrift verklären das Ritterleben der Stauferzeit und lassen – obwohl acht der dort vorgestellten Minnesänger aus dem Albbereich stammen – den harten Alltag auf Burgen der Schwäbischen Alb nicht ahnen.

Allein schon die Lage einer Burg auf steiler Höhe machte eine nie endende Plackerei bei der **Versorgung** mit Wasser, Lebensmitteln und Brennholz erforderlich. Das Dachwasser, durch eine Rasenschicht gefiltert und in der Zisterne gesammelt, konnte den Bedarf eines Burgbetriebes nicht decken und war oft von schlechter Qualität. Deshalb mußte unentwegt Wasser aus dem Tal oder von nahen Quellen durch Tragtiere herangeschleppt werden. Bezeichnungen wie Eselssteig, Eselbrunnen, Wassersteig, Eselweg u.ä. in der Umgebung von Burgen erinnern daran.

Lebensmittel wurden zu einem Teil im Eigenbetrieb in der Vorburg oder auf einem nahegelegenen Hof erzeugt. Der größte Teil mußte von den abgabepflichtigen Hörigen (= Bauern auf Lehengütern der Burg) zu festgelegten „Zinstagen" angeliefert werden. Brennholz wurde in Fronarbeit von Hörigen geschlagen, zerkleinert und beigefahren.

Blitzschlag und Unwetterschäden wie auch die fortschreitende Belagerungstechnik erforderten häufige **Baumaßnahmen**, die an Höhenburgen oft schwierig und gefährlich waren. Die Fuhrfronen der abhängigen Bauern belasteten den Burgherrn dabei zwar nur durch Verköstigung und das Tierfutter, doch die wandernden Bautrupps, die als Spezialisten bei größeren Bauarbeiten unentbehrlich waren, mußten bezahlt werden. Baukosten überstiegen so rasch die bescheidenen Geldeinkünfte eines Landadligen, dem schon durch Rüstung, Waffen und Reitpferde fast unerschwingliche Kosten entstanden. Bitterer Ausweg aus der wirtschaftlichen Misere war die Aufgabe der Unabhängigkeit: Der Burgherr stellte sich mit seiner Burg in den Dienst und Schutz eines Größeren. Edelfreie sanken so in den Dienstadel ab wie etwa die Herren von Sperberseck und Wielandstein.

Drangvolle Enge kennzeichnete das Burgleben. Vorräte an Lebensmitteln, Viehfutter, Brennholz und Kriegsgerät, Werkzeug und Material für vielerlei handwerkliche Erfordernisse beschränkten den Bewegungsraum der Burgbewohner. Dazu kamen notwendige Tiere wie Pferde, Hunde und Wasseresel, etwas Milchvieh, Geflügel und Mastschweine sowie die Schafe und Ziegen, die den Burghang waldfrei halten mußten. Unverzichtbar waren Knechte und Mägde, denn ohne Gesinde waren die vielfältigen Alltagsverrichtungen nicht zu bewältigen. So überstieg die Zahl der Bewohner auch an kleinen Burgen leicht das Dutzend, an den großen Hofburgen wie Staufen, Helfenstein, Teck oder Hohenberg lag sie um ein Vielfaches darüber.

Kochen, Brot backen, Schlachten, Pökeln, Räuchern, Wintervorräte dörren, Korn mahlen, Bier brauen, Seifenlauge sieden, Kerzen ziehen, Spinnen, Weben, Schneidern, Waschen und Flikken, Tiere versorgen, Melken, Buttern und Käsen, Wildfrüchte und Heilkräuter sammeln und aufbereiten, im Burggarten arbeiten, Wasser und Holz herbeischleppen, die Räume heizen und säubern, Kinder betreuen und unterrichten, Gäste beherbergen, Kranke pflegen und vielerlei mehr war Aufgabe der **Burgherrin** und ihrer Mägde.

Der **Burgherr** als „Berufskrieger" mußte sich und seine Reit- und Waffenknechte, die Reit- und Packpferde, seine Rüstung und Bewaffnung ständig einsatz- und leistungsfähig halten. Dazu waren

Die **Jagd** war adliges Vorrecht und fester Bestandteil ritterlichen Selbstverständnisses. Sie bot standesgemäße Vergnügung, Bewegung und Ertüchtigung und bereicherte die ritterliche Tafel. Gejagt wurde zu Fuß und zu Pferd, mit Hunden, Falken und Lockvögeln, mit Armbrust, Spieß, Netz, Schlinge und Leimrute so ziemlich alles, was irgendwie eßbar war. Hier ein adliger Herr auf der Reiherbeize mit Jagdfalken, die von den Falknern mit dem Federspiel auf die Hand zurückgelockt werden.

Ein Herr von Adel bei **Schmiedearbeiten** war kein ungewöhnliches Bild für die Menschen des Mittelalters. Denn an einem Rittersitz fielen ständig Ersatz- und Erneuerungsarbeiten an Rüstung, Waffen, Pferdegeschirr und sonstigem Eisengerät an. Das meiste davon wurde auf der Burg selbst erledigt, wie die regelmäßigen Schlackereste aus dem Schmiedefeuer im Abfall von Burgen bezeugen. Dazu galten Schmiedearbeiten für einen Ritter nicht als standesabträglich oder gar schimpflich wie andere handwerkliche oder bäuerliche Tätigkeiten.

Brettspiele wie Tricktrack – hier im Bild – oder Schach waren beim Adel beliebt (Geistlichen waren sie von der Kirche verboten). An mehreren Albburgen fanden sich die aus Knochen, Geweih oder Elfenbein oft kunstvoll geschnitzten Spielsteine und die Schachfiguren des damals üblichen arabischen Stils (mit abstrakten Figuren). Im Freien waren Kugel-, Kegel- und Ballspiele üblich – aber keineswegs nur als Kindervergnügen.

Ausritte und Übungen bei jeder Witterung erforderlich wie auch das tägliche Tummeln der Pferde und Hunde. Kleinere Bau- und Wartungsarbeiten an den Gebäuden, Schmiede-, Sattler- und Holzarbeiten waren ebenso Männergeschäft wie der Wart- und Wachdienst am Tor und auf dem Turm.

Der Zeitaufwand eines Ritters als **Grundherr** abhängiger Bauern durch Zinstage, Gerichtssitzungen und Anhörungen oder bei der Regelung und Beaufsichtigung von Fronarbeiten auf den herrschaftlichen Gütern, im Wald und beim Wegebau war nur gering. Seine Beanspruchung als **Lehnsmann** oder Gefolgsmann eines größeren Herren fiel dagegen schwerer ins Gewicht.

In seinem Auftrag mußte er hochgestellten Reisenden oder Warenzügen militärischen Geleitschutz geben, oder er war zu Verhandlungen und Absprachen mit benachbarten Adligen, Städten und Klöstern unterwegs. Als Begleiter oder Leiter von Gesandtschaften und im Gefolge seines Herrn kam er weit herum und hatte mit vielen Menschen zu tun. „Swer schildes ambet üeben wil, der muoz durchstrichen lande vil" (Wolfram von Eschenbach). Bei Kriegszügen und anderen kriegerischen Unternehmungen konnte er seine Tüchtigkeit unter Beweis stellen und Ruhm und Beute gewinnen, aber auch Verlust und Schaden erleiden oder gar den Tod finden.

Auf eigene Rechnung oder als Beistand für Verwandte und Freunde nahm er am oft ausufernden **Fehdewesen** teil. Dabei ging es eigentlich um die Wahrung und Durchsetzung wirklicher oder vermeintlicher Rechtsansprüche mit kriegerischen Mitteln, wozu eine feste Burg als sicherer Rückhalt unverzichtbar war. Wichtigstes Ziel dieser privaten Kleinkriege war die Schädigung des Fehdegegners durch Raub, Verwüstung, Plünderung, Brand und Gefangennahme zur Erpressung. Hauptopfer war die im Grunde unbeteiligte Landbevölkerung, die vor Ausraubung und Zerstörungen kaum geschützt werden konnte.

König, Herzöge, Bischöfe und Grafen als Vertreter der übergeordneten Gewalt des Staates konnten diesem Unwesen nicht wirkungsvoll und dauerhaft Einhalt gebieten – oft genug waren sie selbst darin verstrickt. Erst die Erstarkung und Ausdehnung der Landesherrschaft im Spät- und Nachmittelalter beendete das unselige Fehdewesen der Ritterzeit.

Ob der ritterliche Burgherr unter der häufigen, oft langen Abwesenheit sehr litt, mag bezweifelt werden, denn der Alltag auf den kleinen Burgen der Schwäbischen Alb war hart und eintönig. Besonders in der kalten Jahreszeit, wenn die Licht- und Luftöffnungen durch Holzläden oder dünne Tierhäute verschlossen waren, das offene Feuer alles verqualmte und man dem allgegenwärtigen Schmutz, Gestank und Ungeziefer nicht ins Freie ausweichen konnte, war das **Burgleben** wahrlich kein Honiglecken.

Möbel kannte man außer Wandbank, Tisch und Truhe kaum, selbst Betten waren nur für die Burgherrschaft üblich. Die alltägliche Nahrung für Gesinde und Bauern bestand überwiegend aus Krautsuppen und Getreidebrei, wozu Milch oder Dünnbier getrunken wurde. Auf den Tisch der Herrschaft kamen dazu Brot, Fleisch, Wild, Fisch und heimischer Wein, der freilich verdünnt und stark gewürzt war. Eine geordnete Abfallbeseitigung gab es nicht. Günstigstenfalls warf man den Müll an abgelegener Stelle den Burghang hinunter, vielfach machte man sich diese Mühe nicht. Mit Mist und Fäkalien wurde ähnlich verfahren.

Den hygienischen Verhältnissen entsprach der schlechte Gesundheitszustand. Mangelkrankheiten durch Fehlernährung, Schädigungen durch giftige Nahrungsbestandteile wie Mutterkorn und Radensamen im Getreide kamen dazu und führten zu hoher Sterblichkeit in jedem Alter.

Doch trotz der widrigen Lebensumstände finden sich im Burgabfall regelmäßig auch Reste von Gebrauchsgut, das weit über die reine Notwendigkeit hinausging. Dünnwandige Scherben kostbarer Trinkgläser, aufwendige, vielfach vergoldete Besatzstücke von Kleidung und Pferdezubehör, gelbes Nobelgeschirr mit roter Bemalung, wie es der örtliche Töpfer nicht herzustellen verstand, tiergestaltige Gießgefäße (Aquamanilien) für die Tafel, kunstvoll geschnitzte Schachfiguren und Spielsteine, Musikinstrumente wie Maultrommel und Knochenflöte und anderes mehr belegen auch für unsere Albburgen einen Abglanz gehobener Adelskultur des höfischen Lebens, wie wir sie aus Bildquellen und der zeitgenössischen Literatur kennen.

1

Katzenstein – Ritterburg wie aus dem Bilderbuch

Katzenstein

Das Musterbeispiel einer Ritterburg mit hochragendem Bergfried, Palas, Kapelle, tiefem Felsbrunnen (im Palas), Wirtschaftsbauten und starker Wehrmauer verkörpert Burg Katzenstein am Härtsfeld. Die Dürnitz, also das unterste Stockwerk des Palas, zeigt noch die reizvolle Architektur der Fenster. An den Wänden hingen einst Handwaffen – nicht nur zur Zierde: Wurde die Tafelgesellschaft von schon in die Burg eingedrungenen Feinden überrascht, griffen die Mannen zur Abwehr des Gegners zu diesen Waffen. Apropos Tafeln: In der Küche der Burg konnte an der riesigen Feuerstelle jedes Wildbret zubereitet werden. Ebenfalls in der Küche befand sich auch der 70 m tiefe Brunnen.

Auf den ersten Blick erscheint die Anlage wie aus einem Guß. Doch dieser Eindruck trügt. Schon am Turm weisen salierzeitlich glatte Quader im unteren Bereich, stauferzeitliche Buckelquader des mittleren Turmkörpers mit Kragsteinen für einen hölzernen Umgang und der spätgotische Zinnengiebel aus Ziegeln auf sehr verschiedene Entstehungszeiten. Auch die anderen Gebäude zeigen, daß die heutige Burg das Ergebnis einer viele Jahrhunderte dauernden Baugeschichte darstellt, so daß Katzenstein auch hierin beispielhaft für die wenigen wohlerhalten auf uns gekommenen Burgen steht.

1099 erscheinen erstmals Edelfreie von Katzenstein in der schriftlichen Überlieferung, doch ihre Zuordnung zu unserer Burg ist strittig. Erst ab 1153 können wir Ritter von Katzenstein, meist als Lehnsleute der Grafen von Dillingen, in zahlreichen Belegen fassen. Kurz vor 1262 erwirbt ein Zweig der Edelfreien von Hürnheim die Burg, 1354 geht sie an die Grafen von Oettingen über, die sie 1364 an die Grafen von Helfenstein verpfänden. Die 1380 mit Burg Katzenstein und Zugehör belehnten Herren von Westerstetten saßen in verschiedenen Linien bis 1632 auf der Burg. 1505 gelang es ihnen, sich durch den Erwerb des kaiserlichen Privilegs für ein eigenes Halsgericht mit Stock und Galgen von der Unterstellung unter die gräfliche Gerichtsbarkeit zu lösen. Als sie aber 1562 zwei Brandstifter tatsächlich hinrichten ließen, fielen die Oettinger in ihr Gebiet ein, hackten den Galgen ab und beendeten den Höhenflug der Katzensteiner. So nämlich nannten sich, trotz unterschiedlichster Herkunft, fast alle Besitzerfamilien der Burg.

1632 fiel die Burg an die Grafen von Oettingen zurück, wurde im Dreißigjährigen Krieg von Schweden und Franzosen schwer beschädigt und 1669 wieder instand gesetzt und neu ausgestaltet. Als die gräflichen Besitzer ihren Sitz von Katzenstein nach Baldern verlegten, sank die Burg zum Amtssitz ab und war von 1834 bis 1939 unbewohnt. Neue, nun bürgerliche Besitzer planten zwar den Wiederaufbau der halbverfallenen Anlage, doch kam dieser umfassend erst 1967 in Gang.

Der Schatzwahn des 18. Jh.s war auch an Burg Katzenstein nicht vorübergegangen. 1737 versuchten ein Kapuzinerpater und zwei Notare wochenlang, den sagenhaften Burgschatz zu heben. Den wahren Schatz auf Katzenstein entdeckte man erst 1973, als unter der barocken Ausmalung der Burgkapelle gotische Wandmalereien und unter diesen die ursprüngliche Ausmalung der romanischen Laurentius-Kapelle von bemerkenswerter Qualität und vorzüglich erhalten zutage traten. Freigelegt wurde davon die vollständig ausgemalte Apsis mit in der Mandorla thronendem Christus als Weltenrichter samt Maria, Johannes, den Aposteln und Szenen aus dem Leben Jesu. An den Seitenwänden wurde die etwas blassere, gotische Ausmalung mit Passionsbildern belassen. – Beachtung verdient außerdem ein romanischer Kamin mit flankierenden Halbsäulen und der eingeritzten Katze, dem Wappentier der Katzensteiner, sowie eine stauferzeitliche Volltreppe aus dreikantig gehauenen Bohlen im Bergfried.

Historische Aufnahme der **Burg Katzenstein**. Durch den wieder aufgebauten hohen Palas dicht neben dem Bergfried entspricht das heutige Bild der Burg zwar eher den ursprünglichen Verhältnissen, die Wirkung des eindrucksvollen Turmes wird dadurch aber merklich beeinträchtigt.

Schloß Taxis

Südlich von Katzenstein liegt auf einer Anhöhe über Dischingen die ausgedehnte Schloßanlage. Die als Reichspostmeister reich gewordenen Fürsten von Thurn und Taxis erwarben 1734 die alte Burg Trugenhofen, um sie zur Residenz ihrer in der Umgebung allmählich zusammengekauften Herrschaft auszubauen. Das sogenannte Hohe Schloß, ein Renaissancebau mit Resten der Burg des 13. Jh.s, wurde in die prächtige spätbarocke Schloßanlage einbezogen, die 1840 durch Gebäude in englischer Neugotik ergänzt wurde. Schloßgarten, Palmenhaus und der parkähnliche Englische Garten von 1742 umschließen die weitläufige Anlage. Das Schloß, erst 1819 von „Trugenhofen" in „Taxis" umbenannt, dient dem Fürstenhaus als Sommersitz und ist deshalb nur im Außenbereich zugänglich. Von April bis Oktober kann sonntags das Jagdkundemuseum besucht werden.

Östlich von Taxis, auf drei Seiten von Bayern umgeben, liegt **Schloß Duttenstein**. 1564 errichteten es die Fugger anstelle und teilweise aus den Steinen einer 1551 erworbenen spätmittelalterlichen Burg. Das kleine Schloß mit Zinnengiebeln, Erkern und einem Arkadenhof liegt malerisch auf felsigem Hügel über einem Teich. Die späteren Besitzer, die Fürsten von Thurn und Taxis, benutzten es als Jagdschloß und legten 1817 den heute noch bestehenden weitläufigen Tierpark rings um das Schloß an. Die Gebäude sind privat vermietet und nicht zugänglich.

Schloß Taxis wird in der Oberamtsbeschreibung Neresheim von 1872 als „einer kleinen Stadt ähnlicher sehr großer Komplex älterer und neuerer Gebäude" beschrieben, „von denen viele vor wenigen Jahren in reichem englisch-gothischem Stile umgebaut wurden, und so macht die ganze Anlage den Eindruck eines großartigen Fürstenhofes".

Burgruine Niederhaus. Hoch aufragende Mauern der weitgehend erhaltenen Kernburg bezeugen noch als Trümmer die einstige Größe und Bedeutung des Stammsitzes der Edelfreien von Hürnheim. Buckelquader an Bergfried, Palas und Ringmauer belegen die stauferzeitliche Entstehung der Burg.

Ruinenromantik pur bietet die in allen Teilen einsturzgefährdete und zusehends zerfallende **Burg Hochhaus**. Blick nach innen auf die noch fast 20 m hohe Gebäudemauer (links), die als einziger Burgteil vom Kartäusertal aus zu erkennen ist.

Burg Niederhaus

Etwa 6 km südlich von Nördlingen liegt auf einem Bergsporn in der Nähe des Dorfes Hürnheim die Burgruine Niederhaus. Sie war Stammburg der 1153 erstmals genannten Edelfreien von Hürnheim, die an Macht und Grundbesitz, an Vogtei- und anderen Verfügungsrechten über Kloster- und Kirchenbesitz, an Gefolgsleuten (Vasallen) und Dienstmannen (Ministerialen) bis zum Ende der Stauferzeit sogar die Grafen von Oettingen übertrafen. Den Oettingern, ursprünglich Edelfreie wie die Hürnheimer, gelang durch die Einsetzung als Grafen (1147), durch gräfliche Sonderrechte, die Geld in die Kasse brachten, wie Landgericht, Zoll, Geleit und Wildbann sowie schließlich durch den Erwerb der Großburgen Harburg (1251), Wallerstein (vor 1261), Baldern (vor 1280), Alerheim (1306), Flochberg (1330), Hochhaus (1347), Katzenstein (1354), Spielberg (1363) und Niederhaus (1597) eine Machtentfaltung, bei der die Hürnheimer, obschon im Rang ursprünglich ebenbürtig, nicht mehr mithalten konnten. Dazuhin teilte sich die Familie der Hürnheimer (vor 1238) in drei Linien, die sich nach den Burgen Hochhaus, Rauhaus (später Katzenstein) und Hürnheim nannten und sogar verschiedene Wappen führten.

Burg Hürnheim, urkundlich auch als Niederhaus oder Hinterhaus bezeugt, kam um 1400 unter die Lehnshoheit der Grafen von Oettingen und wurde 1597 durch Kauf deren Eigentum. Im Dreißigjährigen Krieg wurde die Burg 1633 von einem streifenden Reitertrupp überrumpelt, ausgeraubt und verwüstet, 1709 an den Deutschen Orden verkauft und nach dessen Auflösung 1809 dem Verfall überlassen.

Der Zugang zur Burg Niederhaus führt über einen gewaltigen Doppelgraben unter dem Bergfried vorbei durch das Innentor über den Burghof zum Palas, der auf einer Fläche von drei Einfamilienhäusern drei Stockwerke hoch reicht. Hinter einer Trennmauer mit Torbau sind Reste des „Hinteren Hauses" und eines Treppenturms erkennbar, am Südhang etwas tieferliegend der Brunnenturm, durch den 1633 der Feind in die Burg eindrang.

Die Hürnheimer, einst Burgherren von Niederhaus, waren treue Gefolgsleute der Staufer. Der junge Friedrich von Hürnheim begleitete den letzten Staufer Konradin auf dessen unglückseligem Italienzug und wurde mit ihm zusammen 1268 in Neapel enthauptet. Eine Gedenktafel in der Ruine erinnert an ihn.

Burg Hochhaus

Kaum 1km von Burg Niederhaus entfernt finden sich auf einer Waldhöhe über dem Kartäusertal bedeutende Reste der einstigen Burg. Nach ihr nannte sich ein 1236 erstmals erwähnter Zweig der Edelfreien von Hürnheim, der schon 1353 wieder erlosch. Burg Hochhaus kam an die Grafen von Oettingen und wurde Sitz eines Amtes, später Oberamtes. Unter den Oettingern erfolgten der festungsmäßige Ausbau im späten 16. Jh. und der Schloßneubau von 1719. 1749 brannte der neue Herrschaftsbau ab und wurde nicht wieder aufgebaut. Die Nebengebäude dienten weiterhin als Amtssitz, bis im Zuge der napoleonischen Neuordnung das Amt 1807 aufgehoben wurde. Ein Versuch, die seither fortschreitend zerfallenden Burgreste baulich zu sichern, ist in den Anfängen steckengeblieben. Erhalten haben sich umfangreiche Grabenanlagen, Kasematten im Eingangsbereich, Tor- und Turmreste, die hochragende Mauer eines als Palas geltenden Gebäudes, Reste der Umfassungsmauern und eines in den Graben vorgeschobenen Geschützturmes. Von den einst hufeisenförmig den großen Burghof umschließenden Herrschaftsgebäuden mit einer Kapelle und zwei Türmen sind nur geringe Schutthügel geblieben.

2

Kapfenburg – Feste des Ritterordens

Ausschau halten (das hieß einst „kapfen“) weit über das Land kann man herrlich von der Burg auf vorspringender Bergkuppe am Nordrand des Härtsfeldes bei Lauchheim. Von Natur aus für eine feste Anlage wie geschaffen, war die Bergkuppe wohl schon in früheren Zeiten ein befestigter Platz. Gründung und frühe Geschichte der Burg liegen jedoch im dunkeln.

1240 wird erstmals Adel von Kapfenburg erwähnt, später saßen Ritter von Gromberg, wohl als Dienstmannen, auf der seit 1334 nachweisbar den Grafen von Oettingen gehörenden Burg. Durch Kauf ging sie 1364 an den Deutschen Ritterorden über, der durch gezielte Erwerbungen vor allem aus dem Ausverkauf der hier einst reich begüterten Adelsfamilie von Gromberg zum größten Grundherrn der Umgebung aufstieg. 1379 wurde zur Verwaltung dieses Ordensbesitzes das Ordenshaus (Kommende) Kapfenburg geschaffen und der Ordensprovinz (Ballei) Franken unterstellt. Das Dorf Lauchheim wurde durch Befestigungsrecht (1397), hohe Gerichtsbarkeit (1398), Marktrecht (1402) und Stadtfreiheit (1431) zur Stadt und zum Hauptort der Kommende ausgebaut, die nun nicht mehr erforderlichen ehemals grombergischen Burgen Gromberg und Königsbühl wurden aufgegeben.

Die Zahl der Ritter und dienenden Brüder war auf der Kapfenburg immer gering. Im Jahr 1420, zu einer Zeit, in der die Ausdehnung des Ordens am größten war, besaß die Burg lediglich acht Ritter und eine Anzahl dienender Brüder. Im 17. und 18. Jh. ging ihre Zahl so zurück, daß man beschloß, gewandte und tüchtige Männer aus allen Gegenden in den Dienst des Ordens zu stellen.

Der Komtur war der leitende Ordensritter der Kommende, die wiederum der Ordensprovinz unterstand. Anfangs herrschte auf der Kapfenburg ein einförmig klösterlich strenges Ordensleben; die jedem zugewiesene, scharf umgrenzte Arbeit wechselte mit dem Gebet der sieben kirchlichen Tagzeiten ab, nur unterbrochen von den gemeinsamen Mahlzeiten. Später wurde der Orden verweltlicht, die Regeln wurden nachlässiger gehandhabt, der Alltag leichter.

Indessen betrieb man die wirtschaftlichen Aufgaben mit großer Sorgfalt. Der Feldbaumeister, auch Pflugmeister genannt, besorgte die Bebauung der Felder, der Komtur kontrollierte höchstpersönlich die Arbeit auf dem Feld, die bei Saat und Ernte meist in der Fron von untertänigen Bauern verrichtet werden mußte. Die Frondienste waren Dienstleistungen allgemeiner Art, die die Untertanen dem Gebietsherrn schuldig waren, gewissermaßen als eine Gegenleistung für gewährten herrschaftlichen Schutz oder auch für den bewilligten Grund und Boden. Die Kapfenburger Untertanen hatten jede Art von Fronen zu entrichten: Handfronen und Spanndienste. Außerdem bezog der Komtur den Zehnten von den umliegenden Ortschaften.

Auch die niedere Gerichtsbarkeit für das gesamte Herrschaftsgebiet wurde – unter Anwesenheit des Amtmanns und des Lauchheimer Gerichts – vom Komtur ausgeübt. Ein Urteil war endgültig und Berufung gab es nicht. Die Strafen gliederten sich in Geld-, Arbeits-, Schand- und körperliche Strafen. Eine Schandstrafe bedeutete z. B., am Pranger zu stehen, eventuell in der Halsgeige, womit etwa leichter Diebstahl von Lebensmitteln oder Verleumdung gesühnt wurde. Dafür gab es für die Frauen den „Lasterstein“, einen großen Stein, der am Sonntag dreimal um die Kirche getragen werden mußte. Für Männer gab es den sogenannten spanischen Mantel, eine große schwere Tonne, die oben ein Loch für den Kopf hatte und mehrere Stunden, am Pranger stehend, getragen werden mußte. Körperliche Strafen konnten aus bis zu 25 Ochsenziemerstreichen bestehen. Oder das Urteil lautete: „Soll zehn Stunden ins Blockhaus gesperrt werden“ – ein enger, länglicher Kasten aus rohen Holzstämmen. Oder: „Soll vier Stunden in den Triller gesperrt werden.“ Der Triller war eine Art Käfig, der sich um eine Längsachse drehte und in ständig kreisender Bewegung gehalten wurde, so daß der Eingeschlossene davon seekrank wurde.

Bis zur Aufhebung des Deutschen Ordens 1809 war die Kapfenburg ständig bewohnt. Fortwährend wurde die Burg baulich weiterentwickelt, und mehrere Komture haben sich in nach ihnen benannten Gebäuden Denkmäler gesetzt. Trotz des schloßartigen Kerns war die Kapfenburg immer auch wehrhafte Feste. Im Bauernkrieg 1525 hielt sie dem dreimaligen Ansturm stand, im Dreißigjährigen Krieg wurde sie 1632 erobert und in „ganz ausgeleertem Zustand“ 1634 wieder geräumt. Im Verlauf der napoleonischen Neuordnung wurde die Herrschaft Kapfenburg 1806 württembergisch. Bedeutung und Reichtum der einstigen Komturei Kapfenburg spiegelt die Wiener Schatzkammer des Ritterordens, deren schönste Stücke von hier stammen.

Durch das eindrucksvolle Tor der Bastei (von 1591), einst durch Wallgraben und Zugbrücke gesichert, gelangt man in den unteren Burghof mit barocker Schloßkirche, mit Fruchtkasten, Schloßscheuer, Marstall, Bandhaus (Küferei) und anderen Wirtschaftsbauten. Durch das obere Torhaus führt der Weg über den verfüllten Burggraben in den äußeren, durch das wappengeschmückte Haupttor weiter in den inneren Burghof.

Das Hauptgebäude der Kapfenburg ist der Westernachbau mit den auffälligen Türmen. Er enthält die sehenswertesten Räume der Burg: die Schloßkapelle am Haupttor, den Rittersaal und das Fürstenzimmer. Eine breite Wendeltreppe führt in die oberen Stockwerke. Durch ein prächtiges Portal betritt man den Rittersaal, in dem vier starke Säulen ein Kreuzgewölbe mit hervorragenden Stuckarbeiten tragen. Im Hohenlohebau mit seiner doppelten Freitreppe befindet sich im unteren Bereich eine Gaststätte.

Blick vom unteren Burghof auf das Hochschloß mit den Hauptgebäuden der **Kapfenburg**. Links der Westernachbau mit Renaissancegiebel vom Ende des 16. Jh.s, daneben der barockgieblige Hohenlohebau vom Anfang des 18. Jh.s und der Grombergbau, der im Kern aus den Anfängen der Burg im 13. Jh. stammt. Davor steht das barocke obere Torhaus von 1743.

Schenkenstein

Auf einem steilen Bergsporn über Aufhausen, 3 km westlich von Bopfingen, lag die Burg Stein, nach der sich seit der Mitte des 12. Jh.s Edelfreie nannten. Um 1260 kam die Burg zunächst an das Hochstift Augsburg und schließlich an die Grafen von Oettingen. Diese belehnten damit ihre Schenken, die in Ehringen bei Nördlingen saßen. Seit 1267 nannte sich ein Zweig dieser Schenken von Ehringen nach dem neuen Besitz „Schenken von Stein", später „von Schenkenstein". Im Bauernkrieg wurde die Burg zerstört. Ein 1572 im Dorf erbautes Schlößchen wurde neuer Sitz des Vogtes der kleinen Herrschaft Schenkenstein. Der schöne Judenfriedhof unter Schenkenstein erinnert an die seit 1560 nachgewiesene jüdische Gemeinde in Aufhausen, die vor ihrem Erlöschen 1924 sogar über eine eigene Schule und Synagoge verfügte.

Flochberg

Auf dem kahlen Bergrücken einer aus dem Rieskrater ausgeschleuderten Sprengscholle liegt beherrschend über Bopfingen die ausgedehnte Ruine. Burg Flochberg gehörte zusammen mit Bopfingen zum staufischen Hausgut. Für den Standort bestimmend war wohl die Nähe der Grenze zwischen dem staufischen Schwaben und dem welfischen Bayern. 1150 wird sie als königliche Burg bezeichnet, nach der sich staufische Ministerialen nannten. Bei den 1140–1340 auftretenden Edelfreien von Flochberg, die sich später nach dem benachbarten Trochtelfingen nennen, könnte es sich um die früh von den Staufern verdrängten Burggründer handeln.

In der staufisch-welfischen Auseinandersetzung zwischen König Konrad III. und Herzog Welf VI. wurde Flochberg erfolglos belagert, zuletzt gar der Welfe durch ein staufisches Heer unter Konrads dreizehnjährigem Sohn Heinrich geschlagen. 1330 kam die in den Thronkämpfen zwischen König Ludwig dem Bayern und Friedrich von Österreich zerstörte Burg Flochberg zum Wiederaufbau an die Grafen von Oettingen. Im Dreißigjährigen Krieg wurde die stark ausgebaute Burg wechselnd von den Kriegsparteien besetzt und schließlich 1648 von den Schweden bombardiert, erobert und zerstört.

Ein mächtiger Stumpf des Bergfrieds aus dem 13. Jh., der dreifache Halsgraben und Reste von Futtermauern (Stützmauern) sind alles, was von der einstigen **Burg Schenkenstein** geblieben ist. Die bauliche Sicherung in den achtziger Jahren hat den erbärmlichen Zerfall des Turmes beendet, ohne den hochliegenden Eingang und die Reste der ursprünglichen Tuffsteinverkleidung zu beeinträchtigen.

Schloß Baldern

Weithin sichtbar liegt vor dem Nordrand des Härtsfeldes auf einer kegelförmigen Auswurfscholle des Rieskraters Schloß Baldern. Der Weg über den Burgberg ist ein angenehmer Spaziergang durch einen prächtigen Park mit schattenspendenden Bäumen, vorbei an einem Standbild des heiligen Nepomuk.

Seit 1153 nachweisbar, stand hier zunächst die Burg der Edelfreien von Baldern. Nach deren Aussterben gelangte die Burg über das Bistum Regensburg und Kloster Ellwangen 1250 in den Besitz der Grafen von Oettingen. Für sie war Baldern eine wichtige Feste und blieb beliebte Residenz bis heute. Buckelquader im Fußbereich der südöstlichen Ringmauer sowie eine Bauinschrift mit dem Drachenkämpfer Georg von 1436 am inneren Schloßportal erinnern an die Burg. Ihr Bergfried wurde 1718 abgebrochen; der heutige Turm, mit herrlicher Aussicht, wurde 1871 errichtet. Im Bauernkrieg trotzte Baldern einer Belagerung, im Dreißigjährigen Krieg wurde es 1632–1634 von den Schweden mehrmals geplündert.

Die Umgestaltung der einstigen Burg zur fürstlichen Residenz, wie wir sie heute kennen, verdankt Baldern dem Grafen Kraft Anton Wilhelm von Oettingen-Baldern und seiner Frau, der Gräfin Johanna Eleonore von Schönborn, deren Brüder die baufreudigen Kirchenfürsten in Mainz, Würzburg und Bamberg waren. Die Gräfin brachte den Kunstsinn und die Baufreude ihrer Brüder in die entlegene kleine Residenz. Vermutlich war sie ihrem Gatten mehr als eine kenntnisreiche Beraterin, vielleicht sogar die treibende Kraft für die Umgestaltung der Burg, die sich nicht nur auf das Äußere, sondern auch auf die Innenausstattung erstreckte.

Gabriel de Gabrieli, fürstbischöflicher Baudirektor in Eichstätt, verwandelte Burg Baldern 1718–1737 in ein prunkvolles Barockschloß mit reicher Stuckausstattung durch die Gebrüder Schweizer aus Deggingen, mit Deckengemälden und eleganter Einrichtung. Besondere Höhepunkte sind der Kaisersaal und die Schloßkapelle sowie die stilvollen Gemächer und prächtig ausgestatteten Salons, denen kunstvolle Öfen und kostbare Uhren zusätzlichen Glanz verleihen. Für die barocke Lust an Weite und Symmetrie ließ der von der Burg vorgegebene Grundriß mit dicht umbautem, engem Innenhof freilich wenig Spielraum.

Das Schloß beherbergt eine der bedeutendsten privaten Waffensammlungen. In Reih' und Glied stehen hier Rüstungen mit glänzend poliertem Panzer und geschlossenem Visier, Lanzen und Spieße. Aus späterer Zeit stammen Pistolen, Gewehre und Kanonen; die Intarsien aus Elfenbein, Perlmutt oder Silber zeigen nicht nur die handwerkliche Kunst, sondern auch den hohen Wert der Stücke, die sämtlich aus Oettinger Burgen, Jagdschlössern und Festungsarsenalen stammen, wie übrigens auch die Fahnen und Standarten von Oettinger Truppenteilen. Geöffnet sind Schloß und Sammlung von Mitte März bis Oktober.

Burgruine Flochberg über Bopfingen mit dem Ipf (rechts) und Schloß Baldern am fernen Horizont. Aus einer Beschreibung von 1663 ergibt sich, daß das Obere Schloß mit seinen Wohngebäuden vom oberen und unteren Burghof umschlossen war, an denen Gesindewohnungen, Stallungen, Scheunen, Speicher und Stadel sowie eine Kapelle und das Amtshaus lagen. Mauern mit zwei Türmen, der starke Turm des inneren Tors und die mächtige Anlage des äußeren Tors mit Zugbrücke sicherten die umfängliche Anlage. Wo all das stand, lassen die gewaltigen Trümmer nicht mehr erkennen, und Pläne der Burg gibt es leider keine.

3

Hellenstein – Bastion über Heidenheim

Schloß Hellenstein. „Zwetschgengärtle" nennen die Heidenheimer die wehrhafte Bastion vorn im Bild. Daneben stehen Fruchtkasten, Altanenbau und unteres Tor mit den Geschütztürmen. Dahinter liegt der langgestreckte Schloßbau mit den Staffelgiebeln der Brandmauern und dem Turm der Schloßkirche. Im Hintergrund die Ruine der mittelalterlichen Burg Hellenstein, daneben der feldseitig vorgeschobene „Runde Turm".

Mit einem glanzvollen Vertreter der Gründerfamilie tritt Burg Hellenstein ins Licht der Geschichte. 1150 wird ein Edelfreier, „Tegenhardus de Haelenstein", in einer Urkunde König Konrads III. genannt und damit erstmals die Burg über Heidenheim erwähnt. Daß der um 1096 erstgenannte "Gozbreht de Halensteine", in dem H. Bühler den Gründer der Burg Hellenstein sehen wollte, zu dieser Burg gehört, hat L. Reichhardt – wohl zu Recht – bestritten. 1161 ist Degenhard in Italien Gefolgsmann Kaiser Friedrich Barbarossas, in dessen Urkunden er häufig erscheint und der ihn 1174 zum Prokurator der Königsgüter in Schwaben ernannte.

Nach dem Aussterben der Hellensteiner um 1300 ging die Burg und mit ihr Heidenheim durch zahllose Hände, bis sie 1503 endgültig an Württemberg kam, dem sie nur noch bei der Vertreibung Herzog Ulrichs und im Dreißigjährigen Krieg kurzzeitig entfremdet wurde. 1537 ließ der aus der

Verbannung zurückgekehrte Herzog Ulrich im Zuge seines Festungsprogramms, das Württemberg besser vor Angriffen schützen sollte, die 1530 abgebrannte Burg wieder instand setzen und verstärken. Auch unter seinem Sohn Herzog Christoph wurde an Burg Hellenstein gebaut. In dieser Zeit dürfte der Runde Turm entstanden sein, der das obere Schloß, die ursprüngliche Burg Hellenstein, bergseitig abschirmte. Dieses 1820 durch Teilabbruch zur Ruine gewordene obere Schloß zeigt noch mittelalterliches Mauerwerk mit Buckelquadern und gotischen Spitzbogen.

Zum Festungsschloß wurde Hellenstein durch Herzog Friedrich I. von Württemberg. Gleich nach seinem Regierungsantritt 1593 beschloß er, der Burg einen Schloßbau anzugliedern und sie festungsmäßig zu verstärken. Sein Hof- und Landbaumeister Heinrich Schickhardt wurde mit der Planung, Elias Gunzenhäuser aus Schorndorf mit der Ausführung beauftragt, die reichlich 15 Jahre dauerte. Um den Schloßbereich zu vergrößern, wurden die neuen Türme und Basteien über die Felskante hinausgerückt, wodurch der stadtwärts besonders eindrucksvolle Unterbau der Anlage entstand. Zwei Tore mit reichem Säulen- und Wappenschmuck, das stadtseitige von zwei Geschütztürmen flankiert, bildeten den Zugang. Der langgestreckte Schloßbau zwischen dem Altanenbau über dem Torgang und der Schloßkirche bot trotz Burgvogtei, Marstall, Zeughaus und Wirtschaftsteil genug Raum für einen wohnlichen Fürstensitz, der zeitweise als württembergische Nebenresidenz diente; aber auch Wallenstein (1630), Prinz Eugen von Savoyen (1702), Erzherzog Karl von Österreich (1796) und Kaiser Napoleon (1805) haben im Schloß Quartier genommen.

Der Bau der Schloßkirche war dem Herzog ein persönliches Anliegen, denn sie zählte zu den vier Kirchenbauten, deren Stiftung er während einer stürmischen Überfahrt nach England 1592 gelobt hatte. Auch die Wasserversorgung wurde neu geregelt. Hofbaumeister Schickhardt ließ eine vielbewunderte „Wasserkunst" ausführen, eine Art wassergetriebenes Pumpwerk. Nach deren Zerstörung im Dreißigjährigen Krieg wurde 1666 der 78 m tiefe Schloßbrunnen angelegt.

Am Ende des 18. Jh.s begann die Schloßanlage zu verfallen, Gebäudeteile wurden abgebrochen, andere als Kasernen, Militärspital, Gefangenenlager und Webschule benutzt. Erst in der zweiten Hälfte des 19. Jh.s setzten umfangreiche Sicherungsarbeiten ein. Heute befindet sich in der ehemaligen Schloßkirche ein Heimatmuseum mit bedeutenden Beständen (Ostern bis Oktober geöffnet) und im Fruchtkasten das Reise- und Kutschenmuseum des Württembergischen Landesmuseums (Mitte März bis November geöffnet).

Bindstein im Eselsburger Tal. Vor den Gebäuden der ehemaligen Bindsteinmühle der Radwanderweg, auf der anderen Talseite der Fischerfelsen, auf dem einst Burg Bindstein stand.

Herwartstein

Nördlich von Heidenheim entspringt bei Königsbronn die Brenz. Das klarblaue Wasser des Brenztopfes erinnert in seiner dunklen Schönheit an den Blautopf bei Blaubeuren. Etwas talabwärts ragt aus dem bewaldeten Talhang wandsteil eine Felsnase, auf der Burg Herwartstein lag. Der Sage nach lastete ein Fluch auf der Burg, und fast möchte man daran glauben, denn sie nahm ein böses Ende.

1240 werden sonst nicht mehr erwähnte Schenken von Herwartstein und damit die Burg erstmals genannt. Sie war Mittelpunkt einer ursprünglich wohl staufischen Herrschaft, die über die Herzöge von Kärnten an die Grafen von Helfenstein kam. Im Kampf der schwäbischen Grafen mit König Rudolf von Habsburg, der während der kaiserlosen Zeit entfremdetes Reichsgut wiedergewinnen wollte, wurde die von Graf Ulrich II. von Helfenstein verteidigte Burg Herwartstein nach etwa vierzehntägiger Belagerung 1287 erobert und zerstört. Steine der Burg wurden zum Bau des 1303 gestifteten Klosters Königsbronn verwendet.

Die Burg hinter doppeltem Graben zeigt noch geringe Mauerreste und eindrucksvolle Buckelquader von stattlicher Größe. Bei Grabungen in der Burg wurde 1960 ein vielleicht bei der Belagerung versteckter Münzschatz gefunden. Er enthielt 48 Brakteaten (einseitig geprägte Münzen aus dün-

Die **Eselsburg** auf Renlins Forstkarte von 1591. Über den wenigen Hofstätten des Burgweilers die Eselsburg. Die Darstellung Renlins mit dem Hauptbau an der Felskante, einem zweiten Wohnbau mit angrenzendem Türmchen und einem kleinen Gebäude im Zwingergraben stimmt mit dem Untersuchungsbefund des Burgenforschers Koch nicht überein, der anstelle des staffelgiebligen Steinbaus eine Schildmauer annimmt.

nem Silberblech) und 21 Hohlpfennige aus der Zeit um 1240. Stücke davon und weitere Burgfunde können u. a. im Torbogenmuseum Königsbronn an Sonn- und Feiertagen besichtigt werden.

Aufgereiht wie Perlen an einer Schnur liegen vier Burgen im Brenztal zwischen Anhausen und Eselsburg. Freilich ist, um im Bild zu bleiben, wohl die Schnur der anziehendere Teil, denn von den Burgen ist herzlich wenig erhalten und überliefert, wogegen der hier verkehrsfreie Abschnitt des Eselsburger Tales in seiner Ruhe und Schönheit zu Recht ein beliebtes Ziel für Wander- und Radausflüge bildet.

Burg Bindstein lag auf dem freistehenden Fischerfelsen gegenüber der ehemaligen Bindsteinmühle. Brennesselüberzogene Schuttreste am Felsfuß stammen vom sogenannten Fischerhaus, dem letzten Rest des einstigen Burghofes Bindstein, das erst nach 1933 abging. Nach den Spuren der Burg – dem Rest einer Mauer und einem ausgehauenen Raum an der Felsspitze – muß man schon suchen, und die Überlieferung ist ähnlich mager. Danach übertrug Kaiser Friedrich Barbarossa 1171 Gut und Burg, die ein Siegfried von „Binstein" als Lehen innehatte, an das Kloster Herbrechtingen. Nennungen von 1390 und später beziehen sich nur noch auf den Weiler und die Mühle Bindstein.

Etwas flußabwärts, kurz vor Falkenstein, springt aus dem rechten Talhang ein Felsgrat hervor, der einst die **Burg Hürgerstein** trug. Ein mäßiger Felsgraben, Schuttwälle von Mauern, einige Mulden und verebnete Flächen sind letzte Überbleibsel vom Wohnplatz einer Adelsfamilie. Von 1216 bis 1414 begegnen uns die Burgherren, die Hürger von Hürgerstein, in den Schriftquellen. Über Zwischenbesitzer gelangt Hürgerstein mit Zugehör 1430 an Kloster Anhausen, schon ein Jahr zuvor wird es als Burgstall (abgegangene Burg) bezeichnet. Am schönsten ist die Burgstelle im zeitigen Frühjahr, wenn der unbelaubte Wald den Blick auf den Burgfelsen freigibt und im Hang unzählige Märzenbecher blühen.

Zwei Sagen aus der Vorstellungswelt des Mittelalters werden mit **Burg Falkenstein** verbunden. In der einen wird für einen ungesühnten Mord am Nebenbuhler erst nach dem Tod des Schuldigen durch das entsagungsvolle Klosterleben seines Sohnes Vergebung erlangt. In der anderen wird die Schuld am Freitod eines verlassenen Mädchens durch ein Gottesurteil, die sogenannte Bahrprobe, erwiesen, wobei beim Kuß des Treulosen der Toten Blut entquillt:

„Dicht um den Leichmann steht im Kreis
Der Edlen ernst Gericht.
Der Ritter küßt den bleichen Mund –
Da! Plötzlich wie aus offner Wund
Stürzt Blut ihm ins Gesicht."

Die schon in der Mitte des 12. Jh.s mit Hochadel erwähnte Burg Falkenstein kam nach vielfachem Besitzerwechsel 1593 an Württemberg. Im Dreißigjährigen Krieg wurde sie zerstört, 1818 vollständig abgebrochen. Nur die einstige Vorburg mit spätgotisch gewölbter Halle im großen Steinhaus und Buckelquadern von der Hauptburg blieb erhalten. Der sturmfreie Burgfelsen mit „Fluchttreppe" und Brunnenschacht am Felsfuß trägt heute eine Aussichtsplattform.

Auf wuchtigem Felskopf in schöner Aussichtslage stand steil über dem ehemaligen Burgweiler die **Eselsburg**. Ein Felsgraben und ein flacher Zwingergraben mit Wirtschaftsbauten umschlossen die innere Burg. Von der feldseitigen Schildmauer, dem Wohnbau am Felsrand und einem weiteren Steinhaus sind nur Schuttwälle mit geringen Mauerspuren geblieben. Ein einzelner Buckelquader – bei der Verwendung nach einem Abbruch in die

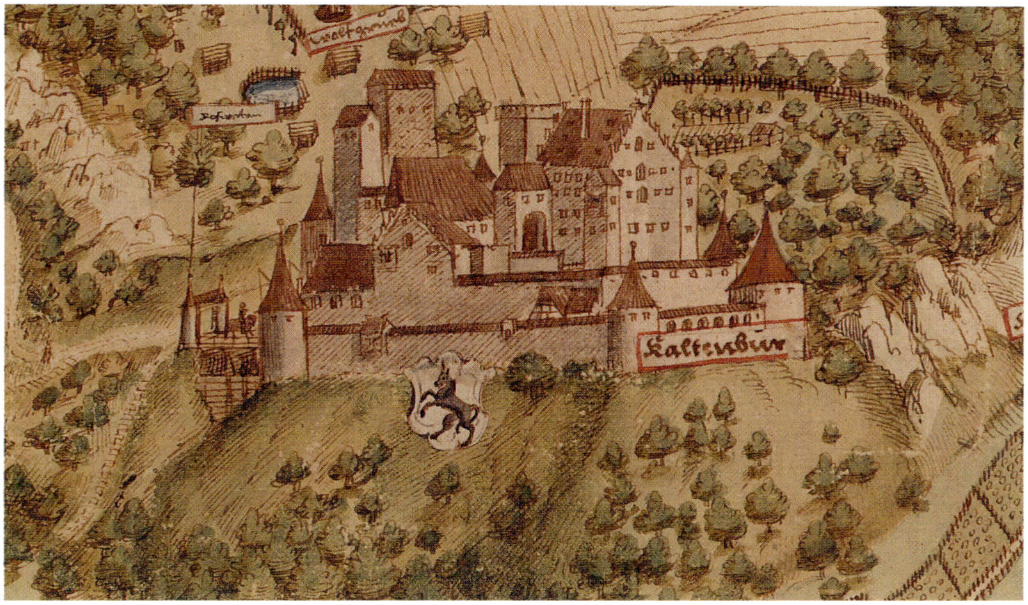

Ansicht der **Kaltenburg** von 1591. Ob Renlins Darstellung in der Giengener Forstkarte die Burg getreu wiedergibt oder ob er etwas nachgebessert hat, sei dahingestellt. Zumindest wird der Eindruck einer umfangreichen und vielgliedrigen Burg – das war die Kaltenburg tatsächlich – dem Betrachter trefflich vermittelt.

Ringmauer geraten – läßt auf durchaus noble Herrschaftsbauten schließen.

Die 1244 erstmals genannte Burg kam 1385 aus der Hand der Eselsburger über wechselnde Besitzer 1593 an Württemberg und wurde 1609 abgebrochen. Die Burggründer, die sich später auch „Esel von Eselsburg“ nannten, waren Ministerialen der Grafen von Dillingen und von Helfenstein, im 17. Jh. häufig in württembergischen Diensten. Der Sage nach wollte eine Herrin der Eselsburg nach „schwerer Enttäuschung“ ihren Männerhaß auch ihren Mägden aufzwingen. Als die sich heimlich mit ihren Burschen trafen, verwandelte sie der Fluch ihrer Herrin in Stein. Diese „Steinernen Jungfrauen“ stehen noch heute als zwei schlanke Felsnadeln unfern der Burg.

Burg Güssenberg

Südlich von Giengen bei Hermaringen überragen die Reste einer hohen Schildmauer und der Stumpf eines Turmes der ehemals das Brenztal beherrschenden Burg Güssenberg die Bäume. Von der Kernburg mit Bergfried und Wohnbauten war die große Vorburg mit der Schildmauer durch einen Graben getrennt. Die etwa rechteckige Anlage war dem Gelände nur wenig angepaßt.

Erbauer war der 1216 erstgenannte Heinrich von Güssenberg, dessen Bruder Diepold sich in der seit 1238 bezeugten Stronburg auf der gegenüberliegenden Talseite ebenfalls einen standesgemäßen Adelssitz schuf. Die Brüder gehörten zum weitverzweigten Geschlecht der Güssen, das mit ihrem Vater Diepold Gusse, einem staufischen Ministerialen, 1171 erstmals in den Schriftquellen erschien. 1328 kam Burg Güssenberg an die Grafen von Helfenstein, die seit 1372 einen Vogt für ihre Besitzungen im unteren Brenztal hier sitzen hatten. Im letzten der verheerenden Städtekriege wurde die 1448 an Württemberg gelangte Burg auf dem Güssenberg von den Ulmern zerstört. Die an dieses Ereignis anknüpfenden Geschichten vom Raubritter „Mordhans“ und seinen geisternden Töchtern entbehren einer geschichtlichen Grundlage.

Kaltenburg

Wo in der Nähe der vielbesuchten Charlottenhöhle die Lone in die Hürbe mündet, liegen auf einer Bergecke darüber die umfangreichen Reste der Kaltenburg. Ein Mauerring mit sechs Türmen und eingezogenem Torbau umschloß die grob fünfeckige Anlage, deren längste Seite fast 80 m mißt. Darin steht frei die Ruine der ältesten Burg mit einer Bukkelquader-Schildmauer. Am Tor befindet sich eine zweite Gebäudegruppe mit einer weiteren Schildmauer. Die zwei erhaltenen Rechtecktürme deutet H. Bühler als Ecktürme des Schloßbaues von 1621.

Die von 1240 bis 1435 erwähnten Ritter von Kaltenburg waren Ministerialen verschiedener Herren, zuletzt der Grafen von Helfenstein, die 1349 als Besitzer der Burg belegt sind. 1357 wurde die Kaltenburg an die Niederadligen von Riedheim verkauft, in deren Besitz sie mit Unterbrechungen bis 1821 blieb. In der Roßhaupter-Fehde, in der eine Art schwäbischer Michael Kohlhaas die Stadt Nürnberg bekriegte, unterstützten die Riedheimer von Kaltenburg den Rebellen aus Ulm und hielten Nürnberger Kaufleute wegen Geldforderungen Roßhaupters gefangen. 1435 zog darauf Nürnberg mit knapp 100 Armbrustschützen, zehn (adligen) Hauptleuten und einer neuen „großen puechsen“ (Kanone) vor die Kaltenburg, die dabei „arg zerschoßen“ und schließlich „ganz öde gelegt“ wurde. Die wieder aufgebaute Burg wurde 1621 durch ein Schloß ersetzt, das schon zehn Jahre später im Dreißigjährigen Krieg gründlich zerstört wurde. 1764 stürzte das Hauptgebäude der nur noch teilweise bewohnten Burg ein.

Am Austritt der Brenz ins Donauried liegt nahe bei der berühmten Galluskirche **Schloß Brenz** anstelle einer früheren Burg, auf der seit 1251 die „Güssen von Güssenberg zu Brenz“ saßen. Buckelquader an der Schloßrückseite rühren von dieser Burg her. 1613 kam sie an Württemberg, das anstelle der im Dreißigjährigen Krieg zerstörten Anlage 1672 ein Renaissance-Schloß mit hübschen Hoflauben, kunstvollen Schnitzereien, prächtigen Portalen, dem sehenswerten Rittersaal (heute Konzertsaal) und dem Grävenitzzimmer errichtete. Das Schloß diente als Nebenresidenz, als Witwensitz und für Jagdaufenthalte. 1727 wurde es der im Volk verhaßten Landhofmeisterin „von Grävenitz“ als Besitz und Wohnsitz zugewiesen. Als die Grävenitz, 24 Jahre die Mätresse Herzog Eberhard Ludwigs, in Ungnade fiel und schließlich auf Hohenurach inhaftiert wurde, konnte sie ihre Freilassung nur durch einen Vergleich erreichen, in dem sie 1732 u. a. auf Schloß Brenz verzichtete. Leider sind nur die vom Heimatmuseum genutzten Teile des Schlosses zugänglich (von Mai bis Oktober an Sonn- und Feiertagen).

4

Hohenstaufen – Wiege eines Kaisergeschlechts

Weithin die Landschaft beherrschend, erhebt sich bei Göppingen der majestätische Bergkegel, der die Stammburg der Staufer trug. Mit ihm verbindet sich das Gedenken an Aufstieg, Glanz und tragisches Ende eines Kaisergeschlechts, das wie kein anderes für eine Epoche unserer Geschichte steht.

Um 1070 erbaute sich Friedrich, Sohn des Friedrich von Büren, auf dem Berg Staufen eine Burg, nach der er und seine Nachkommen genannt wurden. Da die Herkunft der Staufer lange im dunkeln lag, konnte die rührende Geschichte vom kleinen Adligen aus Wäschenbeuren entstehen, dessen Treue zum salischen Königshaus durch die Belehnung mit dem Herzogtum Schwaben und die Heirat mit der Kaisertochter Agnes reichen Lohn gefunden habe.

Rechtzeitig zum Stauferjahr 1977 mit der glanzvollen Ausstellung in Stuttgart gelang es dem Historiker Heinz Bühler aus Heidenheim, die Herkunft der Staufer aufzuklären. Der „kleine Adlige aus Büren“ war in Wirklichkeit Riesgraf wie seine Vorfahren, die zudem als Pfalzgrafen nach dem Herzog das höchste Amt in Schwaben innehatten. Durch die Heirat mit der Erbtochter des Filsgaugrafen Walter (998 bezeugt) verlagerte der Großvater des ersten Staufers, Ries- und Pfalzgraf Friedrich, seinen Begüterungsschwerpunkt vom Ries mit dem wahrscheinlichen Stammsitz auf Burg Wallerstein in den Raum um Fils und Rems. Dort entstand in Lorch ein neuer Herrschaftsmittelpunkt mit einem gut dotierten Stift als Eigenkirche und einer Burg, an deren Platz 1102 das Kloster Lorch mit einer staufischen Grablege von 1140 entstand. Ein zweites frühes Herrschaftszentrum der Staufer im nur 3 km entfernten Wäschenbeuren ist unwahrscheinlich, die nur einmal auftauchende Benennung nach „Büren“ dürfte sich deshalb auf einen anderen der zahlreichen Orte dieses Namens beziehen. Dem ersten Staufer fiel mit der 1079 in Regensburg erfolgten Belehnung das Herzogtum Schwaben keineswegs in den Schoß, erst mußte er sich gegen die mächtigen Welfen und Zähringer durchsetzen. Mit dem Bau der Burg Staufen auf beherrschender Höhe im Innern Schwabens hat er seinen Anspruch im Kampf um Macht und Einfluß unübersehbar bekundet.

Mit dem Aufstieg der Staufer zu Königen und Kaisern verlor ihre Stammburg für sie an Bedeutung. Sie blieb Bestandteil des Herzogtums Schwaben, das jeweils der zweite Mann der Familie innehatte. Selten nur besuchten Stauferkönige die Burg. Nur von Friedrich Barbarossa ist urkundlich bezeugt, daß er am 25. Mai 1181 „in castro Stoufen“ weilte. 1154, als er in Göppingen, und 1183, als er bei der Weihe des Hochaltars der Adelberger Klosterkirche zugegen war, mag er ebenfalls die Stammburg aufgesucht haben. 1208 flüchtete Irene von Byzanz, die Witwe des in Bamberg von Pfalzgraf Otto von Wittelsbach erstochenen Königs Philipp von Schwaben, hierher, wo sie an den Folgen einer Frühgeburt starb. Sie wurde im Kloster Lorch beigesetzt, wo auch Kaiser Friedrich Barbarossa seine vier jung verstorbenen Kinder begraben ließ. Aus der Familie der Staufer wurde hier außerdem Gertrud bestattet, die Gemahlin des ersten staufischen Königs Konrad III.

Mit dem Untergang der Staufer war ihre Burg herrenlos geworden. Im Interregnum, der kaiserlosen Zeit zwischen 1254 und 1273, bemächtigten sich die Grafen von Württemberg der Burg und setzten die Anerkennung des neuen Besitztums durch. Die Burg wurde nun von württembergischen Burgvögten verwaltet. Nicht immer waren das Ritter: Vom 15. Jh. an finden sich auch die Namen von Bürgerlichen wie Hans Steigintäsch oder Konrad Geibitz. Militärisch verlor sie immer mehr an Bedeutung. So war es im Bauernkrieg im April 1525 für 300 anrückende Bauern nicht schwer, die Burg zu erobern.

Der letzte Burgherr, Jörg Staufer von Bloßenstaufen, hatte die Burg mit Geschütz und Proviant versehen, Befestigungsarbeiten veranlaßt, Bauern aus dem Amt Staufen zur Verstärkung aufgeboten und seinen kriegserprobten Vetter Hans Michael Reuß von Reußenstein zu Filseck mit der Befehlsgewalt beauftragt, da er selbst als Befehlshaber beim Heer des Schwäbischen Bundes war. Die Aufforderung der Bauern zur Übergabe der Burg wurde abgewiesen, und beim ersten Ansturm gab es etwa ein Dutzend Tote bei den Angreifern. Doch deren Zahl wuchs so an, daß die Lage der etwa 30 Mann starken Besatzung aussichtslos wurde. Deshalb ließ der Kommandant alle Geschütze am Tor aufstellen und gleichzeitig zünden, um, im Schutz des Pulverdampfes an den überraschten Bauern vorbeigaloppierend, mit der Besatzung das Weite zu gewinnen. Die Burg wurde geplündert und in Brand gesetzt. So fand die Hohenstaufenburg ein ruhmloses Ende. Während viele mittelalterliche Burgen ohne eine datierbare Begebenheit über Jahrhunderte verfielen, vollzog sich der Untergang des Hohenstaufen durch ein einmaliges Ereignis, das bei den Zeitgenossen tiefen Eindruck hinterließ.

1555 ließ Herzog Christoph von Württemberg die Ruine niederreißen, um die Steine zum Bau des Stadtschlosses in Göppingen zu verwenden. Der Tübinger Historiker Martin Crusius schrieb nach einem Besuch des Hohenstaufen 1588 in Resignation und Traurigkeit: „Lieber Gott, soll eine so große Herrlichkeit der mächtigsten Fürsten und Monarchen zu einem so scheußlichen Anblick gediehen seyn? ... Alles ist verschwunden wie Rauch, alles ist hinweggeflogen wie ein Vogel.“ Nach seiner Skizze füllte die Burg mit starker Zinnenmauer, umlaufendem Wehrgang, Bergfried, Toranlage, zwei Mauertürmen, Wohnbauten, Kapelle, Wirtschaftsbauten und zwei Zisternen das gesamte Oval der 130 m langen Bergkuppe. Herzog Karl

Gewitterstimmung im Albvorland (Ausschnitt eines Ölbildes, vermutlich von Daniel Fohr, um 1845). Ruine Staufeneck, Ruine Scharfenberg mit Burg Ramsberg, überragt vom majestätischen Bergkegel des Hohenstaufen.

Alexander ließ 1736 den Gipfel einebnen, um hier einen seiner geplanten Festungsbauten zu errichten. Der frühe Tod des Herzogs beendete zwar die Arbeiten, doch die Baureste der Burg waren beseitigt.

Was der Besucher heute sieht, sind Teile der Grundmauern, die durch Grabungen 1936, 1938 und 1967–70 freigelegt wurden und durch werkgerechte Aufmauerungen ihre einstige Funktion verdeutlichen.

In der Romantik erwachte wieder der Sinn für die Bedeutung der Vergangenheit, so auch für die Geschichte des Hohenstaufen. In Ludwig Uhlands Dramenfragment „Konradin" findet sich der Vers:

„O denk an jenen Berg, der hoch und schlank
Sich aufschwingt, aller Berge schönster
Und auf dem königlichen Gipfel kühn
Der Hohenstaufen alte Stammburg trägt."

Was Wunder, daß der „Kaiserberg" von Sagen umwoben ist. Eine handelt von der Entstehung des Berges: Zwei Riesenvölker kämpften hier einst so erbittert gegeneinander, daß sie die ganze Gegend zerstörten. So mußte der Herrgott die Gegend neu gestalten. Er nahm die Felsstücke, die die Riesen losgerissen hatten, und warf sie hinter sich – das gab die Berge der Alb. Aus den Rasenstücken wuchsen der Schurwald und der Welzheimer Wald. Auf dem Platz aber, wo er stand und die gute Erde durchsiebte, entstand der Bergkegel des Hohenstaufen. Daher ist das Land um den Hohenstaufen heute noch wegen seiner Schönheit und Fruchtbarkeit berühmt.

Zu Herzen geht die Sage von der Belagerung der Burg im Jahr 1132 durch König Lothar und Herzog Heinrich von Bayern, den Bruder der Burgherrin Judith von Schwaben, deren Gemahl Herzog

Trotz vieler Umbauten und einschneidender Veränderungen gilt das **Wäscherschloß** in Wäschenbeuren als eindrucksvollstes Beispiel einer staufischen Ministerialenburg im Bereich der Schwäbischen Alb.

Friedrich von Schwaben damals auf einem Kriegszug war. Herzogin Judith starb während der Belagerung aus Kummer über die Machenschaften ihres Bruders Heinrich.

Der Bitte der Besatzung, eine Kampfpause zu gewähren, um die Herzogin in Lorch beizusetzen, wurde zwar stattgegeben, aber da die mißtrauischenBelagerer argwöhnten, im Sarg würden Kostbarkeiten aus der Burg geschmuggelt, ließen sie ihn öffnen. Als Heinrich darin die Leiche seiner Schwester sah, war er so erschüttert, daß er die Belagerung abbrach. Lothar aber, so erzählt die Sage, war zu schwach, um die Belagerung allein fortzusetzen.

Seit der Romantik gab es mehrere Anläufe, auf dem Hohenstaufen ein Nationaldenkmal zu errichten. Der burgenkundige Architekt W. Pfefferkorn meinte dazu: „Zum Glück sind mehrere Pläne, eine ‚würdige' Staufergedächtnisstätte zu errichten, bisher nicht ausgeführt worden, denn vermutlich wäre das Ergebnis, wie Erfahrungen an anderen Orten zeigen, weniger würdig als die jetzige Bergeinsamkeit."

Ein kleines Museum am Fuß des Berges gibt Einblick in die Geschichte der Burg und des Geschlechts der Staufer (Mitte März bis Mitte November geöffnet).

Wäscherschloß

Das Wäscherschloß war für die ältere Forschung immer etwas Besonderes, denn sie wollte darin, oder doch wenigstens in der 1957 bei Wäschenbeuren ergrabenen Turmhügelburg, den Sitz des Friedrich von Büren sehen, von dem aus sein Sohn Herzog Friedrich von Schwaben den kometenhaften Aufstieg der Staufer eingeleitet hat.

Das Schlößchen ist ein besonders einheitliches und malerisches Beispiel einer kleinen, sehr gut erhaltenen staufischen Ritterburg, weitgehend aus Buckelquadern erbaut. Die kastellartig regelmäßige Anlage wirkt etwas gedrungen und erinnert an süditalienische Stauferburgen. Der Wohnbau liegt gegenüber dem rundbogigen Tor in einem trapezförmigen Innenhof. Die Fachwerkgeschosse sind nachstaufisch; einen Bergfried hatte die Burg nicht. Ein noch erkennbarer Graben umschloß die Kernanlage und die Vorburg mit Wirtschaftsbauten.

Eine Sage vom Wäscherschlößchen weiß zu erzählen, daß der Burgherr von Büren am Sylvestertag des Jahres 1408, von der Jagd heimgekehrt, beim Betreten seines Schlafgemachs eine weiß gekleidete Frau dabei beobachtete, wie sie die Kissen seines Lagers schüttelte. Als sie ihn bemerkte, löste sie sich in Nichts auf. Als der Burgherr den Seinen von dem gespenstischen Vorfall berichtete, rieten sie ihm, in einem anderen Raum zu nächtigen. Obwohl er diesem Rat folgte, entging er dem Schicksal nicht, das die rätselhafte weiße Frau ihm bedeutet hatte: In der nächsten Nacht stürzte die schwere Kreuzgewölbedecke über seinem Bett ein und begrub ihn unter sich.

Zum Namen „Wäscherschloß" kam die in der ersten Hälfte des 13. Jh.s errichtete Burg durch frühe Besitzer, die den 1268 erstbelegten Beinamen „Wascher" führten. Sie waren staufische Ministerialen aus der Burgmannschaft des Hohenstaufen. Ihre Burg war standesgemäßer Rittersitz und Teil des Gürtels aus Ministerialenburgen rings um den Hohenstaufen. Nach wechselvoller Geschichte unter vielen Besitzern kam die Burg an Württemberg. Heute beherbergt sie eine Staufer-Gedächtnisstätte und ein bäuerliches Heimatmuseum.

5

Im Stauferland – um Göppingen und Schwäbisch Gmünd

Burgruine **Hohenrechberg** zu Beginn der langwierigen Sanierungsarbeiten. Vor der Kernburg der Flankierungsturm der inneren Zwingermauer, der Torbau und die Vorburg; im Hintergrund der Hohenstaufen.

Hohenrechberg

Wer im weitläufigen Gemäuer der großen Halbruine auf einem Geländesporn am Westhang des landschaftsbeherrschenden Rechbergs herumsteigt, kann es kaum glauben, daß dies die Burg von Ministerialen, von ursprünglich Unfreien im Dienst eines Hochadligen, gewesen sein soll. Denn die Rechberger waren als Königsministerialen aus der ritterlichen Dienstmannschaft der Burg Hohenstaufen zu Macht und Ansehen gekommen. Der 1171 erstmals in unserer Gegend genannte Ulrich von Rechberg hatte als Marschall von Schwaben Sitz und Befehlsgewalt auf der Herzogsburg Hohenstaufen. Die Zugehörigkeit zu den führenden Reichsministerialen bestätigte sich in seinen Söhnen: Hildebrand war ebenfalls staufischer Marschall, Siegfried war als Bischof von Augsburg zum Reichsfürsten aufgestiegen. Vor diesem Hintergrund kann die für eine Ministerialenburg ungewöhnliche Größe und frühe Entstehung (um 1200) nicht verwundern.

Den Untergang der Staufer überstanden die Rechberger ohne nennenswerten Machtverlust. Sie waren in mehreren Linien zu beachtlichem Besitz im Raum Göppingen-Gmünd, aber auch auf der Westalb, im Schwarzwald, in Oberschwaben und in bayrisch Schwaben gelangt. Als Feldhauptleute, Generäle, Diplomaten und kirchliche Würdenträger bekleideten sie durch viele Jahrhunderte hohe Ämter. Die 1601 in den Grafenstand erhobene Linie, die heute ihren Sitz in Donzdorf hat, nennt sich nach ihrem Wappenbild von Rechberg und Rothenlöwen.

Die stauferzeitliche Kernburg in anspruchsvoller Buckelquaderbauweise und mit umlaufender Zwingermauer wurde im 15. und 16. Jh. durch Torturm und starken Zwingerturm (Maschiculiturm), durch Befestigung der Vorburg und durch

Hohenrechberg (Caspar Obach, um 1850). Die Zeichnung zeigt die Burg kurz vor der Zerstörung 1865.

einen mit zehn Türmen bestückten zusätzlichen Mauerring festungsartig ausgebaut.

Die Ruine des Hohenrechberg liegt nicht auf dem Gipfel des Berges. Zu diesem gelangt man auf einem Stationenweg und steht dann vor einer barocken Wallfahrtskirche. Sie soll auf die Klause eines Einsiedlers und eine Kapelle zurückgehen, in der ein geschnitztes Bildnis der Jungfrau Maria hing, das jahrhundertelang verehrt wurde. Die heutige Kirche entstand im 17. Jh.

Nie durch offenen Angriff erobert, hat Hohenrechberg wechselvolle Zeiten im Besitz einer Familie unzerstört überdauert. Auch im Bauernkrieg, als im Jahr 1525 die Burgen Teck und Staufen zerstört wurden, blieb der Hohenrechberg verschont. Was mag der Grund gewesen sein? Das hohe Ansehen des Hauses Rechberg bei den Bauern? Die Tatsache, daß ein Rechberg eine Tochter des Götz von Berlichingen zur Frau hatte? Oder war die Burg einfach zu stark befestigt? Wir wissen es nicht. Erst 1865 wurde die Kernburg durch den Blitzschlag eines Wintergewitters eingeäschert.

An der arg heruntergekommenen Burg, die sich heute in Privatbesitz befindet, wird seit Jahren mit großem Einsatz gebaut, wobei Ziel und Ende dieser Maßnahmen wie auch die erforderliche Dokumentation der Befunde noch nicht in Sicht sind. Ob der sagenhafte Klopfer, der den nahen Tod eines Familienmitgliedes auf Hohenrechberg anzukündigen pflegte, mit den Rechbergern nach Donzdorf umgezogen ist, ob er wegen der Konkurrenz der unermüdlich klopfenden Bauleute resigniert hat oder ob er nur mangels Sterbewilliger pausiert, bleibt abzuwarten. Eine andere Sage verbindet den Hohenrechberg mit dem benachbarten Hohenstaufen. Auf dem Weg zwischen den beiden Bergen soll just nach dem Geläut der Abendglocke eine weithin leuchtende blaue Flamme geistern: die bejammernswerte Gestalt eines Knappen, der einst auf dem Staufen lebte und die Burgherrin von Hohenrechberg liebte. Oft zog er am Abend zum Rechberg, um in flammender Liebe der Verehrten von der Laute begleitet ein Lied darzubringen. Doch einesTages kam der eifersüchtige Burgherr hinter dieses verbotene Treiben des Knappen, lauerte ihm auf und erschlug ihn.

Schloß Göppingen war eines der wenigen Gebäude, die der große Stadtbrand von 1782 verschonte. Der massige Renaissancebau von 1569 wurde unter Herzog Christoph am Platz einer früheren Burg mit Abbruchmaterial vom Hohenstaufen durch Baumeister Aberlin Tretsch errichtet. Das trotz Ecktürmchen und Prunkportal etwas kahle Äußere kontrastiert mit dem lebendiger gestalteten Innenhof mit Ziergiebeln, Portalen und drei Treppentürmen. Einer enthält die berühmte Rebenstiege, ein Meisterwerk württembergischer Steinmetzkunst der Renaissance. Heute befinden sich verschiedene Behörden im Schloß, so daß der Innenhof und die Treppe nur in deren Dienstzeiten zugänglich sind.

Burg Rosenstein über Heubach liegt auf einem gewaltigen Felsklotz an der Spitze einer aus dem Albtrauf vorspringenden Berghalbinsel, die schon in der frühen Keltenzeit (Hallstattzeit) durch Wälle und Gräben befestigt worden war. Gründungszeit und Gründerfamilie der mittelalterlichen Burg konnten bislang nicht sicher ermittelt werden. Erst für 1282 ist uns mit Heinrich von Rosenstein, wohl der Sohn des 1234 genannten Ritters Heinrich von Heubach, ein Burgherr überliefert. Beide waren, wie weitere bezeugte Ritter Heinrich von Heubach und Heinrich von Rosenstein – alle wohl Mitglieder derselben Adelsfamilie –, Lehnsleute der Grafen von Oettingen. Über Württemberg kam die Burg 1413 zunächst als Lehen, 1480 als Eigen an die Herren von Woellwarth. Sie bauten sich 1524 ein Schloß in Heubach und verließen Burg Rosenstein. Die Gmünder Pirschkarte von 1572 zeigt die Burg bereits als Ruine.

Durch eine wahrscheinlich unbebaute Voranlage mit Graben führt der Zugang über einen tiefen Felsgraben zur Burg. Von der Kernanlage auf ringsum sturmfreiem Fels finden sich noch eine weithin sichtbare Palaswand mit Buckelquadern und geringere Mauerreste weiterer Gebäude. In Ansätzen erkennbar sind außerdem die Ringmauer – vielleicht mit einer Schildmauer gegen den Graben – und ein kleiner Zwinger. Die beste Aussicht bietet der Lärmfels in der Vorburg.

Die **Lauterburg** liegt etwa 2 km östlich vom Rosenstein am Rande des gleichnamigen Ortes auf einem Bergsporn zwischen zwei Schluchten. Ein Graben trennt sie bergseitig von der Vorburg mit erhaltenem Torbau und Torwarthaus von 1536. Die Burgkapelle von 1607 dient heute als Dorfkirche. Der Parkplatz davor liegt auf dem verfüllten Graben der Vorburg. Beherrscht wird die Anlage heute durch die gespenstisch aufragenden Mauerzähne des 1732 ausgebrannten Schloßbaus von 1594. Im Fundamentbereich finden sich noch hervorragend gearbeitete Buckelquader des 13. Jh.s als Reste der einstigen Burg. Die Zwingermauer, die ehemals die Kernburg mit drei Flankierungstürmen talseitig umschloß, läßt sich nur noch streckenweise aufspüren. Die Mauer zwischen dem erhaltenen inneren Torhaus von 1470 und der Schloßruine zeigt noch Spuren eines Wehrganges.

1128 nannte sich Pfalzgraf Adalbert, ein naher Verwandter der frühen Staufer, „von Lauterburg" – der erste Beleg für die Burg. Sie gelangte an die Staufer (1191), an die Oettinger (1258), an Württemberg (1359) und als Pfand (1413) und schließlich durch Kauf (1479) an die Herren von Woellwarth, in deren Besitz sie bis heute verblieb.

Eine rätselhafte Anlage ist die sogenannte **Burg Graneggle** über dem Christentalpaß, 8 km südöstlich von Schwäbisch Gmünd. 1931 wurde in der eher armseligen Burgstelle mit geringen Mauerspuren ohne erkennbare Gebäudegrundrisse der Stumpf eines runden Bergfrieds ausgegraben, dessen starke Mauer außen aus sehr großen, innen aus etwas kleineren Buckelquadern von hervorragender Qualität besteht. Ein ebenbürtiges Prachtstück staufisch-romanischer Baukunst findet sich auf der ganzen Alb nur noch einmal, nämlich auf Burg Staufeneck. Dem dortigen Bergfried aus der Zeit um 1240 mit noch fast 27 m Höhe dürfte der Granegg-Turm weitgehend entsprochen haben.

Doch damit beginnen die Rätsel: Wie kommt in eine Burg von zweitklassiger Lage und Baugestalt ein solcher Turm der Sonderklasse? Wer waren die Burgherren, die sich ein solches Bauwerk leisten konnten und wollten? Zwar wird man den Erbauer in Entsprechung zu den aufwendigen Buckelquaderburgen Staufeneck und Rechberg vorrangig im Umfeld der Staufer suchen, doch nähere Hinweise fehlen bislang. Selbst der Name „Granegg" ist weder alt überliefert noch in irgendeinen Zusammenhang mit der Burg oder den uns bekannten Adelsfamilien dieses Namens zu bringen. Auch die Sage vom goldenen Kegelspiel, die sich um die Burg – wie um viele andere – rankt, hilft nicht weiter. Unseligerweise sind von den Scherbenfunden der Grabungen auf Granegg ausgerechnet die für Datierungen entscheidenden Randstücke verschollen. Die im Burgbereich aufgelesene Keramik macht ein Ende der Burg im frühen 14. Jh. wahrscheinlich und deutet auf die Möglichkeit einer Entstehung schon um die Mitte des 12. Jh.s, reicht für gesicherte Aussagen aber nicht aus.

Staufeneck. Geblieben sind von der staufischen Ministerialenburg der prachtvolle Buckelquader-Turm, die Außenmauern des Wohnbaus und Teile der Ringmauer (zum Besteigen des Turmes sind Markstücke erforderlich).

Staufeneck

Weithin sichtbar die Baumkronen überragend, steht auf einem Sporn des Rehgebirges über dem

Staufeneck um 1810. Die Ansicht vor der Zerstörung von 1826 und 1828 zeigt die spätmittelalterliche Veränderung der Burg durch Aufstockung des Wohnbaus (links), durch Anfügen des „Neuen Schlosses" (rechts) und weiterer Bauten vor und hinter dem Bergfried.

Filstal bei Süßen der stattliche Bergfried der Ruine Staufeneck. Der Blick des Besuchers, der auf der hölzernen Brücke den breiten Burggraben überschreitet, wird von dem gewaltigen Turm gefesselt, der mit 27 m Höhe und 10 m Durchmesser noch mächtiger ist, als man vom Tal her vermutet. Die unten 3 m dicke Mauer ist in ganzer Turmhöhe außen und innen mit Buckelquadern verkleidet. Der hochgelegene Eingang war vom Obergeschoß des Wohnbaus aus zu erreichen. Vom Palas sind nur die Außenmauern mit Stockwerkkonsolen, Fensteröffnungen, Mauerscharten und einem Kaminschacht erhalten. Staufeneck bietet so ein schönes Beispiel jener spätstaufischen Ministerialenburgen, wie sie mit Wissen und Wollen der Stauferherrscher zum Schutz ihrer Interessen und ihres Besitzes überall in ihrem Macht- und Güterbereich errichtet wurden.

Da ein 1221 und 1236 „Friedrich von Staufen" genannter Ritter 1257 erstmals als „Friedrich von Staufeneck" bezeichnet wurde, können wir in ihm den Burggründer und die Entstehung der Burg zwischen diesen Nennungen, vielleicht so um 1240, vermuten. Diese Datierung könnte auch zur zeitlichen Einordnung des Turmes passen. Die von Staufeneck waren mit den Rechbergern verwandt und entstammten wie diese der herzoglich-königlichen Burgmannschaft der Burg Hohenstaufen.

Nach dem Untergang der Staufer wurde das ehemals staufische Lehen zum Eigengut der Familie von Staufeneck. Von 1333 bis 1599 saß eine Linie der Rechberger auf Burg Staufeneck. Unter ihnen entstanden die weitläufige Vorburg, eine St. Cyriakus geweihte Kapelle und ein zweiter Wohnbau. Dieses sogenannte „Neue Schloß", wurde dem „Alten Schloß" gegenüber auf der Westseite der Kernburg errichtet. Es war ganz aus Stein, während das Alte Schloß ein Obergeschoß in Fachwerkbauweise hatte.

Erbweise kam Staufeneck an die von Freyberg und 1665 in die Hand der Familie von Degenfeld, die aber weiterhin in Schloß Eybach saß. Die dadurch nicht mehr herrschaftlich bewohnte Burg geriet in Abgang. 1826 wurden Fachwerkgeschoß und Dach des staufischen Wohnbaus abgebrochen, 1828 stürzte das „Neue Schloß" teilweise ein, und danach wurde die Kernburg aufgegeben.

Ähnlich wie das benachbarte Staufeneck liegt **Burg Ramsberg** auf einem Ausläufer des Rehgebirges über dem Lautertal bei Donzdorf. Der mächtige Renaissancebau des den Wald überragenden Herrenhauses enthält im heutigen Kellergeschoß eine gedrungene, dreischiffige Halle mit neun Kreuzrippengewölben auf achteckigen Pfeilern. Sie

Burg Ramsberg im Rechbergschen Stammbüchlein von 1681. Die Ansicht zeigt neben dem mächtigen Palas den 1830 abgebrochenen Bergfried, den Graben mit einer Zugbrücke und davor die Burgkapelle.

Schloß Weißenstein ist bis heute weitgehend erhalten geblieben, nur der stadtwärts vorspringende „Tafelbau" wurde 1864 abgebrochen. Unsere Darstellung aus dem Rechbergschen Stammbüchlein entstand 1681.

wird als heizbare Dienstmannenhalle (Dürnitz) gedeutet. Aus der Entstehungszeit der Burg in der Mitte des 13. Jh.s stammt noch die Ringmauer in eindrucksvoller Buckelquaderbauweise. Der Bergfried in Tornähe wurde 1830 abgebrochen. Vor dem Graben liegt die Burgkapelle (um 1560) mit spätgotischer Ausmalung.

Ramsberg gehörte wie Rechberg, Staufeneck, Wäscherschloß und Granegg (?) zum Ring staufischer Ministerialenburgen um den Hohenstaufen. 1270 wurde Burg Ramsberg im Besitz des Königsministerialen Konrad von Plochingen erstmals genannt. Sein Vater Ulrich von Plochingen, 1241 als Reichsvogt auf der Achalm bezeugt, könnte der Burggründer gewesen sein. Von 1328–1529 und nach wechselnden Zwischenbesitzern nochmals 1809–1972 gehörte die Burg, wahrscheinlich als Erben der Plochinger, einer Linie der Herren von Rechberg. Heute ist Ramsberg in Privatbesitz, doch kann die Gewölbehalle nach vorheriger Anmeldung besichtigt werden.

Am Albaufstieg der B 466 (Göppingen-Heidenheim) liegt malerisch im Talhang über dem kleinen Städtchen **Schloß Weißenstein**. Vorgänger war die Burg der 1241 erstgenannten Ritter von Weißenstein. Burg und zugehöriger Ort waren Lehen der Grafen von Helfenstein und kamen um 1400 an das Haus Rechberg. Das Schloß ist eine durchaus noch wehrhaft wirkende, talwärts offene Vierflügelanlage mit einem gedeckten Wehrgang zur Stadt. Es entstammt dem 15. Jh. und erhielt im 17. Jh. durch Staffelgiebel, Türme, Erker und Galerien das heutige Aussehen. Es ist seit 1971 in Privatbesitz und nur im Außenbereich zugänglich.

Schloß Donzdorf dient heute als kommunales Zentrum der Stadt. Es war 1568–1991 Sitz der einzigen überlebenden Rechberger Linie. Das Schloß liegt dicht bei der Martinskirche, in der sich sehenswerte Grabmäler des Geschlechts befinden. Das Neue Schloß, ein Renaissancebau von 1568 mit Ecktürmen, parkseitigem Portalvorbau und hofseitigem Wappenportal, wurde mehrfach umgebaut; 1971 erhielt es wieder die auffällige Putzquaderung des Erdgeschosses von 1764. Schloßgarten und Schloßhof, um den sich ehemalige Verwaltungs- und Wirtschaftsgebäude gruppieren, sind frei zugänglich.

Südlich von Donzdorf liegt auf einer Spornkuppe im Albtrauf die auch „Scharfenschloß“ genannte, gut erhaltene **Ruine Scharfenberg**. Die Anfänge der Burg reichen bis 1156 zurück, als sie den bis 1194 genannten Edelfreien von Scharfenberg gehörte. Später war sie – mit Unterbrechungen – im Besitz der Familie von Rechberg. Seit einer Familienteilung 1426 bis zum Umzug in das Donzdorfer Schloß 1568 war Scharfenberg Residenz einer eigenen Linie der Rechberger.

Doch blieben die Rechberger nicht unangefochten im Besitz der Burg. Nach langen Gebietsstreitigkeiten wurde Albrecht von Rechberg um 1310 von Graf Ulrich von Helfenstein und Eberhard von Staufeneck überfallen, gefangengesetzt und seiner Burg beraubt. Erst rund 70 Jahre später waren die Rechberger wieder in ihrem Besitz. Im 16. Jh. wurde die Burg grundlegend verändert: An die Stelle der mittelalterlichen Kernburg trat ein stattlicher Renaissancebau. Eine größere Fläche mit Buckelquadern in der Ostmauer stammt noch von der stauferzeitlichen Burg. Die nach 1568 zunächst von Burgvögten, später von herrschaftlichen Jägern bewohnte Burg war nach mehreren Blitzschäden nur noch teilweise bewohnbar und wurde 1826 aufgelassen.

Der Sage nach ist es auf dem Scharfenschloß nicht geheuer. Ein feurig leuchtender Reiter ohne Kopf soll um Mitternacht auf einem schneeweißen Schimmel um die Burg reiten; Neugierigen zeigt er sich aber nicht.

Schloß Donzdorf im Rechbergschen Stammbüchlein von 1681. Die Größe des Schloßbaus, die Ecktürmchen und zwei quer zum First verlaufende Dachhäuser erwekken den Eindruck einer Vierflügelanlage.

Burg Scharfenberg in einer Darstellung von 1681. Die schöne, ungewöhnlich regelmäßige Anlage mit Doppeltor und umlaufendem Zwinger geht auf die Neugestaltung der Burg im 16. Jh. zurück.

6

Helfenstein – Vorposten der Reichsstadt Ulm

Beherrschend über Geislingen mit seiner Zollstelle am Albaufstieg der wichtigen Reichsstraße durchs Filstal lag einst Burg Helfenstein. Durch Grabungen und Aufmauerung (1932–38) wurden die ausgedehnten Burgreste wieder sichtbar gemacht.

Gründer der um 1100 entstandenen Burg war Eberhard von Helfenstein aus dem Hause der Edelfreien von Stubersheim, dem auch die Ravensteiner entstammen. Über seine Enkelin, die Erbtochter der 1152 letztmals genannten Edelfreien von Helfenstein, kamen Besitz und Burg Helfenstein an die Hochadligen von Spitzenberg. Die verlegten nun ihren Hauptsitz auf den Helfenstein und nannten sich zunehmend nach ihm, obwohl sie mit Spitzenberg und Sigmaringen über gleichrangige Herrschaftssitze verfügten.

Als treue Gefolgsleute der Staufer waren Ludwig von Helfenstein, der als erster den Grafentitel führte, und sein Bruder Gottfried von Spitzenberg (Kanzler des Kaisers und Bischof von Würzburg) Teilnehmer am Kreuzzug Friedrich Barbarossas; Gottfried fand dabei 1190 den Tod. Eine frühe Besitzteilung der Helfensteiner wurde durch das Aussterben zweier Linien wieder aufgehoben. 1287 trotzte Burg Helfenstein einer Belagerung durch König Rudolf von Habsburg. Durch den Erwerb der Herrschaften Heidenheim und Blaubeuren – nur Sigmaringen war dem Geschlecht wieder entglitten – waren die Helfensteiner zu einer der bedeutendsten Grafenfamilien in Schwaben aufgestiegen.

Doch die Helfensteiner hatten sich übernommen. Ihre Rolle in der Reichspolitik, eine neuerliche Teilung (1356) und die Ansprüche einer eingeheirateten Herzogin von Bosnien an die gräfliche Hofhaltung überstiegen trotz der reichen Einkünfte aus dem Zoll in Geislingen ihre Möglichkeiten. 1396, im großen Schuldenvergleich, blieb ihnen nur die Herrschaft Wiesensteig, alles andere fiel an Ulm.

Rückeroberung der **Burg Helfenstein** durch die Reichsstadt Ulm 1552. Große Verluste auf Ulmer Seite brachte ein Treffer des Pulvermagazins mit anschließendem Brand in ihrem Lager. Erst als es gelang, die hochliegenden Wehrgänge herunterzuschießen, die den Verteidigern ein weites Schußfeld geboten hatten, konnten die Belagerer den Bergvorsprung beim Ödenturm besetzen und nun die Feste von der Seite unter Beschuß nehmen. Schwere Schäden und hohe Verluste zwangen die Besatzung nach sechs Tagen zur Aufgabe. Die zeitgenössische Darstellung zeigt über Geislingen Lager und Geschützstellungen der Ulmer am Ödenturm. Zu erkennen sind am Helfenstein die alte Kernburg (das „Mauerhaus") am Zugang, der Burghof und das „neue Haus" mit dem Turm für den Bläser und die Sturmglokke. Umschlossen wird die Anlage durch zwei Mauergürtel mit Flankierungstürmen.

Nun wurden Geislingen und besonders die Burg Helfenstein stark befestigt, um als Vorposten der Reichsstadt das umfangreiche Ulmer Gebiet auf der Alb zu schützen. Ein zweiter Mauergürtel mit sechs Türmen wurde um die Burg gelegt, die Mauer feldseitig auf fast 5 m verstärkt und am Zugang ein Bollwerk mit einem Artillerieturm errichtet. In den mächtigen Mauerring war ein schweres Tor eingelassen, das mit einer Zugbrücke bestückt war. Der Zugang zur Burg war so angelegt, daß ein dem Burgtor sich nähernder Feind der Burgmauer die unbewehrte rechte Körperseite zuwenden mußte, eine damals weitverbreitete Sicherheitsmaßnahme.

1552 war ein schwarzes Jahr in der Geschichte des Helfensteins und der Stadt Geislingen. In diesem Jahr wurde die Stadt durch Truppen des

Zu Recht ein beliebtes Ausflugsziel ist die **Burgruine Helfenstein**. Sie ist vom Parkplatz an der Weiler Steige aus schnell und bequem zu erreichen und bietet neben umfangreichen Burgresten Spiel- und Lagerflächen (sonntags mit Bewirtschaftung), Grillstellen, einen Aussichtsturm und ausgezeichnete Informationstafeln mit Grundriß, Rekonstruktion und geschichtlichen Erläuterungen. Im Bild links ist über dem Filstal der Spitzenberg zu erkennen.

Markgrafen Albrecht Alkibiades von Brandenburg-Kulmbach überrumpelt und daraufhin die Übergabe der Burg erpreßt. Damit sollten Ulm und das zur Reichsstadt gehörende Geislingen für ihre Kaisertreue bestraft werden. Der kaiserliche Obrist von Bemmelburg eroberte zwar den Helfenstein für Ulm zurück, ein paar Wochen später beschloß jedoch der Ulmer Rat, die stark zerstörte Burg zu schleifen, da sie sich als militärisch wertlos erwiesen hatte.

Viel gerätselt wurde um den **Ödenturm**, der auf einem Höhensporn nahe der Burg Helfenstein hoch über Geislingen aufragt. Stammt der prachtvolle Buckelquaderturm mit einstigem Hocheingang und bergfriedtypischen Maßen als Außenposten der Burg Helfenstein aus spätstaufischer Zeit, der Hauptzeit der Buckelquaderbauweise in der ersten Hälfte des 13. Jh.s, oder wurde er beim Ausbau des Helfensteins durch die Ulmer Anfang des 15. Jh.s zum Schutz der Stadt Geislingen vor feindlichem Beschuß erstellt? Im Hang aufgelesene Scherben der Geschirr- und Ofenkeramik vom Ödenturm können zur Lösung dieser Streitfrage beitragen. Romanische Keramikformen des 12. und beginnenden 13. Jh.s fehlen im Fundgut. Damit kann der Ödenturm als bauliche Rückbesinnung auf die Stauferzeit fast als Kuriosum gelten.

Jahrhundertelang diente er als Hoch- und Brandwache für Geislingen, wobei die Wächter im Dreißigjährigen Krieg 1647 einen feindlichen Heerhaufen und 1669 eine Feuersbrunst glatt verschlafen haben. Als 1802 der durch Blitzschlag ausgebrannte Turm abgebrochen werden sollte, erreichten die Geislinger schließlich seine Erhaltung mit der Auflage, ihn baulich zu unterhalten. (April bis Oktober an Sonn- und Feiertagen zugänglich).

Spitzenberg

Hochadlige vornehmster Herkunft waren die Gründer der Burg Spitzenberg, und entsprechend großartig ist ihre Burg auf beherrschendem Berggipfel über Kuchen ausgefallen. Die 1092 erstmals „von Spitzenberg" genannte Richinza war eine Tochter Herzog Bertolds I. von Zähringen, die ihrem Geschlecht den Besitz Geislingen-Spitzenberg aus dem Erbe ihrer Mutter Richwara zubrachte. Vermählt war sie mit dem 1083 erstgenannten Ludwig von Sigmaringen, durch den Burg und Herrschaft Sigmaringen an das Haus Spitzenberg-Helfenstein kamen. Nach H. Bühler könnte Burg Spitzenberg schon unter den Zähringern in den Anfängen des Investiturstreites entstanden sein zum Schutz des später in die Herrschaften Teck, Aichelberg und Spitzenberg zerfallenen Zähringerbesitzes am Albrand gegen Angriffe der kaiserlichen Partei aus dem Raum Ulm, so wie die 1078 erstgenannte Limburg am anderen Ende dieser Gütermasse.

Die Burg blieb bis zu ihrem Aussterben (1296) in Händen der Spitzenberger, die sich nach dem Erwerb der Herrschaft Helfenstein in der

Trotz seiner Massigkeit fast elegant vom Viereck über ein Achteck in schlanker Rundform bis in 27 m Höhe aufsteigend, entspricht der **Ödenturm** mit Hocheingang und mächtigen Mauern in bester Buckelquader-Bauweise dem Idealbild eines spätstaufischen Bergfrieds. Doch das war er nie, und die zugehörige Burg sucht man vergebens.

Hauptlinie „Grafen von Helfenstein" nannten. 1304 kam die Burg als Pfand an Württemberg und wurde im Reichskrieg gegen Graf Eberhard den Erlauchten 1311 zerstört. Bei einer Grabung 1913 freigelegte Burgteile wie Ringmauer, Bergfried und Herrenhaus sind heute nur noch teilweise erkennbar, der darauf fußende Plan zeigt einen geschlossenen Mauerring ohne Tordurchlaß! Doch beeindruckt die schön gelegene Burg durch die gewaltigen Wall-Graben-Anlagen. Ähnlich großartig muß die ganze Burg einst gewesen sein. Die im Graben herumliegenden mächtigen Quader in bester Ausführung und vereinzelte Buckelquader vermitteln eine schwache Vorstellung davon.

Hiltenburg

Der Kanonenschuß, der im Spätjahr 1516, von der helfensteinischen Hiltenburg abgefeuert, im „Rad" in Gosbach durch die Decke krachend zwischen der zechenden Begleitung Herzog Ulrichs von Württemberg einschlug, was war er denn nun: ein Versehen, ein verunglückter Ehrensalut oder eine gezielte Beleidigung? Als Ulrichs Truppen oben nachfragen wollten, war die Besatzung geflohen, und als dem Herzog das als Genugtuung geforderte Öffnungsrecht an der Feste vom abwesenden Burgherrn verweigert wurde, brannte er die Hiltenburg nieder.

Auf dem Sündenkonto Ulrichs, der sich gerade durch einen Vergleich mit Kaiser Maximilian I. aus der Reichsacht herausgewunden hatte, war dieser Gewaltstreich ein weiterer gewichtiger Posten. Als er wenig später die Reichsstadt Reutlingen überfiel, war das Maß voll: Er wurde erneut geächtet und durch den Schwäbischen Bund 1519 aus dem Land verjagt.

So gut wie ihr Ende ist uns der Anfang der Hiltenburg nicht überliefert. 1289 wird die Burg erstmals genannt, doch muß sie nach Ausweis des Buckelquader-Bergfrieds mindestens schon in der ersten Hälfte dieses Jahrhunderts entstanden sein. Sie war helfensteinischer Verwaltungssitz, seit 1356 Nebenresidenz und nach dem Ausverkauf von 1396 mit dem Verlust der Stammburg Hauptwohnsitz der Helfensteiner.

Heute ist die großflächige Ruine auf einem scheinbar freistehenden Bergkegel im Filstal bei Bad Ditzenbach ein schönes Wanderziel. Die ovale Burgfläche war durch Mauer und Graben zweigeteilt und von einer noch in Teilen erhaltenen Ring-

Ein festliches Aussehen gibt dem **Schloß Wiesensteig** die nach den Originalbefunden neugeschaffene Graffitodekoration. Die Hofseite zeigt aufwendige Architekturgliederung, die Straßenseite einfache Quadergliederung. Die hofseitigen Anbauten waren für die Nutzung des Festsaales erforderlich.

Mauerreste und zwei Turmstümpfe erinnern daran, daß die gepflegte Spielwiese auf der Gipfelfläche der **Hiltenburg** einst Platz einer gräflichen Hofhaltung der Helfensteiner war.

mauer umschlossen. Weitgehend verschwunden sind die Burghäuser, eine umlaufende Zwingermauer, zwei Vorzwinger und zwei Toranlagen. Zwei Türme haben sich als hochragende Stümpfe erhalten: ein romanischer Bergfried aus Buckelquadern in der älteren Burg und ein nachstauferzeitlicher Turm in Bruchsteinmauerwerk mit einzelnen Eckbuckelquadern in der jüngeren Burgerweiterung.

Schloß Wiesensteig war nach der Zerstörung der Hiltenburg Hauptresidenz der Grafen von Helfenstein bis zu ihrem Aussterben 1627. Der Neubau von 1551–55 anstelle eines zu vermutenden Vorgängerbaus wurde um 1600 zur Vierflügelanlage erweitert. Nach dem Teilabbruch 1812 blieb nur der Südflügel mit Volutengiebel und Wappenportal erhalten. Das Allianzwappen Helfenstein – Fürstenberg am Rathaus entstammt dem abgebrochenen Westflügel. Durch die denkmalpflegerische Sanierung 1983–86 wurde der über zwei Geschosse reichende Festsaal wiederhergestellt. Das Schloß bietet heute als Bürgerhaus einen festlichen Rahmen für kulturelle Veranstaltungen.

Burg Eybach lag auf dem Himmelfelsen, der über dem Ort Eybach östlich von Geislingen beherrschend aufragt. Adel von Eybach wird 1265, die Burg 1291 beim Verkauf durch die Helfensteiner erstmals erwähnt. 1456 kamen Burg und Dorf an die Herren von Degenfeld, die sich 1546 unterhalb der Burg ein Schloß bauten. Die nicht mehr herrschaftlich bewohnte Burg geriet in Abgang und wurde um 1700 ganz aufgegeben. Geblieben sind ein Graben und Mauerspuren auf dem herrlich gelegenen Burgfelsen.

Das heutige **Schloß Eybach** entstand 1766–1775 als repräsentativer Wohnsitz der 1716 in den Grafenstand erhobenen Familie von Degenfeld. Ihre Mitglieder haben sich vor allem in Kriegsdiensten für Venedig, Schweden und Preußen hervorgetan, wo sie höchste Ämter bekleideten. Die schöne, klassizistische Zweiflügelanlage des Schlosses mit Wappengiebel und vorspringendem Mittelteil an der parkseitigen Schaufront enthält zwei reich mit Bildern und Stuckarbeiten ausgestattete Säle. Die spätgotische Kirche birgt die Familiengruft und zahlreiche Grabdenkmäler der Familie von Degenfeld. Das Schloß dient als gräflicher Wohnsitz und ist nicht öffentlich zugänglich.

Burg Roggenstein liegt im schönsten Teil des Eybtales an der Unteren Roggenmühle, wo am Rand eines Seitentälchens der Roggenstein mit der Roggennadel aus dem Waldhang aufragt. Doch nicht auf dem Fels lag die Burg, sondern dahinter, wo ein Felsgraben und Mauerspuren den Burgplatz anzeigen. Nur einmal, in einer undatierten Urkunde aus der zweiten Hälfte des 12. Jh.s, werden mit dem Edelfreien Konrad von Roggenstein die Burgherren genannt. Wahrscheinlich bestand ein Zusammenhang zwischen Burg Roggenstein und der Unteren Roggenmühle, die 1291 als „Rinnenmilin" erstmals in der schriftlichen Überlieferung erscheint. Das frühe Ende der Burg zeigt die nächste Nennung eines Roggensteiners an. 1281 wird ein Konrad Roggenstein, offensichtlich ein Nachkomme der Ritter von Roggenstein, als Bürger in Geislingen erwähnt. In jüngster Zeit wurden an dem der Burg benachbarten Lochfels Burgspuren und Burgfunde festgestellt, so daß wir uns Burg Roggenstein als Doppelanlage vorstellen müssen.

Ravenstein im 17. Jh. Die Darstellung – wie auch ein Stich von 1740 – zeigt drei engstehende Gebäude am talseitigen Burgrand mit weit zwischen den Felsen hinabreichenden Grundmauern und das Tor neben (statt hinter!) dem linken Turm. Die Türme vorn und rechts fehlen im Stich und einer Beschreibung von 1789 – vielleicht sind sie nur künstlerische Zutaten.

Ravenstein

Reichlich 2 km nördlich vom Roggenstein auf einer aus hohen Felsen gebildeten Bergecke über dem enger werdenden „Roggental" der oberen Eyb lag einst die Burg Ravenstein. Ein doppelter Felsgraben trennt das Felsnest von der Häusergruppe des ehemaligen Burghofs auf der anschließenden Albhochfläche. Als letzte Reste der Burg sind auf der schönen Burgfläche geringe Mauerspuren, eine Zisternengrube und Abarbeitungen am Fels auszumachen.

Gründer der Burg waren die Edelfreien von Ravenstein, die wie ihre Vorfahren von Stubersheim die Leitnamen Adalbert und Berenger führten. Mit ihnen zusammen und den stammesverwandten Edelfreien von Helfenstein und Albeck sowie den Pfalzgrafen von Lauterburg bilden sie die sogenannte Adalbert-Sippe. Die bisher geltende Erstnennung der Burg Ravenstein von 1091 muß korrigiert werden, weil die zugrunde liegende Gründung des Klosters Wettenhausen (bei Günzburg) heute zwischen 1124 und 1133 angesetzt wird. Die Zwiefalter Chronik von 1138 berichtet, daß auf Ravenstein einige Ritter mit einem durchgebrochenen Geländer in die tödliche Tiefe gestürzt waren.

Zwischen 1153 und 1215 traten Ravensteiner mehrfach im Gefolge der Staufer auf, der Letzte des Geschlechts war 1233 Schatzkämmerer Kaiser Friedrichs II. in Nürnberg. Die Burg kam erbweise an die Helfensteiner, die sie zunächst von Vögten verwalten ließen, später aber als Lehen an die von Zillenhart vergaben. Es folgten Eroberung und Verwüstung durch die Reichsstädte Ulm (1378) und Schwäbisch Gmünd (1393) im Städtekrieg, der Übergang an Rechberg (1472) und schließlich an Ulm (1543). Als Forstamtssitz vollends heruntergekommen, wurde die Burg um 1700 abgebrochen.

7

Limburg, Teck und die Zähringer

Blick auf den nördlichen Rand der Schwäbischen Alb mit **Limburg**, Weilheim, Turmberg mit Aichelberg und Hohenstaufen.

Limburg

Von vornehmer Größe wie der frei vor dem Albtrauf stehende Bergkegel mit weitreichendem Blick war der Adlige, der sich hier nach der Mitte des 11. Jh.s die Burg bauen ließ, auf der er seine bittersten Stunden erleben sollte. Bertold I. führte seine Herkunft auf die altschwäbische Herzogssippe der Alaholfinger oder Bertolde zurück, übernahm von seinem Vater vier Grafenämter (Breisgau, Thurgau, Ortenau, Albgau im Schwarzwald) und war mit umfangreichen Eigengütern im Breisgau, der Baar und am Albrand zwischen Neckar, Fils und Lenninger Lauter der mächtigste Mann in Schwaben. Von Kaiser Heinrich III. war ihm die Nachfolge des betagten Herzogs von Schwaben versprochen und zur Bekräftigung ein Ring gegeben worden. Doch nach dem Tod des Kaisers (1056) bestimmte dessen Witwe ihren Verwandten Rudolf von Rheinfelden zum Herzog. Zwar machte sie Bertold als Entschädigung zum Herzog von Kärnten (1061). Da er dort aber nicht die Macht hatte, um sich durchzusetzen, blieb dies für ihn ein leerer Titel.

In der Auseinandersetzung um die Kirchenreform (Investiturstreit) gehörte Bertold zu den Führern der antikaiserlichen Partei, die 1077 Kaiser Heinrich IV. absetzte, obwohl er sich durch seinen Canossagang vom Bann gelöst hatte. Beim Hof- und Gerichtstag in Ulm wurde Herzog Bertold zum Hochverräter erklärt und seiner Ämter, Lehen und Besitzungen enthoben. Es folgten verheerende Verwüstungszüge der Kaiserpartei, die auch das von Herzog Bertold und seiner Gemahlin Richwara gestiftete Hauskloster in Weilheim nicht verschonten. Hilflos mußte der alte Mann von der sicheren Limburg aus all dem zusehen und es als Strafe Gottes für seinen Abfall vom König empfinden. In Verzweiflung und Wahn starb er 1078.

Dem wachsenden Druck der Staufer wich das Geschlecht, das sich etwa ab 1100 nach der Burg Zähringen nannte, unter Herzog Bertold II. von Zähringen in den Breisgau aus. Dort war durch Zuerwerb in Rheinfelden und Burgund eine Art Herzogtum Zähringen entstanden. Das inzwischen der

Die **Limburg** auf dem Stifterbild von 1522 in der Weilheimer Peterskirche. Im Vordergrund knien Graf Ulrich von Aichelberg, dem Weilheim die Stadterhebung verdankt, und Herzog Bertold von Zähringen, der Erbauer der Limburg und Stifter der Peterskirche. Weitere kniende Personen sowie eine stehende Heiligenfigur (Muttergottes oder Petrus?) wurden nach der Reformation um 1560 übermalt – die Lücke wurde mit dem Wappen Württembergs ausgefüllt.

Kirchenreform verpflichtete Hauskloster St. Peter wurde von Weilheim in den Schwarzwald verlegt. Die nur noch von Ministerialen bewohnte Limburg verlor mit dem Bau der Burg Teck an Bedeutung und geriet früh in Abgang. Eine von St. Peter im 15. Jh. errichtete Michaelskapelle auf der Limburg wurde nach der Reformation abgebrochen.

Der Wind und Wetter frei ausgesetzte Berggipfel zeigt geringe Reste der 1913/14 ausgegrabenen Herzogsburg. Eine starke Ringmauer mit zwei Türmen an den Schmalseiten umschloß das weiträumige, durch einen Graben zweigeteilte Gipfeloval. Der breite Geländeabsatz unter dem Gipfel mit einer kleinen Quelle könnte auch schon von der vorgeschichtlichen Besiedlung des Berges herrühren.

Teck

In der Höhle unter dem Teckfelsen hauste der Sage nach einst die Sibylle. Als weise Seherin und mildtätige Helferin tat sie den Menschen viel Gutes. Doch ihre bösartigen Söhne waren von ihren Burgen aus zum Schrecken des Tales geworden. Aus Scham und Kummer darüber verließ sie das Land auf einem von Wildkatzen gezogenen Wagen. Als letzter Segen wächst in der Spur ihres Wagens das Korn bis heute üppiger als sonst. Der „Beweis“ dieser Sage, die Sibyllenspur quer durch das Tal zwischen Dettingen und Owen, konnte als mit humusreicher Erde verfüllter Doppelgraben einer römischen Grenzsicherung zwischen dem Neckar- und Alblimes erklärt werden.

Gründer der 1152 erstmals genannten Burg Teck war Herzog Konrad IV. von Zähringen, ein Enkel Herzog Bertolds I. Sie wurde Sitz einer Nebenlinie der Zähringer, deren Mitglieder sich seit 1186 „Herzöge von Teck“ nannten, obwohl sie über kein Herzogtum, sondern nur über die „Herrschaft Teck“ verfügten. Auf der Burg entfalteten sie eine großzügige Hofhaltung, wie sie ihrem hohen Stand und Ansehen bei den deutschen Königen entsprach. Sie konnten mit großem Gefolge auftreten, denn auf fast 20 Burgen um die Teck saßen als Ministerialen von ihnen abhängige Ritter. Der bedeutendste Vertreter des Geschlechts war Herzog Konrad, dessen plötzlicher Tod bei der Königswahl in Frankfurt (1292) seine mögliche Erhebung zum König vereitelte.

Der wirtschaftliche Niedergang des Geschlechts im 14. Jh. wurde durch mehrere Teilungen beschleunigt. 1303 gelangten die Habsburger in den Besitz der halben Burg Teck, und bis 1383 wurde die restliche Herrschaft Teck an Württemberg verkauft, das schon 1326 die habsburgische Teckhälfte an sich gebracht hatte. Für die Grafen von Württemberg war der Erwerb der herzoglichen Burg mit Herrschafts- und Besitzrechten wichtig, weil sie dadurch ihrem Ziel, der Erhebung zum Herzog, mindestens im Anspruch nähergekommen waren. Trotz dieses Ausverkaufs bekleideten die Herzöge von Teck von ihrer neuen Herrschaft Mindelheim aus bis zu ihrem Aussterben (1439) weiterhin hohe Stellungen am königlichen Hof und in der Kirche.

Württemberg wandte beträchtliche Mittel auf, um die inzwischen verwahrloste Teck wieder instand zu setzen, hatte aber wohl wenig Freude an der Neuerwerbung. Bei der Vertreibung Herzog Ulrichs durch den Schwäbischen Bund wurde die Burg 1519 durch die Sorglosigkeit der Besatzung kampflos genommen. Im Bauernkrieg gar war die Besatzung so verunsichert, daß sie zunächst die Geschütze, dann die ganze Feste den Abgesandten der Bauern auslieferte. Vor dem Abzug des Bauernhaufens aus Kirchheim wurde die Teck niedergebrannt.

1736 wurde nochmals auf der Teck gebaut: Herzog Karl Alexander, ein erfolgreicher General der Türkenkriege, wollte mit gewaltigem Aufwand den Berg in eine zeitgemäße Festung mit Wällen,

Burgruine Teck mit dem Aussichtsturm, dem Wanderheim des Schwäbischen Albvereins und der Mörikehalle. Die nicht überbauten Burgreste sind seit 1620 zwar niedriger geworden, an keiner Stelle aber ganz verschwunden.

Burgruine Teck (Nikolaus Ochsenbach, um 1620). Die im Bauernkrieg 1525 zerstörte Burg zeigt noch umfangreich erhaltenes Mauerwerk mit mächtigen Flankierungstürmen.

Schanzen und Forts verwandeln. Bei seinem überraschenden Tod 1737 wurde die noch kaum über Schanzarbeiten hinausgekommene Unternehmung eingestellt.

Der Name „Teck“ geriet übrigens vorübergehend sogar in die Titulatur des englischen Königshauses, und das kam so: Herzog Alexander von Württemberg, ein Neffe König Friedrichs I. , heiratete 1835 eine unebenbürtige ungarische Gräfin. Ihr Sohn Franz blieb deshalb von der Thronfolge ausgeschlossen, erhielt aber den Titel eines Herzogs von Teck. Herzog Franz heiratete die englische Prinzessin Mary. Beider Tochter Mary von Teck wurde die Gemahlin König Georgs V. Dessen Enkelin – Elisabeth II. von England – ist somit die Urenkelin eines Franz von Teck aus dem Haus Württemberg.

Erhalten hat sich von der einstigen Burg ein Mauerring mit fünf flankierenden Rundtürmen und einem Rechteckturm. Der Kern der Anlage lag beim Tor im Norden, wo sich an zwei Stellen noch einige Buckelquader finden. Ob die südlich daran anschließende, große Burgfläche erst bei einer späteren Erweiterung dazukam, ob vielleicht die heutige Ringmauer ursprünglich nur die Zwingermauer einer kleineren Burg war, bleibt strittig, weil die einstige Innenbebauung beim begonnenen Ausbau zur Festung beseitigt worden ist.

Heute ist die Teck die Burg der Wanderer. Nachdem schon der Verschönerungsverein Kirchheim einen Aussichtsturm und 1933 die Mörikehalle errichtet hatte, baute der Schwäbische Albverein als Eigentümer ein Wanderheim und renovierte Turm, Halle und Wirtschaftsräume. Durch ihre Lage auf einem weit ins Albvorland reichenden Gebirgssporn bietet die Teck eine hervorragende Aussicht. Eduard Mörike, damals Pfarrvikar in Owen, schrieb am 13. Juli 1830 bei einem Ausflug auf die Teck:

„Hier ist Freude, hier ist Lust,
Wie ich nie empfunden!
Hier muß eine Menschenbrust
Ganz und gar gesunden.

Laß denn, o Herz, der Qual
Froh dich entbinden!
Wirf sie ins tiefste Tal,
Gib sie den Winden!“

Burgruine Hahnenkamm liegt 2 km östlich der Teck auf einem kleinen Basalttuffkegel im Berghang unter dem Breitenstein. Zu sehen ist der 1973 baulich gesicherte, unregelmäßige Mauerring mit Tordurchlaß und einem einzigen Buckelquader. Ähnlich dürftig und bis heute nicht verläßlich erforscht ist die schriftliche Überlieferung. Nach Crusius soll 1297 ein Gumpold von Hahnenkamm genannt sein. 1300 und 1301 urkundete Herzog Hermann II. von Teck mehrfach in Burg Hahnenkamm, wo er vielleicht einen Wohnsitz hatte. Mit der Teck gelangte Hahnenkamm nach 1345 an Württemberg. 1420 wird die Burg als württembergisches Lehen erwähnt, 1513 nennt das Lagerbuch Abgaben der Gemeinde Bissingen „uß dem Hahnenkam“ – die Burg bestand also nicht mehr. Die Fundkeramik belegt, daß die Burg spätestens Mitte des 12. Jh.s entstand und im 15. Jh. abging. Da eine Adelsfamilie, die sich nach der Burg nennt, nicht oder nur unsicher überliefert vorliegt, war Hahnenkamm wahrscheinlich zur Teck gehörige Eigenburg, auf der Familienmitglieder oder Amtleute saßen. Erbaut wurde die kleine Anlage von den Zähringern, vielleicht zur Absicherung der Teck mit dieser zusammen.

Aichelberg

Eine unverwechselbare Landmarke am Albaufstieg der Autobahn Stuttgart-Ulm bildet der sargförmig abgedachte Turmberg mit dem angelehnten Basalttuffkegel des Aichelbergs. Bemerkenswert ist eine in den ehemaligen Vulkanschlot zurückgekippte Weißjurascholle wie auch die herrliche Aussicht – Burgmauern sucht man freilich vergeblich. Die Steine der im Bauernkrieg 1525 zerstörten Burg wurden 1594 zum Bau des Badhauses in Boll weggeholt (der Schutzbau stammt von 1840).

Als Burggründer gilt Graf Diepold von Körsch-Aichelberg, der sich 1193 nach seiner Burg Körsch (bei Deizisau), um 1220 aber nach Burg Aichelberg nannte. Doch trat schon 1193 und 1194 in Urkunden König Heinrichs VI. ein Walther von Eichelberg auf, der zu unserer Burg gehört haben könnte. Güter und Rechte der Herrschaft Aichelberg stammten aus dem Besitz Herzog Bertolds I. und gelangten (nach Heinz Bühler) über zwei Heiraten an die Grafen von Berg und an deren Seitenlinie von Körsch-Aichelberg. Die Einkünfte daraus waren aber für das standesgemäße Auftreten der Grafen zu gering, so daß auch ihre Stadtgründungen in Wendlingen (um 1230) und Weilheim (1319) den Ausverkauf an Württemberg (1334 und 1339) nicht verhindern konnten. Konrad, dem letzten Grafen von Aichelberg, wurde wegen seiner Übeltaten als Anführer deutscher Soldritter in Italien (1386–1398) der Grafentitel entzogen. Etwa 100 Jahre später erlosch die Familie der Aichelberger.

Auf dem **Turmberg** finden sich umfängliche Erdwerke und geringe Mauerspuren eines grabenumzogenen Turmes (8–10 m Seitenlänge) über dem Aichelberg und einer vollständigen Burgstelle am anderen Ende des langgestreckten Gipfelkammes. Die namenlosen Anlagen ohne erkennbare Beziehungen zu einer Siedlung oder einer Adelsfamilie waren wohl als Eigenburgen der Aichelberger eine Art Voranlage zur Sicherung der Grafenburg. Ihre Burg Merkenberg haben die Aichelberger mit ähnlichen Voranlagen versehen. Die Keramikfunde erlauben nur eine sehr grobe Datierung der beiden Anlagen auf dem Turmberg. Sie sind deutlich später als Burg Aichelberg entstanden und deutlich früher als diese abgegangen.

Burg Merkenberg, der jüngere Stammsitz der Grafen von Aichelberg, liegt auf einem hohen und steilen Bergkegel (fälschlich „Erkenberg“ genannt) 5 km südlich vom Aichelberg bei Neidlingen. Nach ihr bezeichneten sich zwischen 1247 und 1320 Aichelberger und ein angeheirateter Zollerngraf als „Grafen von Merkenberg“. Diese Nennungen geben zugleich die ungefähre Lebensdauer der Burg an. Die langovale Burgstelle ohne Spuren von Steinbauten wird auf drei Seiten von Wall und Graben umgeben. Am Fuß des Gipfels läuft ein 160 m langer Graben quer über den Bergrücken und umschließt, vor der Hangkante sich spaltend, eine kleine Burgstelle.

Als **„Windeck“** wird eine weitere Burgstelle am Merkenberg bezeichnet, die durch zwei Quergräben aus dem schmalen Grat zwischen Erkenberg und Albtrauf, reichlich 1 km von der Burg entfernt, herausgeschnitten wird. Ofenkachelfunde von beiden Voranlagen der Burg Merkenberg belegen, daß sie als Daueraufenthalt, wohl zur Sicherung der Burg, dienten.

Reußenstein

Der Reußenstein ist so kühn auf steilem Fels über Neidlingen erbaut, daß es nur schwer vorstellbar ist, wie die Menschen im Mittelalter diese Aufgabe gemeistert haben. Die Mauern der Burg ragen so

Reußenstein. Durch den umfangreich erhaltenen Baubestand und die Aussichtslage in reizvollem Wandergebiet wie auch durch den bequemen Zugang vom nahen Parkplatz her ist der Reußenstein zur vielbesuchten Lieblingsburg der Ausflügler aus dem Neckarraum geworden.

direkt über dem jäh abstürzenden Abgrund auf, daß Fels und Bauwerk zu einer Einheit verschmolzen scheinen.

Die Sage erklärt den Bau so: Der Riese Heim, der auf dem gegenüberliegenden Heimenstein in einer Höhle hauste, wollte sich eine Burg bauen, wie sie die Ritter besaßen. Hierzu warb er Zimmerleute, Maurer, Steinmetze und Schlosser an, denen er hohen Lohn versprach. Als der Bau fertig war, entdeckte der Riese, daß oben an der Spitze des Turms noch ein Nagel fehlte. Er wurde zornig und weigerte sich, den Lohn auszuzahlen, solange der Nagel nicht sitze. Niemand wagte es, diese Aufgabe zu übernehmen. Erst als der Riese den zehnfachen Lohn in Aussicht stellte, faßte sich ein armer Schlossergeselle, der die Tochter seines Meisters liebte, aber vom Vater wegen seiner Armut abgewiesen worden war, ein Herz und meldete sich. Da packte ihn der erfreute Riese, hob ihn zum Fenster hinaus, damit er den Nagel einschlagen konnte, und beschenkte ihn anschließend so reichlich, daß die Hochzeit stattfinden konnte. Schließlich überließ er ihm sogar die Burg.

Frühe Besitzer und wohl auch Gründer der Burg waren ritterliche Gefolgsleute der Herzöge von Teck aus der adligen Führungsschicht Kirchheims, die mit den stammes- und wappengleichen Diethoh von Kirchheim 1232 und Konrad, genannt Reuß, 1284 erstmals faßbar werden. Die seit 1301 als „Burg Stein", seit 1371 als „Reußenstein" nachweisbare Burg dürfte in der zweiten Hälfte des 13. Jh.s entstanden sein. Von 1371 bis 1441 ging die Burg durch die Hände von 11 verschiedenen Besitzerfamilien. Sie wurde – so sturmfrei sie uns auch erscheinen mag – dreimal erobert, dabei aber nie zerstört. Seit 1394 hatte Württemberg das Öffnungsrecht an der Burg.

1441 kam die Burg an die Grafen von Helfenstein, die sich 1476 mit dem Reußenstein – fast wie Vögte auf ihrer eigenen Burg – gegen stattlichen Sold in den Dienst der Reichsstadt Ulm begaben. Bei einer Belagerung sollte Ulm zum Schutz

In dieser Felsgruppe hoch über dem Lindachtal hauste der Sage nach der Riese Heim. Seine Höhle führt unter der Burg **Heimenstein** zu einem hübschen Aussichtsplatz in der Felswand (Höhle 15.2.–31.7. gesperrt).

der Burg 20 Büchsen- und Armbrustschützen beisteuern. Der Reußenstein war damit zum Vorposten der Stadt Ulm geworden. An dem bei jeder Vertragsverlängerung niedriger vereinbarten Sold läßt sich die sinkende Bedeutung der Burg ablesen. Letzter gräflicher Burgherr auf Reußenstein war Ludwig Helferich von Helfenstein, der im Bauernkrieg Weinsberg verteidigte und danach von den Bauern durch die Spieße zu Tode gejagt wurde. Nun war Burg Reußenstein dem Verfall überlassen und erst 1828 wurde der Steinraub aus der Ruine unterbunden; seit 1966 ist sie baulich gesichert und gut zugänglich.

Von der grabenumzogenen Vorburg auf der Albhochfläche gelangt man durch eine Felsschlucht zum Haupttor der Burg. Die anschließende Unterburg mit zwei Flankierungstürmen, Zisterne, Keller und anderen Gebäuderesten stammt wie der grabenseitige Zwinger vom Ausbau durch die Helfensteiner im 15. Jh. Die Kernanlage, die ursprüngliche Ritterburg Reußenstein, liegt auf einem steilen Felsklotz hoch über der Unterburg. Der Burgweg auf schmalem Felsband führt über eine Felskluft durch ein enges Felstor und einen weiteren Felsschlupf unmittelbar in den Palas. An seinen hoch hinauf erhaltenen Außenwänden erkennt man den Küchenkamin im Untergeschoß, drei Wohngeschosse mit Kaminschächten und Abtrittöffnungen sowie den Wehrgang im Obergeschoß. Der obere Burghof zwischen Wohnbau und hochliegendem Bergfried wurde später überbaut. Hier befand sich im dritten Stock eine Kapelle, deren früher ausgemalte Fensternische erhalten blieb.

Die Ruine in 700 m Höhe erreicht man von einem großen Parkplatz an der Straße zwischen Schopfloch und Wiesensteig aus. Sie bietet eine wunderbare Aussicht, die am schönsten ist, wenn zur Zeit der Kirschblüte das ganze Neidlinger Tal in blendendes Weiß gehüllt ist.

Burg Heimenstein liegt in einer Felsgruppe nur 1 km westlich vom Reußenstein, aber durch die tief eingeschnittene Quellbucht der Lindach mit dem Neidlinger Wasserfall von ihm getrennt.

Landesfestung Kirchheim im Forstlagerbuch des Andreas Kieser von 1683. Das Schloß mit den Kasematten zu beiden Seiten diente als Eckbastion der Stadtbefestigung zwischen Ötlinger Tor und Obertor.

Die Burgstelle mit Schuttwällen eines turmartigen Gebäudes liegt etwas höher als die hinter dem bescheidenen Graben anschließende Hochfläche. Die Höhle des sagenhaften Riesen Heim, die durch den Burgfels zu einem hübschen Ausblick führt, kann mit einiger Vorsicht auch ohne Licht begangen werden. Adel von Heimenstein wird von 1240 bis 1296 im Gefolge der Teckherzöge genannt. Bei einer Nennung von 1477 ist die Zuordnung strittig, wohl auch, weil man bisher ein frühes Ende der Burg annahm. Doch nach den Keramikfunden bestand die Burg etwa von der Mitte des 13. Jh.s bis weit ins 15. Jh. hinein.

Schloß Kirchheim entstand anstelle eines Vorgängerbaus als Eckbastion beim Ausbau der Stadt zu einer der sieben Landesfestungen ab 1538 unter den Herzögen Ulrich und Christoph von Württemberg.

Unter Herzog Ulrich erlebte die Bautätigkeit in Württemberg einen bedeutenden Aufschwung durch die gewaltigen Schloß- und Festungsbauten zur militärischen Sicherung des Landes. Ulrich begann um das mittlere Neckargebiet, den Kern des Landes mit der Hauptstadt Stuttgart, einen Festungsgürtel zu legen. Schorndorf hatte das Remstal gegen Einfälle seiner verfeindeten bayerischen Schwäger und Kirchheim den Albübergang ins Neckartal von der Ulmer Seite her zu sperren. Die Festungen Hohentübingen, Hohenneuffen und Hohenurach sollten den Kern des Neckartals schützen. Der Hohenasperg bildete den Schild gegen Norden.

Die rautenförmige Vierflügelanlage von Schloß Kirchheim hinter tiefen Gräben besteht aus einem steinernen Wehrgeschoß mit Schießscharten und zwei Geschützrondellen unter einem zweistöckigen Wohnbau aus verputztem Fachwerk. Von den das Schloß beidseitig flankierenden Kasematten ist eine bis zur Bastei am einstigen Marstall erhalten. Das heutige Aussehen des Schlosses, das den Stadtbrand von 1690 heil überstand, geht auf den Umbau von 1794 unter Franziska von Hohenheim zurück, die als Witwe Herzog Carl Eugens wohl die bekannteste Schloßherrin war.

Das Schloß war Sitz eines Burgvogtes, der zugleich Kommandant der Stadtfestung war. Er war der Regierung in Stuttgart persönlich verantwortlich und mußte im Ernstfall selbständig Entscheidungen treffen. Ohne Erlaubnis des Herzogs durfte er nach Torschluß das Schloß weder verlassen noch irgend jemanden herein- oder hinauslassen. Seine Hauptaufgabe bestand in der Ausbildung und Beaufsichtigung der Soldaten. Ferner hatte er ein ansehnliches Waffenarsenal mit Geschützen und einigen 100 Fässern Pulver zu verwalten. Geldangelegenheiten waren nicht seine Sache; dafür war ein eigener Beamter zuständig.

Als sich im August 1594 Stuttgart von der Pest bedroht fühlte, verlegte Herzog Friedrich I. seinen Hof nach Kirchheim. Er war der einzige unter den Fürsten Württembergs, der sich hier längere Zeit aufhielt. Kirchheim wurde damit zeitweise Residenz.

Im Dreißigjährigen Krieg wurde Kirchheim mit seiner längst veralteten Befestigung nach der Schlacht von Nördlingen den siegreichen Kaiserlichen 1634 kampflos übergeben. Von 1628 bis 1857 war das Schloß herzoglicher Witwensitz, was der Stadt zwar kaum höfischen Glanz, dafür aber manche Einrichtung wohltätiger Fürsorge brachte. Nach Franziska und anderen Herzoginnen lebte als letzte Herzogin Henriette, die Schwägerin König Friedrichs I., im Schloß.

Später wurde das Schloß als Magazin, Lazarett und Museum verwendet, seit 1948 wird es vom heutigen Pädagogischen Fachseminar genutzt. Als Schloßmuseum sind seit 1982 sogenannte Fürstenzimmer mit der Ausstattung des 18. Jh.s zugänglich.

8

Wielandstein – Burgennest im Lenninger Tal

Wielandstein

Ein Burgennest wie auf dem Wielandstein bei Oberlenningen, wo sich auf kaum 300 Metern Felsgrat vier selbständige Burgen drängen, ist einmalig auf der ganzen Alb. Selbst die Sage von den drei feindlichen Brüdern auf Wielandstein, deren jeder seine eigene Burg baute, bleibt mit ihrer Erklärung für diese Burgenhäufung hinter der tatsächlichen Burgenzahl zurück.

Dem Albwanderer wohlbekannt ist der hintere Wielandstein mit seinem umfangreichen Mauerbestand, der 1976–80 baulich gesichert wurde. In geringem Abstand davon liegt der mittlere Wielandstein. Hier finden sich zwischen zwei steilwandigen Felsgräben ein Felsturm mit Bebauungsspuren, eine große, sich zusehends auflösende Mauer und geringe Mauerspuren. Aus dem höchsten Teil des leicht ansteigenden Bergsporns schneiden zwei verflachte Gräben die kleine Burgstelle Alt-Wielandstein heraus. Vom vorderen Wielandstein an der Spornspitze hat sich eine hochragende Mauer mit einigen Eckbuckelquadern erhalten.

In den Schriftquellen erscheint die Burg um 1240 im Besitz der Edelfreien von Wielandstein, die sich seit 1279, nun als Ministerialen der Herzöge von Teck, zunehmend nach ihrem Beinamen „Swelher" nennen. Um 1330 verlassen die Swelher ihre Stammburg. Über Zwischenbesitzer gelangt sie an Württemberg, wahrscheinlich 1387 beim Ausverkauf der Herrschaft Teck. Die zur Sicherung ihres Besitzes für die Württemberger wichtige Burg wird deshalb nicht als Lehen vergeben, sondern nur verpfändet (an Konrad von Freyberg) oder als Eigenburg mit Burgvögten besetzt. Erst 1478 wird die Burg als Lehen an die Schilling von Cannstatt weggegeben. 1525 wird die nicht mehr herrschaftlich bewohnte Burg von den Bauern verwüstet und 1533 abgebrochen.

Trotz nur spärlicher schriftlicher Hinweise auf mehrere Wielandstein-Burgen läßt sich mit Hilfe der Keramikfunde Entstehen und Vergehen der vier Burgen ziemlich genau ermitteln. Danach entstand die Burg Alt-Wielandstein vor der Mitte des 12. Jh.s, der hintere Wielandstein etwas später. Schon um 1200 wurde Alt-Wielandstein wieder aufgegeben. In der Mitte des 13. Jh.s entstanden die Burgen vorderer und mittlerer Wielandstein, und der hintere Wielandstein wurde neu erbaut. Der vordere Wielandstein bestand kaum 100 Jahre, er könnte nach dem Abzug der Swelher (um 1330) wüst gefallen sein. In einer Verpfändungsurkunde von 1416 heißt es: „Wielantstain unser vesti die

Burg Wielandstein. Die Rekonstruktionszeichnung von Christoph Stauß zeigt die Burg nach dem Umbau im 13. Jh.: unter dem Felsturm den großen Wohnbau, am Burghof mit der Zisterne Keller-, Stall- und Scheunenbauten sowie den Zugang über eine künstlich verbreiterte Felskluft.

hindern burg gen der albe gelegen ...“ Daraus kann geschlossen werden, daß nun nur noch der hintere Wielandstein bewohnbar bestand. Nach den Keramikfunden dürfte der mittlere Wielandstein allerdings erst kurz zuvor abgegangen sein. – Das hier ausgebreitete „Scherben-Urkunden-Vermutungen-Puzzle“ ist freilich kein Muß, um in der Ruhe der schönen Waldeshöhe den Menschen nachzusinnen, die einst hier ihrem häuslichen Alltag nachgingen.

Das Schlößle in Oberlenningen, ein typischer Landadelssitz der Renaissance auf leichter Anhöhe über dem Dorf, prangt seit den 1992 abgeschlossenen Sanierungs- und Restaurierungsarbeiten in leuchtenden Farben als ortsbildprägendes Schmuckstück. Der Preis war freilich hoch, denn trotz Zuschüssen des Denkmalnutzungsprogramms, des Landkreises, des Landessanierungsprogramms, der Denkmalstiftung und eines örtlichen Förderkreises blieb mehr als die Hälfte der fast fünf Millionen Gesamtkosten an der Gemeinde hängen. Volkes Stimme hintersinnig dazu: „Der Platz do oba isch de Oberlenningr scho emmer teuer gwä.“

Erbaut wurde das Schlößle 1593–96 von Hans Georg Schilling zu Owen als standesgemäßer Wohnsitz für seine Familie. 1679 und 1680 kam es durch Verkauf an zwei bürgerliche Besitzer, 100 Jahre später wohnten vier Besitzerfamilien darin. Der Enge im „Vierfamilienschlößle“ verdanken wir die kuriosen Anbauten von 1775 und 1785, die dem Bau sein unverwechselbares Aussehen geben. Heute sind im Schlößle die Gemeindebücherei und ein Papierkunstmuseum untergebracht, bei dessen Besuch (Sa. 10–12, So. 14–17 Uhr) das Innere mit umfangreich erhaltener Originalausmalung besichtigt werden kann.

Vorgängerbau des Schilling-Schlosses war ein Herrensitz des Eberhard von Freyberg von 1429. Sein Vater Konrad, Burgherr auf Wielandstein, hatte durch eine Heirat mit Ellen von Lenningen, Erbtochter der Herren von Lenningen, deren Stammsitz an die Freyberger gebracht. Vor dem Schlößle ergrabene Steinfundamente einer Vorgängeranlage, wohl einer Burg, lassen sich zwar nicht datieren, aber einzelne Keramikfunde von dort reichen vor die Mitte des 12. Jh.s zurück. Da aus dieser Zeit (1120 und 1138) Edelfreie von Lenningen belegt sind, steht das Schlößle wahrscheinlich am Platz des alten Herrensitzes über dem Dorf.

Wie aus einem Dornröschenschlaf erwacht, präsentiert sich das **Schlößle in Oberlenningen** nach den 1992 beendeten Sanierungs- und Restaurierungsarbeiten. Besonders der Fenstererker über zwei Stockwerke mit seinen ockergelben Ziehläden – alles nach Befunden am Bauwerk originalgetreu rekonstruiert – sticht mit seiner ungewohnten Farbigkeit ins Auge und macht das Gebäude zum Blickfang.

Diepoldsburg
Zwischen dem Hofgut Diepoldsburg (früher „Rauberhof") und dem Sattelbogen liegt die Burg auf der höchsten Stelle eines steilwandigen Felsgrates. Die Kernburg mit Schildmauer und Schuttwällen weiterer Mauern wird durch Felsgräben von den tieferliegenden Vorburgen, beide mit geringen Mauerresten, getrennt. Albwärts queren weitere Gräben den Felsgrat, teckwärts folgen abgetreppt eine weitere Voranlage und ein großer, ebener Platz, der einst wohl als Hoffläche, Garten und Tummelplatz für Pferde diente.

Die nur zweimal, 1210 und 1215, im Besitz der Edelfreien von Diepoldsburg erwähnte Burg war bei der nächsten Nennung 1297 Eigenburg der Herzöge von Teck. 1406 vergab sie Württemberg als Lehen an die Schwenzlin von Hofen, später an die Truchsessen von Bichishausen, deren Eigen sie 1470 wurde. Ursprünglich Ministerialen der Grafen von Urach, stiegen diese in Diensten Württembergs als Mitglieder des Rates, des Vormundschaftsrates (für den minderjährigen Grafen Ludwig von Urach), des Regentschaftsrates und als Landhofmeister (oberster Beamter) zu höchsten Ämtern auf. 1496 starb Albrecht Truchseß von Bichishausen in jungen Jahren, und mit dem Tod seines letzten, noch unmündigen Sohnes erlosch 1510 die Familie. – Da nach den Keramikfunden die (obere) Diepoldsburg etwa um 1400 abging, meinen Nennungen der Diepoldsburg seit dieser Zeit nur noch die „untere Diepoldsburg", wie sie 1406 erstmals genannt wurde.

Die als **„Rauber"** bekannte untere Diepoldsburg liegt hoch über dem Sattelbogen auf einem Felsklotz, den ein schluchtartiger Felsgraben vom großen Binnenhof der Gesamtanlage trennt. Rauber – nicht gerade ein freundlicher Name! Das klingt nach einem Raubritter, der von hier aus Überfälle auf friedliche Menschen ausgeübt hat. Wir erinnern uns an die Sage von der Sibylle auf der Teck. Sie hatte drei Söhne, die ein wüstes Leben führten und die Umgebung drangsalierten. Hier auf dem Rauber saß der wildeste; ihn nannte die eigene Mutter „Rauber". Auf der (oberen) Diepoldsburg und dem Wielandstein hausten der Sage nach seine Brüder.

Ihr heutiges Aussehen erhielt die Burg bei den Baumaßnahmen 1964/65. Weder das Tor an dieser Stelle noch das Törlein gegenüber oder die Brücke über die Schlucht sind durch Befunde belegt. Die Anlage ohne Turm oder Schildmauer wird von einer nur mäßig starken Ringmauer aus Bruchsteinen mit merkwürdig gerundeten Mauerecken hoch umschlossen. Die ältesten Stücke der Fundkeramik stammen aus der zweiten Hälfte des 13. Jh.s und passen damit nur schlecht zum erhaltenen Baubestand. Besonders das Fehlen einer Verstärkung der „Feldseite" am Graben läßt vermuten, daß die untere Diepoldsburg keine selbständige Wehranlage, sondern nur ergänzender Bauteil der oberen Burg war, der zusätzlichen, bequemer zugänglichen Raum bot und den zentralen Burghof etwas abschirmte.

Den Abgang der oberen Burg überdauerte die untere Anlage einige Zeit, wie die Fundkeramik belegt. Sie reicht weit ins 15. Jh. hinein, dünnt aber immer mehr aus, worin sich möglicherweise die seltener werdenden Aufenthalte der Burgherrschaft spiegeln, die ja auch über Wohnsitze auf Burg Bichishausen, Burg Hundersingen und im Schloß Owen verfügte. Der erstmals 1624 faßbare Name „Rauber" für die Ruine entstand vielleicht aus der seit 1694 belegten Flurbezeichnung „Rauhberg".

„Rauber" heißt die Ruine über dem Sattelbogen zwischen Unterlenningen und Bissingen. Doch der Name, der so schön schaurig nach Raubrittern klingt, kam erst auf, als der Platz längst verlassen war, und auch sonst stimmt manches nicht mit dieser „Burg".

Da er so schön schaurig nach Raubrittern klingt, wird er bleiben – ausgerechnet an einem Bauwerk, das wohl nie eine richtige Burg war!

Die **Sulzburg** liegt auf einem Basalttuffkegel des Schwäbischen Vulkans auf halber Höhe über Unterlenningen. Ortsnah gelegen und bequem zugänglich, überdauerte sie das Burgensterben im späten Mittelalter und blieb als Mittelpunkt eines adligen Gutsbetriebes bis ins 18. Jh. erhalten. Bei den Freilegungs- und Sicherungsarbeiten 1966/67 wurde vielfach etwas aufgemauert, so daß sich der einstige Baubestand gut ablesen läßt. Den Kern der Anlage bilden zwei große Gebäude und ein Torbau mit Wächterhäuschen, die sich um einen engen Hof mit Zisterne und spitzbogigem Aborterker gruppieren. Einen Turm hatte die Sulzburg nicht. Die Vorburg im Schutz einer mächtigen Schildmauer mit Resten eines Wehrganges enthielt zwei große, unterkellerte Wirtschaftsbauten.

Erstmals genannt wurde die Sulzburg 1335 als teckisches Lehen in der Hand der Ritter von Neidlingen. Nach ihnen saßen auf der inzwischen württembergisch gewordenen Burg die von Speth und von Schilling, wobei es zu endlosen Erb-, Lehens- und Grenzstreitigkeiten kam. Die seit 1510 durch Besitz der Diepoldsburg vergrößerte Gutsherrschaft wurde nach weiterem Besitzerwechsel und dem Zerfall der Burg (seit 1751) 1819 verkauft. Kuriosum dabei: Unterlenninger Bauern

Sulzburg im Lenninger Tal. Blick von der Schildmauer über die geräumige Vorburg zur Kernanlage.

wurden die neuen Eigentümer. Als die Herrschaft nämlich im Jahr 1819 öffentlich versteigert wurde, nahm sich die Gemeinde vor, sie nicht in fremde Hände gelangen zu lassen, sondern die eigene Markung damit zu vergrößern. Da man jedoch nicht über die nötigen Mittel verfügte, um sie zu erwerben, faßte Schultheiß Dangel einen mutigen Plan. Er erwarb Burg und Gut zu dem enormen Preis von umgerechnet rund einer halben Million Mark, vereinbarte Ratenzahlung und verkaufte das Gut stückweise an 28 Unterlenninger Bauern weiter. 30 Jahre später hatte das Schloßgut rund 100 Eigentümer. Ein Rittergut Sulzburg gab es damit nicht mehr.

Sperberseck

Die Burg liegt abgeschieden auf einem Bergsporn hoch über dem Talschluß eines Bächleins, das bei Gutenberg ins Lenninger Tal einmündet. Gründer war Bertold aus dem Hochadelsgeschlecht von Sulmetingen (bei Laupheim). 1092 nannte er sich erstmals nach seiner neuen Burg im Donntal. Er und sein gleichnamiger Sohn taten sich im Investiturstreit als entschiedene Vertreter der Reformer hervor, etwa als Bannerträger des Zähringer Gegenherzogs gegen Salier und Staufer. Ab 1251 finden sich Sperbersecker im Gefolge der Herzöge von Teck, seit 1282 nur noch als ritterliche Dienstleute (Ministerialen). Von 1365 bis zu ihrem Aussterben 1718 bekleideten sie zahlreiche Ämter im Dienste Württembergs. Ihre Burg wurde nun aufgegeben, 1388 war auch der Wirtschaftshof unter der Burg nicht mehr bewohnt.

Burg Sperberseck steht am Platz einer vorgeschichtlichen Anlage, von der die mächtigen Gräben herrühren dürften. Von der Schildmauer haben sich hochragende Teile erhalten, vom Mauerring und der Innenbebauung nur unbedeutende Reste. Eine kleine, gefaßte Quelle, etwa 1 km Böhringen zu, gilt als Burgbrunnen.

Ruine Sperberseck bietet die Reste einer typischen Schildmauerburg auf einem Hochflächensporn.

Der Platz der einstigen **Burg Hofen** liegt nahe bei Grabenstetten auf einem in die Talschlucht der „Schrecke" hineinragenden Fels, den ein verflachter Graben und zwei fast verebnete Wälle von der Hochfläche abschnüren. Erst durch die Bauarbeiten im Jahr 1986 mit Rekonstruktion von Tor und feldseitiger Ringmauer wurde die Burgstelle wieder erkennbar. Die Schwenzlin, seit 1275 als teckischer Dienstadel nachzuweisen, nannten sich seit 1323 „von Hofen". Die Herkunft dieses Namens ist unklar. Mit dem Ausverkauf der Herrschaft Teck kamen die Schwenzlin von Hofen in württembergische Dienste. Nach sich häufenden Verkäufen wurde mit Konrad von Hofen, Burgvogt auf Hohenneuffen, 1478 letztmals ein Schwenzlin genannt. Den Abgang der Burg im 15. Jh. überdauerte die Burgkapelle, nach der Reformation wurde auch sie abgebrochen.

Doch dieses Bild von der unbedeutenden Burg einer unbedeutenden Adelsfamilie stimmt nicht, denn die ältesten Stücke der Fundkeramik (spätestens Mitte 12. Jh.) belegen eine so frühe Burg, daß Dienstadel wie die Schwenzlin als Burggründer nicht in Frage kommt. Eher sind Beziehungen zu den edelfreien Gründern der nur 3 km entfernten Burg Sperberseck zu vermuten, doch bedarf hier noch vieles einer weiter ausgreifenden, gründlichen Erforschung.

9

Hohenneuffen und Hohenurach – mächtigste Festungen der Alb

Hohenneuffen

Schon von weither aus der Ebene beeindruckt die mächtige Ruine auf einem massigen Bergkegel über dem Städtchen Neuffen. In der Landesgeschichte kam der nie eroberten Burg eine bedeutende Rolle zu. Doch im Herzen der Bevölkerung hat sich erst die Ruine einen festen Platz erobert, denn wer sie an einem schönen Sommertag besucht, könnte meinen, das halbe Schwabenland sei unterwegs.

Als Gründer der um 1100 entstandenen Burg gilt Manegold aus dem Hochadelsgeschlecht von Sulmetingen (bei Laupheim). Wie sein Vater und sein Bruder Bertold von Sperberseck war er ein Anhänger der Kirchenreform. Er fiel 1122 im letzten Gefecht des Investiturstreites bei Würzburg. Nach dem Tod seines Sohnes Egino von Neuffen kam die Burg an die Weißenhorner Linie des Geschlechts, von der sich das sprechende Wappen mit dem silbernen („weißen") Hifthorn herleitet.

Mit Bertold von Neuffen und seinem Sohn Heinrich erreichten die Neuffener ihren Höhepunkt an Macht und Einfluß. Sie gehörten zum ständigen Gefolge der Stauferherrscher Philipp und Friedrich II., waren Teilnehmer am Kreuzzug von 1228, Erzieher des Kaisersohnes Heinrich (VII.) und Regent Schwabens während der Abwesenheit des Kaisers. Doch trotz Eheverbindungen mit Grafenhäusern und der gelegentlichen Benennung als Grafen – der Aufstieg in den Grafenstand blieb ihnen verwehrt. Zum tiefen Sturz des Geschlechts führte die Parteinahme für König Heinrich (VII.) im Aufstand gegen dessen kaiserlichen Vater Friedrich II. In der Schlacht im Swiggerstal (Ermstal) geriet Heinrich von Neuffen 1235 in Gefangenschaft und verlor danach die Burg Achalm und jeden Einfluß bei den Staufern.

Festungsruine Hohenneuffen. Auf einem gewaltigen Felsklotz in Spornlage vor dem Albtrauf entstand die mittelalterliche Burg. Beim Ausbau zur Landesfestung wurden Großer Wall (hinten), Schwarzer Turm (links) und Wachtstubenturm (hinten links) über den Burgfels hinausgebaut.

Bleibenden Glanz brachte dem Geschlecht der Edelfreien von Neuffen der 1234–1262 bezeugte Minnesänger Gottfried von Neuffen durch seine Lieder, von denen die Manessische Handschrift in Heidelberg, „das schönste Buch des Mittelalters", 51 überliefert hat. Gottfried und seine Lieder waren im ganzen deutschen Sprachraum bekannt. Die Themen des Minnesangs wie Natur und Liebe, Winterleid und Frühlingssehnsucht verstand der Neuffener in kunstvolle Reime zu bringen:

„Wohlauf wir grüßen
Den Mai den süßen
Nach langem Büßen
In Winters Pein.

Er will uns bringen
Der Vöglein Singen,
Der Blumen Springen,
Der Sonne Schein.

Wo Tal und Höh'
Bedeckte Schnee,
Da sieht man Gras
Vom Taue naß
Die Blumen und den Klee."

Teilungen, mehrere ungünstige Eheschließungen und zunehmende Verkäufe begleiteten den Niedergang des Geschlechts, das in seiner schwäbischen Linie um 1300 ausgestorben ist. An der Burg dürfte der obere Mauerring mit der doppelt geknickten Schildmauer aus der Zeit der Neuffener herrühren.

1301 gelangte die Burg an die Grafen von Württemberg, die sie durch eine äußere Ringmauer mit dem Torturm „Allewinden" ausbauten und verstärkten. In den vielen Fehden und Kriegen der streitbaren Grafen bewährte sich der Neuffen als ihre stärkste Burg. Im Reichskrieg gegen Graf Eberhard den Erlauchten war der Neuffen 1312 unter den vier nicht besiegten Burgen, und auch im Städtekrieg 1449 blieb er unbezwungen. Bei der Vertreibung Herzog Ulrichs 1519 wurde der Neuffen als letzte Feste erst übergeben, nachdem Asperg und Hohentübingen nach schwerem Beschuß gefallen waren. Im Bauernkrieg 1525 wagten die Aufständischen keinen Angriff auf den Neuffen. Auch bei der Rückeroberung des Landes durch Herzog Ulrich 1534 wurde er wiederum als letzter der festen Plätze Württembergs unbezwungen übergeben.

Die stärkste Veränderung erfuhr der Hohenneuffen, als er von Herzog Ulrich mit gewaltigem Aufwand zu einer der sieben Landesfestungen ausgebaut wurde. Nun entstanden der mächtige Wall der Erdbastion vor der Schildmauer und die drei dicken Türme mit offener Geschützplattform (Rundbastione). Das Allewindetor wurde vermauert, der alte Burgweg zur Kasematte überbaut und der neue Zugang als kühne Holzbrücke auf acht Pfeilern frei über den unteren Hof geführt – eine einmalige, äußerst wirkungsvolle Lösung der Zugangssicherung. Weitere Verstärkungen betrafen die Unterburg und die Voranlage.

Die Festungsordnung von 1550 regelte genauestens den Ablauf des Wachdienstes, den Zugang zur Festung, Geheimhaltung, Disziplin und die Rolle der dem Herzog persönlich verantwortlichen Kommandanten. Diese waren seit 1534 nicht mehr adlige Vögte, sondern erfahrene bürgerliche Offiziere. Doch das eintönige Festungsleben mit den strengen Einschränkungen der Festungsordnung bewirkte häufigen Wechsel; aus württembergischer Zeit sind uns 52 Burgvögte und Kommandanten überliefert. Natürlich erforderte eine

Landesfestung Hohenneuffen um 1620 (von Nikolaus Ochsenbach). Die Darstellung zeigt die Holzbrücke über den unteren Burghof und die mächtigen Rundbastione.

Urach um 1616. Die Darstellung aus dem Stammbüchlein des Prinzen von Sachsen-Altenburg zeigt vorn die 1600 fertiggestellte Webervorstadt „Weberbleiche", die Amanduskirche, das herzogliche Schloß mit dem ummauerten Tiergarten daneben und die Landesfestung Hohenurach im Hintergrund.

Festung starke Bewaffnung und große Vorräte. 1568 verfügte der Neuffen über 12 Geschütze unterschiedlicher Größe mit 5 000 Kugeln und 200 Zentner Pulver. Dazu kamen 70 Gewehre („Doppelhaken und Handrohre") und 300 Spieße. Die Verpflegung sollte drei Monate lang für 100 Mann und 50 Pferde ausreichen.

Die Bewährungsprobe im Dreißigjährigen Krieg bestand die Festung, zugleich aber erwies sich ihre Nutzlosigkeit für das Land. 1635 wurde sie nach 14monatiger Einschließung und harter Belagerung auf Druck der Besatzung, die nach dem Fall von Hohenurach, Hohenasperg und Hohenzollern keinen Sinn in ihrem Ausharren mehr sah, den Kaiserlichen übergeben.

Unter Herzog Alexander erfuhr die Festung 1735 trotzdem einen letzten Ausbau. Am Zugang wurde der Bastion eine zweite mit langem Tunnelgang vorgelegt und das Vorfeld mit einem weiträumig gestaffelten Vorwerk aus Bastionen, Gräben und Gängen überzogen. Nach dem Tod des Herzogs kamen die Arbeiten ins Stocken und wurden 1742 eingestellt. Die unfertigen Anlagen zerfielen rasch. 1792 zog der letzte Kommandant wegen Baufälligkeit seiner Wohnung nach Kirchheim. Auf seine Meldung: „Auf Hohenneuffen nichts Neues vorgefallen" soll der Herzog 1793 bemerkt haben: „Ich bin schon froh, wenn nichts Altes eingefallen ist." 1801 wurde die Festung zum Abbruch freigegeben.

Die herrliche Lage und der freie Blick lassen heutige Besucher leicht übersehen, welch düstere Rolle der Hohenneuffen als Staatsgefängnis und Strafanstalt spielte. Die Folterungen des greisen Vogtes von Tübingen, die Demütigungen des Abtes von Zwiefalten, der Tod des Grafen von Helfenstein bei einem Fluchtversuch stehen für das Schicksal zahlloser Staatsgefangener und mißliebiger Untertanen, die Willkür und Grausamkeit wehrlos ausgesetzt waren. Nicht zu vergessen die Generationen von Strafarrestanten, die in den Massenlagern der Kasematten vegetieren und, in Fußeisen oder an ihren Karren geschmiedet, bei den nie endenden Schanz-, Bau- und Reparaturarbeiten an der Festung unsägliches Leid erdulden mußten.

Hohenurach

Nur durch einen tieferliegenden Geländesattel mit der Albhochfläche verbunden, steigt zwischen Stadt, Kuranlagen und Wasserfall ein Bergkegel 250 m hoch aus dem Ermstal auf, dessen Gipfel die gewaltigen Mauermassen der Festungsruine trägt.

Als Gründer der Burg gelten die im 12. Jh. erstmals genannten Grafen von Urach, nahe Verwandte der Achalmgrafen und Vorfahren der Grafen von Freiburg und der Fürstenberger. Da in den frühen Nennungen Burg und Siedlung Urach nicht zu unterscheiden sind, läßt sich erst für 1235 die Höhenburg sicher nachweisen, als sie nämlich den Grafen von Urach bei ihrer Unterstützung des aufständischen Königs Heinrich (VII.) als Rückhalt diente. Zu vermuten ist eine wesentlich frühere Burggründung, wie sie auch die Fundkeramik aus

Schloß Urach. Dem nach der Landesteilung von 1442 als Residenzschloß entstandenen Bau (rotes Dach) wurde unter Herzog Christoph eine Schaufront in Sichtfachwerk angefügt (dunkleres Dach). Vorn das Renaissance-Prunktor Herzog Friedrichs, das ursprünglich am Zugang zur Webervorstadt stand.

dem 12. Jh. belegt. Die harten Strafmaßnahmen gegen die Anhänger des jungen Königs, der in der Gefangenschaft seines kaiserlichen Vaters 1242 durch Freitod endete, waren wohl Ursache für den Verkauf der Grafschaft Urach (vor 1264).

Unter den Grafen von Württemberg wurde die neuerworbene Burg ausgebaut und verstärkt, so daß sie den Reichskrieg gegen Eberhard den Erlauchten 1311 unbezwungen überstand. Daß Hohenurach bei der Vertreibung Herzog Ulrichs 1519 kampflos übergeben wurde, lag vermutlich mehr an den Untaten des Herzogs als an der Schwäche seiner Burg. Für Ulrich verband sich mit dem Hohenurach noch eine andere schlimme Geschichte, denn hier wurde sein geisteskranker Vater Graf Heinrich von Mömpelgard von dessen Vetter Graf/Herzog Eberhard im Bart fast 30 Jahre gefangen gehalten. Für Herzog Ulrich wurde das zum Trauma: die rasche Eroberung der rund 50 württembergischen Burgen durch den Schwäbischen Bund, die Gefängnisverwahrung des für geisteskrank erklärten Vaters und der einmalige Vorgang der Absetzung seines Onkels Herzog Eberhard II. wegen Mißwirtschaft durch die Landstände. All dies war Hauptursache für das Festungsprogramm des 1534 Zurückgekehrten: Mit ihm sollte sich so etwas nicht wiederholen!

Hohenurach war einer der sieben festen Plätze, die unter Ulrich und seinem Sohn Herzog Christoph mit erdrückendem Kostenaufwand zu Landesfestungen ausgebaut wurden. Tatsächlich war im Dreißigjährigen Krieg Hohenurach durch militärische Mittel wie Beschießung oder Erstürmung nicht zu erobern; doch wurde die Festung eingeschlossen und ausgehungert (1635). Die Stadt hatte durch die monatelange Belagerung so furchtbar gelitten, daß sie die Sieger zum Abbruch der ganzen Anlage zu bewegen suchte. Statt dessen wurden 1663–69 weitere Ausbauten vorgenommen und auch die Verwüstung durch einen Blitzschlag in den Pulverturm (1694) führte nur zu neuen Baumaßnahmen. Erst 1765 schlug der Festung Hohenurach die letzte Stunde: Herzog Carl Eugen ließ für den Bau seines Jagdschlosses Grafeneck Teile der Burg abbrechen.

Traurigen Ruhm erlangte Hohenurach durch prominente Gefangene wie die „Landverderberin“ von Grävenitz, den herzoglichen Kanzler Enzlin, einen der Baumeister des Ludwigsburger Schlosses, Frisoni, und Nikodemus Frischlin.

Für Frischlin, einen der begabtesten Geister unter seinen Zeitgenossen, wurde die Festung Hohenurach in der Nacht zum 30. November 1590 zum Verhängnis. Nach siebenmonatiger Gefangenschaft auf der Burg unternahm er einen Fluchtversuch, bei dem er sich über die jäh abstürzenden Felsen abseilen wollte. Das aus Leinwandfetzen verfertigte Seil riß, und er stürzte tödlich ab. Der Sage nach wächst an der Stelle seines Todes ein Blümlein mit einem roten Fleck auf den Blättern, wie es sonst nirgends im Lande vorkommt.

Frischlin galt schon mit 21 Jahren als hochbegabter Dichter und Humanist. In diesem jugendlichen Alter erhielt er einen Lehrauftrag für Poetik und Geschichte an der Universität Tübingen. Dichtungen, Komödien und Epen gewannen ihm die Gunst des Herzogs Ludwig und die begeisterte Zustimmung seiner Studenten. Der Kaiser verlieh ihm die Würde eines „poeta laureatus". Frischlin aber wurde übermütig. In Schmähschriften verunglimpfte er seine Kollegen und den Adel, dessen Vertreter er als „unsere schwitzenden, rülpsenden, gleich Mastochsen ausgestopften Hofleute" titulierte. Seine trinkfrohe Natur trug ihm zusammen mit seinem „unbehäb Maul" viel Ungemach ein. Herzog Ludwig hielt zunächst zu dem von der Reichsritterschaft und seinem Kollegen Martin Crusius mit Haß verfolgten Professor. Schließlich ließ er ihn jedoch verhaften und auf Hohenurach festsetzen.

Zu sehen sind im Burghof Reste großer Renaissancebauten, ein schöner Brunnenaufsatz und Stücke der Tragsäulen einer umlaufenden Galerie. Im älteren Saalbau haben sich Fensternischen mit spätgotischen Spitzbogenöffnungen und ein später eingemauerter, romanischer Konsolstein erhalten. Zwinger mit starken Geschütztürmen wie der „Dettinger Turm" und der mächtige „Upfinger Turm" an der gefährdeten Turmseite umschließen den Festungskern, der nur durch einen langen Tunnelgang unter dem Wall vom Vorhof her zu erreichen ist. Den Zugangsbereich mit Spuren mehrerer Tore und einem Tunneldurchlaß beherrscht der hochgelegene Wachstubenturm.

Schloß Urach

Mit der Teilung der Grafschaft Württemberg 1442 wurde Urach Residenz der südlichen Landeshälfte. 1443 entstand unter Graf Ludwig I. neben dem alten Wasserschloß der Grafen von Urach (1790 abgerissen) das neue Residenzschloß als Fachwerkbau auf hohem Steingeschoß. Verschiedene Um- und Einbauten haben das Schloß seither beträchtlich verändert und in seiner Vielfalt bereichert. So wurde etwa die Schaufront mit Sichtfachwerk auf vorgeblendeten Stichbogen dem Bau erst unter Herzog Christoph angefügt.

Der **Goldene Saal** im Uracher Schloß zählt zu den schönsten Renaissance-Räumen in Deutschland.

Das Untergeschoß bildet eine vierschiffige Halle (Dürnitz) mit hochsteigendem Kreuzgewölbe auf kurzen Achteckpfeilern. Der Palmensaal mit monumentalen Freskenresten erinnert an die Pilgerreise des jungen Grafen Eberhard im Bart ins Heilige Land (1468). Die Palmen tragen seinen Wahlspruch „Attempto" (= Ich wag's) und Wappen seiner Vorfahren. Der schönste Raum des Schlosses ist der Goldene Saal, der zur Hochzeit Eberhards mit der jungen Markgräfin Barbara Gonzaga von Mantua 1474 eingerichtet und unter Herzog Friedrich in üppigem Spätrenaissancestil ausgestattet wurde. Der Weiße Saal entstand unter Herzog Carl Eugen als Jagd- und Musikzimmer mit reichen Rokoko-Stukkaturen.

Nach der Vereinigung der Landesteile durch den Münsinger Vertrag von 1482 wurde die württembergische Residenz wieder nach Stuttgart verlegt. Das Schloß diente für gelegentliche Aufenthalte und als Jagdschloß. Merkwürdig berührt, daß die beiden erfreulichsten Erscheinungen in der langen Reihe von „Württembergs geliebten Herren", Eberhard im Bart und Herzog Christoph, hier im Uracher Schloß geboren wurden.

Nach grundlegenden Sanierungs- und Renovierungsarbeiten dient das Schloß seit 1982 als Zweigmuseum des Württembergischen Landesmuseums und für gelegentliche Konzertveranstaltungen und Empfänge. Es enthält eine Waffensammlung, Musikinstrumente, Dokumentationen über Eberhard im Bart sowie die höfische Jagd und eine Dauerausstellung des Schwäbischen Albvereins.

10

In Rulamans Reich

Hohenwittlingen

„Der Berg, an dessen nördlichem Abhang die Tulkahöhle lag, lief nach Südwesten in ein schroffes Vorgebirge aus, das mit einer mächtigen Felswand schloß. Himmelhoch, kahl, senkrecht abfallend ragte diese weit vor in das Armital." So beschrieb David Friedrich Weinland 1875 im „Rulaman" den „Tulkafels", und wer sich in jungen Jahren von dieser „Erzählung aus der Zeit des Höhlenmenschen" verzaubern ließ, wird nie mehr ganz loskommen von Rulaman, der alten Parre und dem tapferen Völklein der Aimats, die der Verfasser hier um Hohenwittlingen angesiedelt hat.

Wann die auf Weinlands Tulkafels gelegene Burg Wittlingen entstanden ist, bleibt unklar. Wittlingen gelangte aus dem Besitz der Grafen von Achalm-Urach durch Heirat an die Grafen von Lechsgmünd, von denen einer, Burkhard, 1089 und 1110 nach Wittlingen genannt wurde. Ob damit das Dorf oder eine Burg gemeint war, ist nicht zu erkennen. Doch belegt im Burghang aufgelesene Keramik des 12. Jh.s eine frühe Entstehung der Burg. 1251 kam sie an Württemberg, wo sich ihre Stärke erwies, als sie im Reichskrieg gegen Graf Eberhard den Erlauchten 1311 einer Belagerung widerstand. Der im Interim, dem Versuch der Rekatholisierung Württembergs, verfolgte Reformator Johannes Brenz fand 1548 auf Hohenwittlingen Zuflucht. Nach einem Brand 1576 wurde die Burg nochmals instand gesetzt, und im Dreißigjährigen Krieg erhielt sie sogar eine kleine Besatzung, obwohl sie längst veraltet war. Erst 1705, nach dem Umzug des Forstknechtes in das neuerrichtete Hofgut, wurde die Burg aufgegeben und teilweise abgebrochen. Den Wittlinger Bauern diente die Burg noch im 18. Jh. als Zuflucht beim Herannahen feindlicher Truppen. Wie eine Chronik berichtet, hatten sie ihr Vieh so abgerichtet, daß es – aus dem Stall losgelassen – auch ohne Hirte von selbst sofort der Ruine zueilte.

Burgruine **Hohenwittlingen** auf steilem Felssporn hoch über dem Ermstal. Auf der Höhe rechts hinter den Nadelbäumen liegt das Hofgut, in dem Weinland für seine Söhne den „Rulaman" schrieb.

Das Kernstück der stattlichen Ruine bildet die über 20 m lange und 3,5 m dicke begehbare Schildmauer mit Buckelquadern. Geblieben sind auch Teile der Ringmauer und der Zwinger über dem gewaltigen Graben. Von der Burg aus genießt man einen schönen Ausblick auf das Ermstal.

Hohenwittlingen. Die Rekonstruktionszeichnung gibt eine Vorstellung vom einstigen Aussehen der durch ihre günstige Felslage ungewöhnlich starken Schildmauerburg.

„Auf dem Fels, der die **Burg Baldeck** trug, sucht man vergeblich nach Ruinenresten. Man begreift auch kaum, wie die kleine Felsgruppe Raum für einen Rittersitz bieten konnte.“ (Viktor Ernst, Oberamtsbeschreibung Urach, 1909)

Baldeck

Nicht gut Kirschen essen war mit Graf Ulrich I., dem eigentlichen Begründer der starken Stellung des Hauses Württemberg, den Karl Weller als „ebenso erfolgreich wie unbedenklich in der Wahl seiner Mittel“ beschrieben hat. Das mußte 1246 der Stauferkönig Konrad IV. in der Schlacht bei Frankfurt erfahren, als der Graf an der Spitze der meisten schwäbischen Herren mit wehenden Fahnen zum Gegner überlief. Auch der Burgherr auf Baldeck mußte das schmerzlich erleben.

1256 erscheint seine Burg und damit er selbst erstmals in der schriftlichen Überlieferung. Damals belagerten der Pfalzgraf von Tübingen und die Grafen von Württemberg, von Grüningen und von Zollern sein kleines Felsnest. Wie unser Burgherr, der wohl dem Uracher Dienstadel entstammte, es geschafft hat, gleich vier Grafen gegen sich aufzubringen, wissen wir nicht. Wahrscheinlich stand er den Bestrebungen des Württembergers im Wege, der nach dem Erwerb Wittlingens (1251) bis 1265 mit Dettingen, Urach, Seeburg und Münsingen das Ermstal mit dem wichtigen Albaufstieg an sich brachte. Die Belagerung von 1256 bedeutete das Aus für die Burg, sie wird danach nicht mehr genannt. Auch die am Burghang aufgelesenen Oberflächenfunde, besonders Scherben der Geschirr- und Ofenkeramik, belegen, daß die Burg nur wenige Jahrzehnte bestanden haben dürfte.

Ob der Burgherr das Ende seiner Burg überlebte? – Zumindest seine Familie hat die Katastrophe überstanden. Denn Herren von Baldeck stehen in den folgenden Jahrhunderten häufig in württembergischen Diensten, einer brachte es gar bis zum Landhofmeister. Der letzte Baldecker stürzte 1565 auf der Jagd zu Tode.

Ihrem Namen (mittelhochdeutsch balde = kühn) macht die Burg alle Ehre. Wer Baureste sehen oder die einstige Anlage verstehen will, muß aber schon genau hinsehen. Sehr geschickt wurde eine bergseitige Felsrippe durch Aufmauerung erhöht und durch eine starke Mauer aus großen Quadern (am heutigen Zugang) bis zur seitlichen Felsnadel verlängert. Der Zugang zur Burg führte in einer ausgehauenen Gasse hinter der Felsschildmauer von deren unterem Ende steil aufwärts in

Blick auf **Seeburg** mit Ehrenmal und Burgruine Seeburg zwischen dem Albaufstieg der Bundesstraße (rechts) und der alten Albsteige durch die Talschlucht des oberen Ermstals (Mitte). Links darüber das Schlößchen Uhenfels.

den Burghof. An ihm lag ein großes, sehr hohes Gebäude zwischen Felsnadel und Hauptfels; Mauerreste an der Spitze der Felsnadel und andere Spuren belegen dies. Auf dem Hauptfels stand vermutlich ein turmartiger Bau mit in den Fels eingearbeitetem Untergeschoß. Die Höhle darunter und mehrere Stellen der Burg zeigen Felsabarbeitungen für Holzeinbauten. Die Unterburg mit künstlichen Felsverebnungen ist auf einem Pfad vom unteren Tor her zugänglich.

Seeburg

Als Graf Eberhard der Erlauchte, „ein rücksichtsloser Kriegsmann“, sich den Machtbestrebungen König Heinrichs VII. (von Luxemburg) widersetzte und im Reichskrieg gegen Württemberg (1310–1313) der Acht verfiel und vorübergehend fast sein

Grafeneck um 1780. Das Ölbild von A. F. Harper zeigt im Zentrum den Schloßbau Herzog Christophs, auf der Stützmauer das niedrigere Schloß Herzog Carl Eugens und das Gästehaus auf dem überwölbten Burggraben.

ganzes Land verlor, gehörte erstaunlicherweise die Seeburg zu den vier Burgen, die nicht erobert werden konnten. Denn die Burg auf mäßig hohem und mäßig steilem Bergsporn liegt, anders als die Burgen von Neuffen, Urach und Wittlingen, in eher zweitklassiger Lage.

Ein stattlicher Graben bergwärts und ein kleinerer, der die Spornspitze (mit dem Ehrenmal) als Vorburg abtrennt, verebnete Flächen und spärliche Mauerspuren bestimmen heute die geräumige Anlage. Beherrscht wird das Ganze von einem mächtigen Felsturm, der über Eisenklammern erklettert werden kann. Von dem einstigen Steinhaus darauf hat sich ein kleines Mauerstück erhalten. – Erbaut wurde die Burg von dem mit Bertold von Seeburg 1208 erstmals genannten örtlichen Adel, den Keramikfunden nach schon im 12. Jh. In der Mitte des 13. Jh.s kam die Burg an Württemberg, wurde 1464 den von Stein, später den von Speth zu Lehen gegeben und 1556, schon in Verfall, von Württemberg zurückgekauft. Der erstmals 770 und 776 bezeugte Name „Seeburg" bezieht sich wohl auf eine vorgeschichtliche Anlage auf dem Burgberg, von der Keramik am Ehrenmal gefunden wurde. Alamannische Spuren fehlen.

Schloß Uhenfels liegt malerisch auf einer Felsecke hoch über Seeburg. Freiherr von Hayn, Hofmarschall des württembergischen Königs, hat es 1872–83 nach eigenen Entwürfen als Jagdschloß erbauen lassen. Der Name „Uhenfels" wurde von dem seit 1396 nachweisbaren, 1596 erstmals „Uhenhof" genannten Hof des Schlößchens abgeleitet. Das Anwesen ist heute bürgerlich bewohnt und nicht öffentlich zugänglich.

Schloß Grafeneck

Nicht weit vom vielbesuchten Landesgestüt Marbach liegt Grafeneck, das von der Ritterburg zum Jagdschloß, vom barocken Lustschloß zur staatlichen Mordanstalt, vom Kindererholungsheim zur Behindertenheimstätte ein so wechselvolles Schicksal hatte wie sonst kein Schloß weitum.

Die mittelalterliche Burg wurde möglicherweise von den Grafen von Urach erbaut. Ihre ritterlichen Dienstleute, die Grafenecker, werden 1261 erstmals urkundlich erwähnt. Durch Verkauf kam der Besitz unter Graf Eberhard im Bart an Württemberg. 1556–59 erbaute Herzog Christoph auf dem Platz der Burg ein Jagdschloß mit vier Gebäudeflügeln um einen Innenhof und einen Terrassengarten. Bei dem Schloß entstanden ein Hirschgehege und ein See.

Seine glanzvollste Zeit erlebte Grafeneck unter Herzog Carl Eugen. 1762–72 wurde die Anlage vollständig umgestaltet. Der rückwärtige Flügel des alten Schlosses wurde abgebrochen, wodurch es den jetzigen, hufeisenförmigen Grundriß erhielt. Davor entstand auf den mächtigen Stützmauern des Terrassengartens ein neues Schloß mit zwei Seitenflügeln und vorspringendem Mittelteil (Risalit). Im überwölbten Schloßgraben wurde die Schloßkirche eingerichtet (!), darüber ein Gästehaus erbaut. Entlang einer Allee entstanden das

Burgvogthaus, ein Opernhaus (1808 nach Monrepos versetzt), Kutschenremisen, Stallungen und 12 Invalidenhäuschen. Jahre hindurch hielt sich der Herzog mit Vorliebe in Grafeneck auf, das Schauplatz höfischer Jagd- und Fischerpartien sowie rauschender Hoffeste wurde. Als er jedoch unter dem segensreichen Einfluß seiner Mätresse und späteren Frau Franziska von Hohenheim seinen Lieblingsaufenthalt nach Schloß Hohenheim verlegte, verlor der gewandelte, nun auch volkstümlich werdende Herzog Carl Eugen das Interesse an Grafeneck. Die nur in leichtem Fachwerk erstellten Bauten verfielen oder wurden abgetragen, als letztes 1840 die Husarenkaserne unterhalb des Schlosses. Nur das alte Schloß überdauerte bis heute.

Im Jahr 1929 kam das Schloß als Pflegeanstalt an die Samariterstiftung. Etwa 60 körperbehinderte Pfleglinge fanden hier eine neue Heimat, nachdem ihre bisherige, das Stift Reichenberg bei Backnang, zu klein geworden war. Die Samariterstiftung war äußerst zufrieden mit der neuen Lösung, denn das Heim mit seinen hellen Schlafsälen und geräumigen Waschräumen galt für damalige Begriffe als vorbildlich.

Aber nur zehn Jahre später, im Oktober 1939, wurde Grafeneck von der Reichsregierung ohne Begründung beschlagnahmt. Nun folgten die düstersten Jahre in der Geschichte des Schlosses, denn 1940 wurden in der berüchtigten „Aktion T4" Pfleglinge aus anderen Anstalten hierhergebracht und getötet. Vor den Angehörigen und der Öffentlichkeit wurde Grafeneck wegen angeblicher Seuchengefahr abgeschirmt, und selbst die Urnen wurden nur auf Antrag herausgegeben. Erst als die schreckliche Wahrheit durchsickerte und die Bevölkerung, besonders die Soldaten an der Front, zu beunruhigen drohte, wurde im Dezember 1940 das Euthanasieprogramm der Nazis ausgesetzt. 10 546 Menschen waren ihm in Grafeneck zum Opfer gefallen. Die Samariterstiftung, der 1947 das Schloß zurückgegeben wurde, unterhält dort eine diakonische Einrichtung für erwachsene Behinderte. Auf dem Heimfriedhof wurde 1990 mit einer Sühnekapelle eine Mahn- und Gedächtnisstätte geschaffen.

Schloß Münsingen. Der massige Steinbau, der wie ein Fels aus der Blechflut ragt, gilt als das Schloß, in dem 1482 der Münsinger Vertrag abgeschlossen wurde. In Wirklichkeit war er der ehemalige Fruchtkasten, der erst einige Jahre später (anstelle des Schlosses?) entstand.

Schloß Münsingen

„Hier wurde am 14. Dezember 1482 der Münsinger Vertrag geschlossen, der die Unteilbarkeit Württembergs und das Mitspracherecht der Landstände besiegelte." So steht es auf einer Gedenktafel im Münsinger Schloß. Der Vertrag beendete die 40jährige Teilung des Landes und schuf die Voraussetzung für die Erhebung der Grafschaft Württemberg zum Herzogtum (1495). Diese Weichenstellung für die weitere Entwicklung des Landes, wozu auch die Gründung der Universität Tübingen (1477) zu zählen ist, verdanken wir Graf Eberhard im Bart, dem ersten Herzog Württembergs.

So bedeutsam der Münsinger Vertrag für die Geschichte Württembergs war, so wenig wissen wir über das Schloß, in dem er abgeschlossen wurde. Denn der mächtige Steinbau mit den kleinen Fensteröffnungen, der als Münsinger Schloß gilt, war in Wirklichkeit der ehemalige Fruchtkasten, dessen dendrochronologisch ermittelte Erbauungszeit von 1483–85 ihn als Ort der Vertragsunterzeichnung ausschließt. Der Behördenbau daneben sitzt zwar auf der stadtseitigen Burgmauer mit Eckturm und Schießscharten, war aber wohl nur ein (späteres?) Nebengebäude des einstigen Schlosses. Das lag wahrscheinlich anstelle des jetzigen Fruchtkastens als herrschaftliche Burg und Teil der Stadtbefestigung in der Stadtmauerecke beim Oberen Tor und dürfte deshalb im Zuge der Stadtwerdung Münsingens zwischen 1263 und 1329 entstanden sein. Warum es kurz nach Vertragsschluß dem nachfolgenden Fruchtkasten weichen mußte, wissen wir nicht. Heute beherbergt der Bau das Vermessungsamt und ein Heimatmuseum (So. vormittags und Mi. nachmittags geöffnet), das auch den Münsinger Vertrag, Schloß Grafeneck und den Truppenübungsplatz in die Darstellung einbezieht.

11

Um Blaubeuren und Schelklingen

Hohengerhausen, auch „Rusenschloß“ genannt (angeblich nach einem im 16. Jh. dort sitzenden Forstknecht „Rueß“), bietet in dem gewaltigen Stützbogen ein Glanzstück stauferzeitlichen Burgenbaus von beispielloser Kühnheit.

Hohengerhausen

Ein 10 m weiter Steinbogen, über gähnendem Abgrund gebaut, um auf einem Felsgipfel Platz für eine Burg zu gewinnen – das war in spätstaufischer Zeit schon etwas Besonderes und so bemerkenswert, daß es noch 250 Jahre später Hans Schäuffelin in der ersten Bilderlandkarte Württembergs (um 1500) festgehalten hat: Burg Gerhausen mit dem kühnen Steinbogen (falsch als „Kloster Blaubeuren“ beschriftet). Noch heute, als Ruine, beeindrucken die mit Buckelquadern und glatten Tuffquadern verkleideten Reste des Bogens unter dem großen Wohnturm. Treppab liegt der Burghof mit Gebäuderesten und Teilen des inneren Tores. Geschützt war dieser Burgkern einst durch die dem wilden Felsgelände entsprechend mehrfach abgestuften Vorburg-, Terrassen- und Zwingeranlagen sowie das obere Tor (bergwärts gegen Sonderbuch) und das untere Tor (talwärts gegen Gerhausen).

Als Burggründer gilt Graf Hartmann I. von Dillingen, der sich ab 1092 nach der Burg (oder dem Ort?) auch „Hartmann von Gerhausen“ nannte. Von der Burg liegt Keramik des 12. Jh.s vor. Verwandte der Gerhauser (Dillinger) waren die Stifter des Klosters Blaubeuren (1085), die Grafen von Tübingen und die Edelfreien von Ruck. Von deren benachbarter Burg Ruck stammt der um 1175 bezeugte Minnesänger Ritter Heinrich von Rugge. Durch Erbtöchter gelangten Gerhausen und Ruck an die Pfalzgrafen von Tübingen (1258) und 1286 an die Grafen von Helfenstein, die seit der Teilung von 1356 eine eigene Blaubeurer (richtiger Gerhauser) Linie bildeten. 1303 wurden die Helfensteiner Besitzungen an Österreich verkauft und anschließend als Lehen an die Helfensteiner vergeben. Dieses Lehen Gerhausen, Ruck, Blaubeuren mit Klostervogtei und Wildbann wurde 1447 an Württemberg verkauft. Die Württemberger Vögte nahmen Sitz auf Ruck, wodurch Burg Gerhausen zum Forstmeister-, später Forstknechtsitz absank und nach einem Sturmschaden 1673 abgebrochen wurde. Um 1700 wurde die Ruine nach Geistererscheinungen Ziel langandauernder Schatzgräbereien, die zeitweise von der Regierung bezahlt wurden. 1974–77 fanden Instandsetzungsarbeiten statt.

Hohenschelklingen

Die Reste der ausgedehnten Burganlage liegen auf einem felsigen, teilweise unbewaldeten Halbhöhensporn über der Stadt Schelklingen. Von der Vorburg an der Spornspitze haben sich nur geringe Spuren erhalten, wogegen sich im Außenbereich der Hauptburg noch bedeutende Reste der Umfassungsmauern finden. Auf einer Felskuppe im Kern der Anlage stand der große Wohnbau (Palas). Ein Plan von 1532 zeigt ihn als zweigeschossigen, fensterlosen Steinbau mit Mauerscharten, auf dem ein Fachwerkstock mit Walmdach saß. Wo ein Graben den hier sehr schmalen Felssporn sperrt, erhebt sich ein prachtvoller Buckelquaderturm bis über die Baumwipfel. Vom einstigen Tor an dieser Stelle ist nichts mehr zu sehen.

Schon bei der ersten Nennung Schelklingens im Jahr 1127 wurde die Burg miterwähnt. Besitzer waren die bis 1184 genannten Edelfreien von

Weitgehend erhalten blieb von der **Burg Schelklingen** ein schöner Buckelquader-Bergfried mit rundbogigem Hocheingang, Lichtscharten, einer leicht spitzbogigen Fensteröffnung und Konsolsteinen von drei Wehrerkern. Er wurde 1896 durch einen Mauerdurchbruch und durch Treppeneinbauten zugänglich gemacht. Den Schlüssel zum Turm, der einen eindrucksvollen Blick auf Stadt und Zementwerk gewährt, erhält man im Gasthof zur Krone, im Sportheim oder im Naturfreundehaus direkt unter der Burg.

Schelklingen. 1234 befanden sich Burg und Stadt in Händen der Grafen von Berg, von denen sich seit 1248 eine Linie nach Schelklingen nannte. Nach dem Verkauf der Herrschaft Schelklingen an Österreich (1343) saßen Vögte der neuen Besitzer auf der Burg. Später wurde sie an wechselnde Adelsfamilien (Reischach, Teck, Stadion und Freyberg) verpfändet, seit 1527 nicht mehr herrschaftlich bewohnt und dem Verfall überlassen. 1633 wurde sie vollends zerstört und danach als Steinbruch benutzt.

Burg Muschenwang liegt in einem schönen Waldgebiet bei Schmiechen über einem Seitentälchen des Schmiechtales. Die Burg bestand aus einem großen Steinhaus mit feldseitig etwa 2 m starker Mauer auf einer ins Sindeltal vorspringenden Felskanzel. Die Burgstelle zeigt nur geringe Burgspuren, ein vorgelagerter Felskopf keine. Ein mäßiger Graben trennt die Kernburg von der Vorburg auf der anschließenden Hochfläche. Fast verschwunden sind der Vorgraben und die feldseitige Ummauerung der Vorburg.

Die 1271 erstgenannte Burg dürfte nach Ausweis der Fundkeramik nur wenig vorher entstanden sein. Sie war der Stammsitz der Herren von Muschenwang, die in den Schriftquellen mehrfach als ritterliche Dienstleute (Ministerialen) der Grafen von Berg-Schelklingen vorkommen. 1363 kam die Burg durch Verkauf an das Kloster Urspring und wurde dem Verfall überlassen. 1586 ließ das Kloster Steine der Burg für den Bau seines nahegelegenen Hofes Muschenwang verwenden.

Schloß Justingen vor dem Abbruch: „Käme es zum Abbruch, so würde die Gegend eine große Zierde und ein merkwürdiges Denkmal des Alterthums verlieren." (Professor Memminger in der Oberamtsbeschreibung Münsingen von 1825) Unsere Abbildung, ein Aquarell im Heimatmuseum Münsingen nach einem verschollenen Bild von Johann Baptist Pflug, zeigt die dreigeschossige Vierflügelanlage mit eckturmartigen Dachaufbauten und innen umlaufender, offener Galerie sowie die barocke Toranlage vor den Gebäuden des „außeren Schlosses".

Justingen

Wer im oberen Schmiechtal in das malerisch unter dem Schloßfelsen gelegene Dörflein Hütten kommt, wird kaum glauben, daß von dieser abgelegenen Idylle einst bestimmender Einfluß auf die Reichspolitik ausging. Anselm II. von Justingen war es, der zusammen mit Heinrich von Neuffen 1211 im Auftrag der Gegner des welfischen Kaisers Otto IV. – einst Gegenkönig des 1208 ermordeten Stauferkönigs Philipp von Schwaben – den jungen Staufer Friedrich II. aus Sizilien nach Deutschland holte. Anselm wurde im ständigen Gefolge des Staufers 1212 dessen Hofmarschall, 1215 Marschall des Reiches und einer der einflußreichsten Berater des Kaisers. Seine führende Stellung beim gescheiterten Aufstand König Heinrichs (VII.) gegen seinen kaiserlichen Vater Friedrich II. 1235 brachte den Sturz des Justingers. Burg Justingen wurde belagert, erobert und zerstört, und er mußte außer Landes fliehen, wo er als Marschall des Gegenkönigs Wilhelm von Holland 1249 letztmals genannt wurde.

Die 1090 erstmals urkundlich faßbaren Edelfreien von Justingen leiten sich wie die Gundelfinger als Seitenlinie von der schon früher bezeugten Hochadelsfamilie von Steußlingen ab. Ihre Burg aus dem 11. (oder 12.?) Jh. wurde nach 1235 zwar wieder aufgebaut, doch zeigen die nun einsetzenden Verkäufe den wirtschaftlichen Niedergang der 1345 ausgestorbenen Familien an. Burg und Herrschaft Justingen gelangten an die von Stöffeln (1515 erloschen), 1494 an die von Storzingen und 1497 an Hans Kaspar von Bubenhofen, der zeitweise Marschall und Hofmeister und damit Erzieher Herzog Ulrichs war. Der wegen seiner Prunkliebe und Verschwendungssucht „der goldene Ritter" genannte Hans Kaspar hatte z. B. bare 12 000 Goldgulden väterliches Erbe zusammen mit seinem Bruder Wolf auf der Frankfurter Messe durchgebracht. 1530 verkaufte sein Sohn Max Justingen an die Freyberg, unter denen das 1567 vollendete Renaissanceschloß anstelle der Burg entstand. 1751 erwarb Württemberg unter Herzog Carl Eugen die Reichsherrschaft Justingen. Da das abgelegene Schloß als Wohnsitz unattraktiv geworden war und sich keine andere dauerhafte Nutzung finden ließ – Versuche mit einer Merinoschaf-

Hütten unter dem **Schloßfelsen**, dem Platz der Burg und des späteren Schlosses Justingen. In halber Höhe die Kapelle an der Stelle der ehemaligen Burg Studach, nach der sich im 13. Jh. Ministerialen der Edelfreien von Justingen nannten.

zucht und einer Brauerei schlugen fehl –, wurde es 1834 auf den Abbruch verkauft.

Heute findet sich auf dem Höhensporn über Hütten eine große freie Fläche. Sie umfaßt die Burgstelle an der Spornspitze, den Platz des Schlosses, den verfüllten Graben und die Vorburg, das „äußere Schloß", das einst aus Obervogtswohnung, Fruchtscheuer, Schloßkapelle, Reithaus und Wasch- und Backhaus bestand. Größere Reste der Umfassungsmauern und verschiedene Keller verbirgt der angrenzende Wald. Bei gründlicher Suche lassen sich noch ein paar Buckelquader von der Burg der Justinger aufspüren.

Neusteußlingen liegt knapp 2 km südöstlich von Hütten über dem Schmiechtal auf einem felsfreien Sporn der Lutherischen Berge. Mit dieser Landschaftsbezeichnung hat es eine eigene Bewandtnis: Im 16. Jh. fielen Burg und Herrschaft an Württemberg. Herzog Ludwig führte nun in allen zur Herrschaft gehörenden Dörfern die Reformation ein, weshalb diese Gegend – ringsum von katholischen Dörfern umgeben – heute noch die „Lutherischen Berge" genannt wird.

Burggründer war das Hochadelsgeschlecht von Steußlingen, das 1056 mit Anno, dem Erzbischof von Köln und Reichsverweser für den unmündigen Heinrich IV., ins Licht der Geschichte trat. Stammsitz der Familie war die Ortsburg im Dorf Altsteußlingen, später die Burg Altsteußlingen nördlich davon beim Weiler Briel. Neusteußlingen entstand im 12./13. Jh. als Schildmauerburg an der Spitze des Bergsporns. 1270 wurde die Burg vom letzten Steußlinger dieser Linie Württemberg zu Lehen aufgetragen, denn nur so konnte nach seinem Tod (um 1285) sein Schwiegersohn von Freyberg als Lehnsmann Württembergs das Erbe antreten.

Nach dem Tod des letzten der Linie Freyberg zu Neusteußlingen (1581) zog Württemberg das Lehen ein, ließ die Burg abbrechen und in der Vorburg eine Dreiflügelanlage als schloßartigen Verwaltungssitz einer württembergischen Obervogtei errichten. Nach deren Aufhebung (1807) wurde das Schloß 1812 auf den Abbruch verkauft. 1898 entstand der heutige Wohnsitz. Die Gräben wurden zugeschüttet und Ruinenteile der Burg und des Schlosses in den Neubau einbezogen. Die von einer Mauer umschlossene Anlage ist Privatbesitz und nicht öffentlich zugänglich.

12

Im Tal der hundert Edelleute

In dem Lauterthale herrscht noch die Sage, daß einst auf Einmal eine ganze Schaar Edelleute angekommen sey, und sich da niedergelassen habe" (Oberamtsbeschreibung Münsingen von 1825). Schon viel wurde über die ungewöhnliche Burgendichte im Lautertal gerätselt, wo sich auf einer 20 km langen Talstrecke fast 20 Burgen drängten. Betrachtet man die Burgenverteilung der ganzen Alb, so springt die einfache Erklärung förmlich ins Auge: Höhenburgen als bevorzugter Burgentyp wurden da gebaut, wo es geeignete Höhen gab! Darum häufen sie sich im Durchbruchstal der Donau, am Albtrauf und in den tiefer eingeschnittenen Tälern von Schmiecha/Schmeie, Eyach, Lauchert, Fehla, Lauter, Erms, Schmiech, Blau, Fils und Brenz.

Landschaftlich gehört das Große Lautertal zu den reizvollsten Gebieten der Schwäbischen Alb. Mit seinen vielen Windungen folgt es dem im wesentlichen nicht regulierten Bach, dessen lebhaft fließendes Wasser den Wiesengrund durcheilt. Das „lautere Wasser" entspringt im einstigen Kloster Offenhausen und erreicht nach 45 km bei Obermarchtal die Donau. Auf diesem Weg zeigen sich immer neue Ausblicke, und kaum eine Landschaft der Alb ist so abwechslungsreich. Wacholderbestandene Schafweiden und felsdurchsetzte Hänge säumen das Tal. Blickpunkte bilden die zahlreichen Burgruinen auf bizarren Felsen hoch über dem Tal.

Burg Blankenstein liegt inmitten einer Felsgruppe an der Steige, die zwischen Dapfen und Wasserstetten vom Lautertal auf die Albhöhe nach Eglingen führt. Erhalten haben sich der noch 11 m hohe Stumpf eines Turmes mit eindrucksvollen Buckelquadern, ein Felsgraben und undeutlich verebnete Flächen von weiteren Gebäuden.

Die Burggründer treten mit dem vor 1182 bezeugten Edelfreien Bertold von Blankenstein und den zwischen 1150 und 1232 nicht näher einordenbaren Swigger und Balbina von Blankenstein erstmals in Erscheinung. Möglicherweise stammen sie von den Edelfreien von Dapfen ab, die erstmals 1163 und wenig später letztmals genannt wurden. Durch Heirat gelangten die Blankensteiner zu Besitz im Neckarland, wo sie um 1250 Kloster Mariental in Steinheim gründeten. Ihre Stammburg verlor nun an Bedeutung für sie, was sich häufende Verkäufe in deren Nähe anzeigen. 1320 mußte Swigger von Blankenstein in Stuttgart, vielleicht weil er in Gefangenschaft geraten war, Burg und Herrschaft Blankenstein an die Württemberger übergeben „für den Schaden, den sie von minen wegen gehebt hant". Burg und Zubehör blieben in der Folge unter wechselnden Inhabern württembergisch. Nach den Keramikfunden wurde Burg Blankenstein in der zweiten Hälfte des 14. Jh.s aufgegeben. Die Vergabe der Burg als Leibgeding (lebenslange Rente) 1394 und ihre Verpfändung 1442 meinen wohl nicht mehr eine als Wohnsitz geeignete Burg, sondern deren „Zugehörde" an Abgaben und Diensten.

Die im Waldesgrün versteckten Reste der **Burg Blankenstein** bereiten den Burgenforschern Kopfzerbrechen, weil der prächtige Buckelquaderturm falsch steht. Zum Schutz der Burg müßte er feldseitig (an der gefährdeten Seite) und möglichst überhöht stehen, statt tiefer als die Burg auf einem talseitigen Fels. War er gar kein Bergfried (d. h. ein nur bei Gefahr vorübergehend bewohnter Hauptturm mit vorrangiger Wehr- und Repräsentationsaufgabe)? War er als Wohnturm die eigentliche Burg, die bergwärts nur über ein gering bebautes Vorgelände verfügte? Doch für einen Wohnturm ist der 7 x 7 m messende Turm zu klein, und seine 3 m starken Mauern sind dafür viel zu dick. Was also dann?

Hohenhundersingen

Eine unmögliche Burg! Ihr weithin sichtbarer Turm – Wahrzeichen Hundersingens und Zierde des Lau-

Eher zierlich als mächtig und trotz 12 m Höhe mehr eine groteske Attrappe als ein richtiger Bergfried, fasziniert der Turm auf **Hohenhundersingen** durch seine (von Architekt W. Pfefferkorn gerügte) „sorglose Verwendung aller möglichen Steinformate und Schichthöhen" mit hängenden Schichtfugen und unterschiedlichster Buckelbearbeitung.

tertals – läßt vom Tal her ihre Absonderlichkeit nicht ahnen. Denn was da oben auf zu kleinem Fels in ungünstiger Lage als Burg zurechtgebastelt wurde, ist eher zum Kuriosum geraten.

Die Burg liegt in Halbhöhe über dem Unterdorf auf einem freistehenden Fels in einem Grat, der von einer Bergecke felsig abfällt. Gegen die Hochfläche riegeln eine tiefe Felskluft, ein Felsgraben und ein flacherer Vorgraben die Burg ab. Dem beschränkten Platz auf dem Burgfels wurde der Bergfried durch unregelmäßige Grundfläche und geringe Seitenlängen (zwischen 4 und 6 m) angepaßt. Als Folge davon blieb der tonnengewölbte Raum hinter dem Hocheingang in seiner Größe unter der Fläche eines Doppelbetts, und der Aufstieg zum nächsten, gleich winzigen Geschoß erfolgte durch einen kaminartigen Schacht (45 x 53 cm), „der nur einem dünnen Menschen gestattet, nach oben hindurchzuklimmen" (O. Piper).

Der Wohn- und Wirtschaftsteil der Burg lag in zwei Ebenen 12 und 16 m tiefer im Schutz des Burgfelsens und einer schildmauerartig aufgemauerten Felsrippe desselben. Ein Palas auf dem Burgfelsen ist unwahrscheinlich: Auf der begrenzten Fläche hinter dem schmalen Turm unter feldseitig ansteigendem Gelände wäre er nur turmartig hoch mit starken Mauern sinnvoll gewesen – der Bergfried hätte sich dann erübrigt. Auch die Fundstreuung im Burghang spricht gegen einen Wohnbereich auf dem Felsturm.

Edelfreie von Hundersingen, die als Förderer des Klosters in der Zwiefalter Chronik von 1138 erstmals bezeugt werden, lassen sich unserer Burg nicht sicher zuordnen, denn im Oberdorf gab es eine zweite, heute weitgehend verschwundene Burg („Oberburg") derselben Adelsfamilie. Dort aufgelesene Keramikstücke passen zur Zwiefalter Datierung zwischen 1089 (Klostergründung) und 1138 besser als die Funde von Hohenhundersingen, die auf eine Entstehung in der zweiten Hälfte des 12. Jh.s weisen. 1352 erwarb Württemberg die Burg, an der es seit 1314 das Öffnungsrecht hatte. 1452 erscheint sie im Pfandbesitz der Speth, 1463 als Lehen der Truchsessen von Bichishausen. Nach deren Aussterben (1510) wurde die Burg als verfallenes Lehen von Württemberg eingezogen.

Zwar wurde die Burg nach Herzog Ulrichs Vertreibung von Habsburg Heinrich Treitsch von Buttlar (zu Bichishausen) als Pfand überlassen, was der 1534 zurückgekehrte Herzog dann nicht anerkannte, doch ging es dabei wohl mehr um das Zubehör, wie die Dörfer Hundersingen und Apfelstetten samt Kirchensatz und Fischenz (=Fischereirechte), da die Burg im Lagerbuch 1554 nicht einmal mehr erwähnt wurde. Wahrscheinlich kam die Burg schon unter den Truchsessen in Abgang, denn diese verfügten über weitere Herrensitze, die näher bei ihrem „Dienstort" Stuttgart lagen. Nach der Fundkeramik dürfte die Burg um 1500 nicht mehr herrschaftlich bewohnt gewesen sein, womit wohl auch die durch die Literatur geisternde angebliche Zerstörung um 1530 ihre Ruhe finden könnte.

Burg Bichishausen kam bei der großen Teilung der Edelfreien von Gundelfingen von 1250 an Konrad II., der die Linie zu Granheim und Bichishausen begründete. Seine unebenbürtige Heirat bedeutete für seine Kinder den Abstieg in den Niederadel. Ihr Erbe konnte er ihnen nur durch Umwandlung seines Besitzes in ein Lehen sichern. Als Burggründer scheidet der vor 1302 verstorbene Konrad aus, weil die Reste eines Buckelquader-Bergfrieds (nur 5,3 m Seitenlänge!) aus der ersten Hälfte des 12. Jh.s eine frühere Entstehung der Burg wahrscheinlich machen. Die 1296 erstmals als „Burg Gundelfingen genannt Bichishausen" erwähnte Anlage kam als geteiltes Lehen an Konrads Sohn Ritter Heinrich VIII., der den Turm des Habsburger Teils abbrechen ließ.

Vor 1353 verkaufte Heinrich X., der letzte Gundelfinger von Bichishausen, sein Lehen, Burg

Die schöne Ruine der Gundelfinger **Burg Bichishausen** auf einem Bergsporn über dem Dorf. Den oberen Burghof mit dem Stumpf eines Buckelquader-Bergfrieds und dem Palas mit grabenseitiger Schildmauer erreicht man nur über Treppen vom großen Burghof aus. Vorburg und Zwinger sind nicht erhalten.

und Herrschaft Bichishausen, an die Truchsessen von Magolsheim, Niederadlige, die einst als Truchsessen (Vorsteher der Hofverwaltung, zuständig für die Tafel) der Grafen von Urach zu diesem Titel gekommen waren. Als Truchsessen von Bichishausen bekleideten sie bedeutende Ämter in württembergischen Diensten. Durch Heirat gelangte die Burg 1510 an Heinrich Treitsch von Buttlar, nach dessen Tod 1541 der Zerfall der nun unbewohnten Anlage einsetzte.

Hohengundelfingen

Die bedeutendste Adelsfamilie im Raum Münsingen, die im 13. Jh. im mittleren Lautertal über eine Herrschaft von beträchtlichem Umfang verfügte, wird mit Swigger I. 1105 erstmals genannt. Diese Edelfreien von Gundelfingen gelten wie ihre Wappengenossen von Justingen als jüngere Seitenlinie der seit 1056 bezeugten Hochadelsfamilie von Steußlingen. Mit Swigger VI. (etwa 1190–1250), vielleicht Bauherr des Buckelquaderturms auf Hohengundelfingen und wahrscheinlich Gründer der Stadt Hayingen, erreichte das Geschlecht seinen Höhepunkt. Doch seine große Nachkommenschaft von sieben Söhnen und etwa gleichviel Töchtern zerfledderte den Familienbesitz durch Aufspaltung in mehrere Linien und Zweige und leitete damit den fortschreitenden Niedergang der Gundelfinger ein. 1546 erlosch die letzte Linie des einst so weit verbreiteten Geschlechts.

Die auf hohem Fels über dem namengebenden Dörflein liegende Stammburg, nach dem Bau der unteren Burg zunehmend „Hohengundelfingen" genannt, fiel bei der großen Teilung 1250 an Swigger VIII., den ältesten der teilenden Brüder. Unter seinen Söhnen gelangte die Burg zwischen 1293 und 1306 an Habsburg, „um dann als Pfandschaft wie ein Wanderpokal von Hand zu Hand zu gehen" (A. Uhrle), wobei immer wieder Gundelfinger als Pfandnehmer auftraten. So auch der 1377 in der Schlacht bei Reutlingen gefallene Swigger XX., der letzte Burgherr auf Hohengundelfingen. Denn im Vergleich von 1389 zwischen Eberhard dem Greiner und den Reichsstädten wurde die offenbar im vorausgegangenen Städtekrieg zerstörte Burg als Burgstall bezeichnet. Trotzdem gingen die Verpfändungen, seit 1744 Verkäufe der Ruine mit ihrem Zubehör weiter. 1939 erwarb sie der Ulmer Fabrikant H. Römer, der 1948–1966 unter hohem

Hohengundelfingen. Der mit 10 m noch etwa die halbe Höhe des ehemaligen Bergfrieds messende Turmstumpf läßt die einstige Wirkung dieses durch seine gebändigte Masse so ausdrucksstarken Bauwerks und den „hochen muot“ seines adligen Bauherrn ahnen.

Burg Hohengundelfingen, die mächtigste Ruine des Lautertals. Das Luftbild zeigt den breiten Graben, den Bergfriedstumpf und den grabenseitigen Zwinger sowie die Wohn- und Wirtschaftsbauten im Schutz des Turmes. 30 m unter der Aussichtskanzel liegt die großflächige Unterburg mit einem Tor gegen das Dorf.

persönlichem Einsatz durch Freilegung, Instandsetzung, Aufmauerung und Ergänzung der Mauern der Ruine ihr heutiges Aussehen gab. Der Besucher findet innerhalb der verzweigten Mauern lauschige Winkel und Plätze mit herrlicher Aussicht. Gut ausgebaute Treppen verbinden die einzelnen Burgteile.

Entstanden ist die 1236 erstgenannte Burg nach den Scherbenfunden in der zweiten Hälfte des 12. Jh.s. Von dieser ersten Burg hat sich nichts (erkennbar) erhalten; der Turm dürfte aus der ersten Hälfte des 13. Jh.s herrühren. Die Gundelfinger scheinen Hohengundelfingen für ihre Stammburg gehalten zu haben. Denn Angehörige aller Generationen und Linien bemühten sich nach deren Verkauf an Habsburg immer wieder um die Pfandschaft. Selbst der Letzte, der kinderlose Swigger XXIX., wurde noch im Alter von 61 Jahren um teures Geld Pfandbesitzer der Ruine Hohengundelfingen.

Etwa 2 km talabwärts liegt an der Lauter die kleine Siedlung Weiler. Im Mittelalter hieß sie „Gundelfingenweiler“ (1342 erstmals) und war „von Haus aus Zubehör der Burg Hohengundelfingen“ (Oberamtsbeschreibung Münsingen, 1912). Bei diesem Weiler finden sich auf einer steilen Spornkuppe die Reste einer kleinen Burg, die nach Ausweis der Fundkeramik in der ersten Hälfte des 12. Jh.s entstand und im 13. Jh. nicht mehr bestand. Damit kennen wir im Gundelfinger Besitz als alten Zubehör der Burg Hohengundelfingen eine Burg, die um die Zeit Swiggers I. entstanden sein dürfte und in den Jahrzehnten aufgegeben wurde, in denen Hohengundelfingen entstand. In dieser Burg Weiler haben wir sehr wahrscheinlich die erste Burg Gundelfingen vor uns. Ihre geringe Größe ist bei Burgen aus dieser Zeit nicht ohne Beispiel (Hertenstein, Bindstein, Roggenstein, Vogelfels, Ringelstein, Höhlenburg Schmeien), sie mag der Grund für ihren frühen Abgang gewesen sein. Daß diese eigentliche Stammburg bei den Gundelfingern vergessen war, könnte an ihrer kurzen Lebensdauer und ihrem nahezu spurlosen Verschwinden gelegen haben. – Von der Hypothese einer Vorgängeranlage der Burg Niedergundelfingen als möglicher Stammburg ist nichts zu halten, obwohl alle neueren Arbeiten in einer Art Lemmingzug der Burgenforschung an ihr festhalten.

Burg Niedergundelfingen sitzt wie eine Krone auf einem fast freistehenden Umlaufberg im

Lautertal und so nahe unter Hohengundelfingen, daß sich der Sage nach zwei feindliche Brüder von der Zinne ihrer Burg aus gegenseitig erschossen haben sollen. Im hohen Mauerrechteck der Burg mit umlaufendem Graben und Resten jüngerer Zwingermauern sind von der einstigen Innenbebauung nur ein Keller und der untere Teil des Torbaus erhalten geblieben; der Wohnbau darüber entstand erst 1908. Vor der Burg steht eine um 1700 barock umgestaltete Michaelskapelle. Die privat genutzte Burg kann nur von außen besichtigt werden.

Entstanden ist Burg Niedergundelfingen wohl kurz nach der großen Teilung von 1250, denn Swigger IX. (1246–1307 bezeugt) nannte sich 1264 in einer Siegelumschrift „von Neugundelfingen", womit gewiß keine erneuerte oder wieder aufgebaute Burg gemeint war. 1407 wurde die Burg von den Gundelfingern verkauft. Nach öfter wechselnden Besitzern wurde sie ab 1810 dem Verfall überlassen.

Schön lassen sich an der Anlage die Veränderungen im Burgenbau des Spätmittelalters ablesen. Die Grundrißgestaltung führt dabei vom unregelmäßigen Vieleck oder platzbedingten regellosen Zufallsformen zur Rechteckform. Statt hoher Gipfel und ausgesetzter Felsen werden nun besser zugängliche Halbhöhenlagen bevorzugt. Erstaunlich ist das Fehlen von Buckelquadern, die wenige Jahrzehnte zuvor im Lautertal noch unverzichtbares Muß waren. Hinweise auf eine frühere Entstehung der Burg Niedergundelfingen oder auf eine Vorgängeranlage fehlen.

Über **Burg Derneck** weht heute die grünweiße Fahne des Schwäbischen Albvereins, der seit 1967 in den erhaltenen Teilen der Burganlage ein Wanderheim mit Übernachtungsmöglichkeit unterhält. Ganz Burgruine ist noch der Eingangsbereich mit Graben, gestaffelter Zwingeranlage, (neuem) Innentor und dem sogenannten Steinhaus. Diese ursprüngliche Schildmauer mit Turm, von dem noch einige Eckbuckelquader erhalten sind, wurde durch Umbauten und einen angefügten Rundturm zu einer Art Schildmauer-Wohnturm verändert.

Erbaut wurde die Burg um 1350 durch Degenhard von Gundelfingen, nach dem sie den Namen „Degeneck" erhielt. Seine Nachkommen waren die einzigen Gundelfinger nach der großen Erbteilung von 1250, die dem Ruin entgingen und sich, besonders um Neufra, solide Besitzverhältnisse schaffen konnten. Mit Schweikhart von Degeneck starb 1546 der letzte Gundelfinger. Seine Burg gelangte über die Helfensteiner und Fürstenberger sowie weitere Besitzer 1828 an Württemberg; bis 1967 diente sie als Försterwohnung.

Burg Derneck, auf leicht felsigem Bergsporn in halber Höhe über dem Lautertal gelegen, wird bestimmt durch die gut erhaltene Schildmaueranlage. Die Burg mit Wanderheim des Albvereins (auf alten Fundamenten) und Burgschenke (in der ehemaligen Scheuer) ist zugänglich, die Mauer frei begehbar.

Schülzburg

„Ihre Erhaltung in dem bisherigen fast unversehrten Zustande des Mauerwerks würde auch nicht wünschenswert sein. Das jetzt schon hübsche Bild ... kann fraglos nur noch schöner werden, wenn dereinst das große Mauerviereck durch teilweisen Zerfall den heute noch fast störend nüchternen Eindruck verloren haben wird" (Otto Piper, 1899). Dieser Wunsch, den der Altmeister der Burgenkunde 15 Jahre nach der Zerstörung der Schülzburg im großen Brand von 1884 äußerte, blieb unerfüllt, denn 1984–87 wurde die Ruine mit gewaltigem Aufwand baulich gesichert. Leider ist sie seither nur noch eingeschränkt zugänglich.

Als Burggründer gilt Walter von Stadion, der 1329 den fehlgeschlagenen Großgutsbetrieb (Grangie) Altmannshausen des Klosters Salem kaufte und darin über Anhausen die Schülzburg errichten ließ. Der Name rührt vielleicht von einer 1208 als „Schiltesburc" und 1263 als „Shulzberg" bezeugten Siedlung bei Altmannshausen her. Die 1362 Österreich zu Lehen aufgetragene Burg kam über die von Freyberg 1374 an Württemberg, das sie 1409 an die von Kirchberg und 1452 an die von Speth verpfändete. 1464 erwarben die Speth Burg und Herrschaft Schülzburg als Lehen und behielten sie bis heute. Ihr Amtshaus von 1763 steht unter der Burg und überstand so den großen Brand.

Unklar ist die Herkunft einiger am Schloß in Wiederverwendung verbauter Buckelquader, die man eher von einem Bauwerk des 13. Jh.s erwarten möchte als von der Burg von 1329, wo sie ja auch nicht vorkommen. Gab es doch schon vor 1329 eine Schülzburg? Die 1291 genannte „Burghalde" ist aber kein Argument dafür, denn sie bezieht sich auf die vorgeschichtliche Anlage „Althayingen".

Die erste Nennung der **Maisenburg** verdanken wir einer bösen Geschichte: Der Edelfreie Witigo von Maisenburg wurde beschuldigt, den unter Kaiser Lothar († 1137) vereinbarten Landfrieden gebrochen zu haben. In einem Gottesurteil durch einen gerichtlichen Zweikampf wurde er tödlich verletzt. So berichtet die Chronik des Klosters Zwiefalten, dem der Sterbende Besitz in Hayingen vermacht hatte. Schon sein Vater hatte

Schülzburg 1825. Die Ansicht zeigt den mächtigen Steinbau der Burg von 1329 mit weit auskragendem Fachwerkaufbau und das Schloß von 1605 mit grabenseitigem Treppenturm. Verbunden waren beide Gebäude durch eine hohe Mauer mit Wehrgang und jüngerem Anbau. Umgeben war die Kernanlage von der Vorburg jenseits des Grabens und Resten der Zwingermauer sowie einer Scheuer am Berghang. Auf der Höhe im Hintergrund ist das herrschaftliche Schafhaus zu sehen.

Ruine der Schülzburg vor der baulichen Sicherung. Das Foto zeigt die Burg aus gleicher Richtung wie die Darstellung von 1825.

Kern- und Glanzstück der 1992 baulich gesicherten **Ruine Maisenburg** ist die Schildmauer mit Buckelquaderverkleidung. Sie stammt aus der ersten Hälfte des 13. Jh.s. Bauteile der etwa 100 Jahre älteren Gründungsanlage sind – wie an vielen anderen Burgen – nirgends sicher auszumachen.

das Kloster mit Besitz in Huldstetten bedacht. Mehr ist von der Gründerfamilie der Maisenburg nicht bekannt.

Im 14. Jh. (1318 erstmals bezeugt) sind die Gundelfinger im Besitz der Burg, die nach vielfachem Wechsel 1764 an die Speth von Schülzburg gelangte, in deren Besitz sie sich heute noch befindet. Um 1800 war die Burg nicht mehr bewohnt, 1816 eine Ruine. Die ehemalige Vorburg ist heute ein landwirtschaftlicher Betrieb mit Ziegenhaltung und eigener Käserei. Bei der baulichen Sicherung der Burg 1992 wurde ein Zugang vom Parkplatz im Lautertal her geschaffen.

Ansicht der **Maisenburg um 1800**. Die Abbildung zeigt in stark überzeichneter Felslage die Burg mit dem Wirtschaftshof der Vorburg und dem überwachsenen Felsgraben dazwischen. Die Schildmauer mit einem Gebäudeaufsatz ist als selbständiger Baukörper dargestellt. An der Spornspitze liegt der große Wohnbau; die Turmspitze daneben fehlt in der Vorlage zu unserer Abbildung. Das Tor am Fuß der Schildmauer und der anschließende Zwinger mit Zwingertürmchen sind richtig wiedergegeben, dagegen fehlt das innere Burgtor in der Mauer zwischen Palas und Schildmauer.

Wartstein

Wo zwischen Anhausen und Unterwilzingen das Tal den Wanderern und Fischreihern allein gehört, erhebt sich ein Turm über einer dicht an der Lauter aufschießenden Felsgruppe. Der 12 m hohe Bau, heute als Aussichtsturm begehbar, ist die schmale Schildmauer der sich dahinter hangabwärts hinziehenden Burg Wartstein. Von einem kleinen Bau hinter der Schildmauer, vielleicht einst der Palas, finden sich nur geringe Spuren, größere Mauerreste haben sich von der tieferliegenden Unterburg und ihrer Verbindung zur Schildmauer erhalten.

Als Gründer der 1185 erstgenannten Burg Wartstein gilt der zwischen 1134 und 1145 bezeugte Graf Rapoto, ein jüngerer Sohn des Grafen Heinrich I. von Berg. Erst Rapotos Nachkommen bezeichnen sich als Grafen von Wartstein. Die recht bescheiden ausgestattete Grafschaft Wartstein „wird am ehesten als reine Titulargrafschaft eines nachgeborenen Grafensohnes anzusehen sein, der möglicherweise Rechte einer längst erloschenen Grafschaft wahrnahm“ (A. Uhrle, 1992). Die urkundliche Überlieferung zeigt einen ständigen Niedergang der Wartsteiner, die nach dem weitgehenden Verlust ihres Stammbesitzes im Raum Ehingen seit etwa 1300 stärker in Bayern auftreten. Bekannt wurde Graf Hartmann II. († 1364), dessen militärische Unternehmung als Söldnerführer in Italien als blamabler Fehlschlag endete. 1392 wurde Wartstein mit Erbstetten an die Bayernherzöge verkauft, 1397 letztmals ein Wartsteiner genannt.

Bayern verpfändete die Burg zunächst und hatte später „Pfleger“ (Vögte) darauf sitzen. In einer Fehde mit mehreren Adligen konnte Bayern seinen fernab liegenden Besitz nicht schützen: Burg Wartstein wurde 1495 erobert, ausgeraubt und niedergebrannt, wofür die Täter anschließend in die Reichsacht kamen. Wenig später ist das „Rittergut Erbstetten“ mit der Ruine im Besitz der Speth von Granheim.

Etwa 1 km talabwärts von Wartstein umfließt die Lauter im großen Bogen einen felsigen Bergsporn, auf dem einst **Burg Monsberg** lag. Ein Graben und Felseinschnitte trennen den Burgplatz vom ansteigenden Talhang. Zu sehen sind geringe Spuren der Ummauerung, ein halb verschüttetes Kellergewölbe und ein aufragendes Mauerstück des einstigen Wohnturmes auf einem Fels. Die 1258 als „Mundisberc“ erstbelegte Burg gilt (unbewiesen) als Ministerialensitz zu Wartstein. 1379 verkaufte Graf Konrad von Aichelberg die Burg an die Stein von Klingenstein, die sich bis zur Zerstörung 1495 mehrfach nach Monsberg nannten. Eine neuere Arbeit beschäftigt sich ausführlich mit Monsberg und den Burgen der Grafen von Wartstein, doch werden viele der kühnen Ergebnisse keinen Bestand haben.

Wer dem Burgenweg des Schwäbischen Albvereins lauterabwärts folgt, muß vor Unterwilzingen aufpassen, daß er nicht über **St. Ruprecht** wegwandert, ohne überhaupt zu merken, daß er eben in der ältesten und geheimnisvollsten Burg des ganzen Tales war. Außer dem großen Graben, undeutlich verebneten Geländeabsätzen mit Mulden und kümmerlichen Mauerspuren ist nichts Burgverdächtiges auf dem niederen Geländesporn zwischen Lauter- und Mariental zu erkennen. Die Kreisbeschreibung von 1992 meint: „Ob hier eine Burgstelle vorliegt, bleibt unsicher.“ Nach der mündlichen Überlieferung soll hier ein Kloster gestanden haben, und Flurnamen scheinen das zu bestätigen.

Doch der für 1422 in der Nähe belegte Name „St. Ruprechts Acker“ bezieht sich auf Besitz des Schwarzwaldklosters St. Trudpert, das gelegentlich als St. Ruprecht bezeichnet wurde (1276 St. Ruperto, 1299 St. Ruprecht, 1368 St. Rubrez u. a.). Ein Kloster oder eine Burgkapelle St. Ruprecht gab es im Lautertal nicht. Die Burg, die durch Lage, Geländespuren und Ummauerung unstrittig belegt wird, entstand nach der Fundkeramik lange vor Rapoto und den ersten Grafen von Wartstein und Berg, in deren späterem Gebiet sie lag, und auch schon vor der Gründung des Klosters Zwiefalten (1089). Dagegen könnte ihr Ende um 1200 mit dem Bau der Burg Wartstein (1185 erstgenannt) zusammenhängen. – Wenn uns an einem so alten und rätselhaften Platz nicht der „Hauch der Geschichte“ streift, wo sonst?

Nur durch einen Felsgraben von der einst als Burgweiler entstandenen Ortschaft getrennt, liegt **Burg Reichenstein** auf einem mächtigen Fels im Talhang der Lauter nahe über der Laufenmühle. Geblieben sind geringe Mauerreste und ein 20 m hoher Bergfried. Leider hat der Besucher nirgends freies Blickfeld auf den bemerkenswerten Turm mit der etwas unglücklichen Betonabdeckung. Er be-

Ruine Wartstein auf einer Karte von 1721. Dargestellt sind die turmartige Schildmauer mit anschließenden Mauerteilen und hochragende Mauern der talwärts gelegenen Unterburg.

St. Ruprecht auf einer Karte von 1721. Die Darstellung versteht St. Ruprecht als Burg, was der Flurname „Bürckpläzle“ darunter noch unterstreicht.

steht aus Bruchsteinmauerwerk mit regelmäßigen Quaderdurchschüssen und Eckquadern aus Tuffstein. Unten werden die Ecken von einseitigen Eckbuckelquadern gebildet.

1276 und 1303 nannten sich Adlige „von Reichenstein". Beide waren wohl Ministerialen der Grafen von Berg-Wartstein aus der Familie von Stein. Nach dem Aussterben der seit 1333 als „von Stein von Reichenstein" bezeichneten Burgherren (1481) gelangte die Burg über Zwischenbesitzer 1499 an Kloster Zwiefalten, das sie nach und nach eingehen ließ. Letztmals 1551 wird im Lagerbuch Reichenstein als intaktes Schloß beschrieben. Damit ist die landläufige Geschichte von der Ermordung des Burgherrn und der Zerstörung der Burg dem 1525 hingerichteten Bauernführer Ignaz Reiser von der Laufenmühle wohl erst posthum angehängt worden.

Wie ein Wegweiser führt ein hochliegender Turm den Besucher zur **Burg Rechtenstein** auf einer Anhöhe über der Donau. Zehntscheuer (Kornspeicher), Reitstall, Pfisterei (Backhaus) und andere, einst herrschaftliche Wohn- und Wirtschaftsbauten, manche mit Wappenschmuck, bestimmen noch heute den schmalen Bergsporn. Mauerreste auf einem donauwärts vorstehenden Fels, ein Stück Umfassungsmauer und ein verfüllter Graben zeigen, daß dies einst befestigter Teil der Burg war, vielleicht die urkundlich bezeugte zweite Burg Rechtenstein. Zwischen sogenanntem Archivbau von 1497 und Turm gelangt man zur Hauptburg an der Spornspitze mit Mauerspuren des Wohnbaus und eines Fruchtkastens. Der Bergfried mit einigen Eckbuckelquadern wurde im 19. Jh. stark verändert und 1982 mit einem Dach versehen. Den Schlüssel zum Turm erhält man im Schloßhof.

Die im 12. Jh. erstmals genannte Burg über dem als Burgweiler entstandenen Ort Rechtenstein war Stammburg des weitverzweigten Adelsgeschlechts von Stein mit den drei gestürzten Wolfsangeln im Wappen. Die zunächst nur „Stein", seit 1342 „Rechtenstein" genannte Burg war in wechselndem Besitz verschiedener Linien des Geschlechts, wurde geteilt und wieder zusammengekauft und gelangte 1806 an Württemberg, das 1817/18 große Teile abbrechen ließ. Erst in neuerer Zeit wurde in der Burg der altüberlieferte Spruch angebracht: Willst du leben von Händeln rein, hüt dich vor Freyberg, Rechberg und Stain.

Schloß Mochental. „In herrlicher landschaftlicher Lage, vor dem dunklen Hintergrund der einsamen Wälder des Landgerichts, leuchtet das Prälatenschloß von seiner Höhe herab weit ins Land hinaus." (Kunst- und Altertumsdenkmale, 1914)

Schloß Mochental entstand 1568 anstelle früherer Anlagen (Burg, Probstei) als Probstei des Klosters Zwiefalten. Die beiden Wirtschaftsflügel stammen noch von diesem Bau. Das durch einen Brand zerstörte Hauptgebäude ließ Abt Augustin Steegmüller 1730–33 durch einen dreiflügligen Barockbau – das heutige Schloß – ersetzen. Nach der Aufhebung des Klosters 1803 wurde Mochental württembergische Staatsdomäne und beherbergte nacheinander Forstämter und Forstschule, Reichsarbeitsdienst und Lazarett, Forstverwaltung und Privatschule und manches mehr. Seit 1985 ist das grundlegend sanierte und restaurierte Schloß mit prächtigem Treppenhaus, Fluren und Sälen als privates Museum für moderne Kunst mit Besenmuseum der Besichtigung zugänglich. In der Kapelle und im festlichen Hubertussaal finden Konzerte und Lesungen statt.

Am Platz des abgegangenen Dorfes Wimsheim ließen sich die Zwiefalter Äbte Steegmüller und Benedikt **Schloß Ehrenfels** 1735–1765 als Sommersitz errichten. Nach der Säkularisation kam es 1803 an Kurfürst (nach 1806 König) Friedrich von Württemberg. Der übereignete das Schloß und umfangreichen Besitz seinem Staatsminister von Normann, dessen Tüchtigkeit und Verhandlungsgeschick Württemberg im Zuge der napoleonischen Neuordnung viel zu verdanken hatte. Bei der Übergabe besuchte der Kurfürst auch die nahegelegene Wimsener Höhle, die seither Friedrichshöhle heißt. Für seine Verdienste beim Aufbau der Verwaltung des auf das Doppelte vergrößerten Neu-Württemberg wurde von Normann-Ehrenfels 1806 in den Grafenstand erhoben.

Die schmucklose Vierflügelanlage mit risalitartig vorspringender Schloßkapelle ist nicht öffentlich zugänglich. Den Namen erhielt das Schloß von der seit 1257 bezeugten Burg Ehrenfels, nach der sich später eine Linie der Gundelfinger nannte. Die Ruine der 1516 abgebrochenen Burg liegt etwa 500 m vom Schloß entfernt auf einem Fels im wildromantischen Glastal.

13

Schloß Lichtenstein – eine Schöpfung der Romantik

„Aus einem tiefen, grünen Thal
Steigt auf ein Fels, als wie ein Strahl,
Drauf schaut das Schlößlein Lichtenstein
Vergnüglich in die Welt hinein."
(Gustav Schwab, 1823)

Schloß Lichtenstein hat eine wohl einmalige Entstehungsgeschichte, denn es verdankt seine Erbauung einem Buch. Der junge Wilhelm Hauff – erst 25 Jahre alt – hatte unter dem Eindruck der Ritterromane Walter Scotts im Jahr 1826 einen Roman geschrieben, der auf heimischem Boden spielt. In seinem Mittelpunkt steht der Kampf Herzog Ulrichs mit dem Schwäbischen Bund, und darum rankt sich die Liebesgeschichte zwischen dem Burgfräulein Marie von Lichtenstein und dem Ritter Georg von Sturmfeder. Nach Hauffs Roman hielt sich der aus seinem Land vertriebene Herzog tagsüber in der nahen Nebelhöhle verborgen und kam jede Nacht auf den Lichtenstein, wo er auf die Parole „Der Mann ist da" Einlaß fand.

Die Vorkommnisse und viele der handelnden Personen haben geschichtlichen Hintergrund, im ganzen aber ist die Erzählung erdichtet. Die Handlung ist indessen so rührend und packend zugleich geschrieben, daß sie die Herzen zahlloser Leser eroberte und Graf Wilhelm von Württemberg so beeindruckte, daß er von seinem Vetter König Wilhelm den Schauplatz erwarb und dort von Heideloff eine „deutsche Ritterburg in edler mittelalterlicher Schönheit" erbauen ließ, die 1842 in Anwesenheit des Königs eingeweiht wurde.

Pate gestanden hat dabei zweifelsohne Hauffs Schilderung der Burg. In seinem Roman läßt er den Ritter von Sturmfeder die kühne Lage der Burg bewundern: „Georg hatte indes Zeit genug, das Schloß und seine Umgebung zu betrachten. ... Wie ein kolossaler Münsterturm steigt aus dem tiefen Albtal ein schöner Felsen, frei und kühn empor. Wie das Nest eines Vogels, auf die höchsten Wipfel einer Eiche oder auf die kühnsten Zinnen eines Turmes gebaut, hing das Schlößchen auf dem Felsen. Es konnte oben keinen sehr großen Raum haben, denn außer einem Turm sah man nur eine befestigte Wohnung, aber die vielen Schießscharten im unteren Teil des Gebäudes und mehrere weite Öffnungen, aus denen die Mündungen von schwerem Geschütz hervorragten, zeigten, daß es wohl verwahrt und trotz seines kleinen Raumes eine nicht zu verachtende Feste sei."

Das seit der Jahrhundertwende für Besucher öffentlich zugängliche Schloß ist zur vielbesuchten und weitbekannten Burg der Schwäbischen Alb geworden (April–Okt. täglich geöffnet, Nov., Febr. u. März nur Sa. und So.).

Die Führung beginnt an der Zugbrücke vor dem Vorwerk mit dem aufwendig gestalteten Burgtor. Im Schloßinnern gelangt der Besucher in die Waffenhalle, die neugotische Burgkapelle und die Trinkstube. Im Obergeschoß befinden sich Königszimmer, Wappenzimmer, Erkerzimmer und prunkvoller Rittersaal. Alle Räume sind im romantischen Geschmack des 19. Jh.s reich gestaltet und mit zahllosen Sammlungsstücken ausgestattet, darunter bedeutende Werke gotischer Tafelmalerei. Der Turm ist nicht zugänglich. Ein besonderes Kleinod ist die Schloßkapelle, die in Stil und Ausschmükkung an Kapellen naher Klöster erinnert. In ihr befindet sich ein großer Altarflügel mit einer Darstellung des Todes von Maria: das bedeutendste mittelalterliche Werk des Schlosses. Der unbekannte Schöpfer wird nach diesem Bild der „Meister vom Lichtenstein" genannt.

Die **Trinkstube auf Schloß Lichtenstein** ist wie alle Räume im romantischen Geschmack des 19. Jh.s reich gestaltet und mit zahllosen Sammlungsstücken ausgestattet.

Ein wilder Fels im Steilhang des Albtraufs über dem Zellertal bei Unterhausen trug einst die untere **Burg Greifenstein**, bis sie die Reutlinger 1311 zerstörten.

Gute Aussicht und den schönsten Blick auf das Schloß bietet eine Felskanzel am erhöhten Rand des Vorhofs. Ein Weg vor den äußeren Festungswerken führt zum Hauff-Denkmal am Felsabsturz und zu einer geologischen Pyramide. Ein Hauff- und Lichtensteinmuseum befindet sich in der ehemaligen Pfarrscheuer in Honau (Sa., So. nachmittags geöffnet).

Burg Lichtenstein, auf deren Grundmauern das Schloß steht, entstand nach der Fundkeramik um die Mitte des 12. Jh.s. Sie war damit die namengebende Stammburg des 1182 erstgenannten Geschlechts mit dem silbernen Flug (Flügel) im blauen Wappenschild. Die Lichtensteiner waren ritterliche Dienstleute der Achalmgrafen und ihrer Nachfolger. Das weitverzweigte Geschlecht erbaute sich weitere Burgen Lichtenstein bei Neufra, bei Weilheim an der Teck und bei Neckarhausen in der Nähe von Horb. Später waren Lichtensteiner im Dienst der Grafen von Württemberg und anderer Herren. Einige versuchten ihr Glück als Soldritter in Italien oder in den Türkenkriegen, wo mit Anton von Lichtenstein (Neckarhausen), Fähnrich im kaiserlichen Heer, 1687 der Letzte des Geschlechts starb. – Nicht zu unseren Lichtensteinern gehört der in der Manessehandschrift genannte Minnesänger Ulrich von Lichtenstein aus der Steiermark.

Schloß Lichtenstein ist wahrscheinlich die bekannteste Burg der Schwäbischen Alb, und das, obwohl sie erst 1840, angeregt durch die romantische Erzählung Wilhelm Hauffs, als „eine deutsche Ritterburg im edelsten Stil des Mittelalters" errichtet wurde.

Burg Lichtenstein wurde als württembergisches Lehen im Reichskrieg gegen Eberhard den Erlauchten 1311 und im Städtekrieg gegen Eberhard den Greiner 1377 zerstört. Danach wurde den Lichtensteinern das Lehen und damit ihre Stammburg entzogen, wohl weil sie beim Angriff der Reutlinger die Burg ohne Zustimmung ihres Lehnsherrn aufgegeben hatten. Nun saßen württembergische Burgvögte und seit 1567 Forstknechte auf der Burg. 1802 wurde sie durch ein Forst- und Jagdhaus ersetzt, wobei Mauerteile der Burg mit Buckelquadern des 13. Jh.s erhalten blieben und heute Teil des Schlosses sind.

Kaum 1 km von Schloß Lichtenstein entfernt liegt die Burgruine **Alter Lichtenstein** über jähem Abgrund an einer Bergecke aus hohen Felsen. Zwei bogenförmige Gräben mit anschließender Felspforte trennen sie vom zur Hochfläche ansteigenden Gelände. Eine teilweise noch hochragende Mauer umschließt die Burg feldseitig, an der Felskante finden sich keine Mauerspuren. Neue Erkenntnisse brachte die Untersuchung der Anlage anläßlich der baulichen Sicherung 1993, wobei sich Polier G. Schrode – wie bei anderen Ruinensicherungen – Verdienste erwarb.

Die Kernburg wurde danach von einem erhöht stehenden, runden Bergfried beherrscht, der feldseitig mit der Ringmauer baulich verbunden war. Vom dahinter liegenden Burgteil haben sich nur bescheidene Spuren wie der Schöpfschacht einer Zisterne, ein paar ausgehauene Felsstufen und undeutliche Schuttwälle von Mauern erhalten. Eine Mauer aus großen Bossenquadern (= ohne Randschlag) und einzelnen Buckelquadern, feldseitig zu einer Schildmauer verstärkt, umschloß diese Kernanlage. Der Zugang erfolgte vom Hof her über den inneren Graben und nicht wie heute über die Zisterne hinweg.

In der geräumigen äußeren Burg fällt eine große Kellergrube dicht am einstigen Tor ins Auge; weitere Hinweise auf Steingebäude fehlen. Nach den Oberflächenfunden entstand die Burg um 1200 und wurde nach der Zerstörung 1311 aufgegeben.

Greifenstein

Vom Greifenstein, einer Burg 2 km nordöstlich von Unterhausen, schrieb der gelehrte Martin Crusius 1596: „Auf dem höchsten Punkt war die Warte der Wächter. Weiter unten stand eine zweite, von Edlen bewohnte Burg, auf einem kleinen, jäh abfallenden Felsen."

Der obere Greifenstein liegt auf einem Fels der Traufkante, den ein hufeisenförmiger Graben aus der Hochfläche schneidet. Erhalten ist die mannshohe Ringmauer, der man zwei Sanierungen mit reichlicher Aufmauerung (1893 und vor 1971) ansieht. Ein länglich-fünfeckiger Raum am Eingang gilt als Rest eines Turmes, ein Bergfried kann es aber nicht gewesen sein. Sonst ist keine Innenbebauung festzustellen. Etwa 400 m von dieser Burg entfernt lag auf einem länglichen Fels im abfallenden Berggrat die untere Burg Greifenstein. Zwei Gräben bergseitig und geringe Mauerreste an den Geländeabsätzen vor und hinter dem Fels erlauben keine klare Vorstellung vom einstigen Aussehen der Burg.

Greifenstein war die namengebende Stammburg der begüterten Edelfreien von Greifenstein, die wohl dem Pfullinger Ortsadel entstammten.

Burg Schnatren bei Erpfingen. Was wie ein mächtiger Turm aussieht, war eine mehrfach geknickte Schildmauer, hinter der sich der Wohnbau der Burg versteckte.

Hohenmelchingen. Wie eine Burg für sich steht das wohnturmartige „Vorderhaus“ inmitten der weitläufigen Anlage.

1187 wurde erstmals ein Greifensteiner genannt, und wenig zuvor dürfte nach Ausweis der Keramikfunde die untere Burg entstanden sein, die obere Burg folgte danach etwa um 1200. Die Greifensteiner begegnen uns öfter im Umkreis der Staufer, nach deren Ende standen sie den Württembergern nahe. Das bekam ihnen freilich übel, denn im Reichskrieg gegen Graf Eberhard den Erlauchten 1311 zerstörten ihnen die Reutlinger den Greifenstein samt ihrer nahegelegenen Burg Bideck. 1355 verkaufte Swigger von Greifenstein Burgstall und verbliebenen Besitz an Württemberg, 1369 starb mit ihm das Geschlecht aus.

Die Einschätzung der Anlage als Burg mit vorgelagerter Warte, wie sie Crusius erstmals vertrat, wird vom Fundgut nicht bestätigt, denn gerade vom oberen Greifenstein liegt reicheres Material auch besserer (jüngerer) Keramik vor. Anscheinend hat sich der Besiedlungsschwerpunkt von der unteren Burg später auf die (bequemere) obere Burg verlagert. Ob die untere Burg 1311 noch bewohnt war, läßt sich nicht sicher entscheiden.

Von einem kleinen Parkplatz am Ortsrand Erpfingens gegen Stetten führt ein Wanderweg in wenigen Minuten zur **Burg Schnatren** (Hohenerpfingen) hinauf. Eine grabenumzogene Voranlage liegt feldseitig vor der Kernburg, die aus einem „Turm“ auf einem Felssockel besteht. Auf dem verebneten Geländeabsatz unter der Voranlage finden sich Mauerspuren eines weiteren Gebäudes. Bei genauem Hinsehen erweist sich der „Turm“ als mehrfach geknickte, bis 4 m starke Schildmauer von 11 m Höhe. In ihrem Schutz stand auf einem Steingeschoß ein zweistöckiger Fachwerkbau von etwa 8 x 6 m – eine wahrlich bescheidene Burg.

Erstmals erfahren wir von ihr, als 1358 Heinz von Salmendingen seinen Besitz in Erpfingen verkaufte, ausgenommen seine Burg Schnatren, in der er und sein Bruder Hans wohnten. 1385, die beiden Burgherren waren inzwischen verstorben, wird Schnatren als Burgstall bezeichnet, war also nicht mehr bewohnbar. Die Keramikfunde zeigen, daß sie schon im 12. Jh. entstanden sein muß. Erbauer waren wohl Angehörige des alten Ortsadels von Erpfingen, dessen letztes Mitglied Christine von Erpfingen 1304 als Nonne im Kloster Stetten bei Hechingen bezeugt ist. Außer der Burg Schnatren gab es in Erpfingen bei der Kirche noch eine Burg, die nach dem Übergang an Württemberg (1450) zum Pfarrhaus wurde.

Hölnstein

Eine große Wetterfahne überragt eine Waldhöhe bei Stetten im oberen Laucherttal und markiert so die Ruine der Burg Hölnstein. Gräben und hoch erhaltene Mauern umschließen die weitläufige Burgfläche. Torseitig sind Mauerabsätze eines Wehrgangs sowie Gebäudereste und ein Keller erkennbar. Ein erhöhter Fels am talseitigen Burgrand trägt den hochragenden Wandteil eines großen Wohnturmes. Darunter verlaufen die namengebenden Höhlenlöcher. Nach der Verteilung der Oberflächenfunde lag die frühe Burg Hölnstein auf diesem Platz und auf dem Fels in der Burgmitte, auf dem sich später die Burgkapelle befand.

Ritter von Hölnstein, möglicherweise Edelfreie, werden in der Zwiefalter Chronik von 1138 für die Zeit um 1100 bezeugt. Die seit 1279 genannten niederadligen Herren von Hölnstein waren Wappengenossen und damit wohl Stammesgenossen der von Melchingen und von Lichtenstein. Die Burg wurde vielfach geteilt und zeitweise von mehreren Besitzerfamilien bewohnt. Neben den Hölnsteinern hatten so Adlige von Lichtenstein, von Killer, von Stauffenberg, von Zollern, die Swelher und Umgelter Besitz an der Burg. 1496 starben die von Hölnstein im erbberechtigten Mannesstamm aus. Um 1500 wurde die Burg aufgegeben, 1584 der Turm abgebrochen.

Burg Melchingen

Die späte Erstnennung der Burg 1334 erweist einmal mehr die Bedeutung der Archäologie für die Burgenforschung. Denn erst die Fundkeramik aus dem 12. Jh. bestätigt die Burg als etwa zeitgleich mit dem früh bezeugten Adel von Melchingen. In der Chronik des Klosters Zwiefalten von 1138 erscheint mit „Adilbertus de Malichingen“ erstmals das Geschlecht der Burggründer, möglicherweise Edelfreie wie ihre Verwandten von Hölnstein. Niederadlige von Melchingen, die späteren Besitzer der Burg, sind von 1254 bis 1495 bezeugt. Ihnen entstammten mehrere Komture des Johanniterordens, ein Söldnerführer der Stadt Reutlingen im Hussitenkrieg, einige Soldritter und der berühmte Reiterführer in italienischen Diensten, Hugo von Melchingen (1356). Durch Erbteilungen und Verkäufe erhielt die Burg mehrere Besitzerfamilien, die in getrennten Häusern innerhalb der Burg lebten. Im 16. Jh. wurde die Burg als Wohnsitz aufgegeben und dem Verfall überlassen.

Burgruine Hohenstein gab den Namen für die 1975 aus fünf Dörfern der Münsinger Alb entstandene Gemeinde Hohenstein.

Von der großen Burg am Rand eines Bergrükkens östlich von Melchingen haben sich umfangreiche Mauern erhalten, die seit 1976 größtenteils baulich gesichert wurden. Mitten in der durch Graben und Ringmauer umschlossenen Anlage fanden sich auf einem Fels Reste eines kleinen Turmes, der Teil der ersten Burg Melchingen um 1100 gewesen sein könnte. Wie eine Burg für sich wirkt das fünfeckige „Vorderhaus“ am unteren Hof, der gewaltige Kasten (20 x 11 m) des „Hinteren Hauses“ ragt sogar vollständig aus dem Mauerring heraus. Eine dritte, weitgehend eigenständige Burgeinheit bildet das sogenannte „Badstubenhaus“ zwischen unterem und oberem Hof. Leider fehlen bislang Pläne und die Dokumentation der aufwendigen Arbeiten an der Burg.

Hohenstein

In einem waldreichen Wandergebiet der Albhochfläche zwischen den Dörfern Bernloch, Oberstetten und Ödenwaldstetten liegt auf einer felsigen Kuppe die Burgruine Hohenstein. Erhalten sind Mauerreste der Kernburg und des stauferzeitlichen Bergfrieds sowie die Ringmauer mit vorgelegtem Graben, die eine weiträumige Unterburg ohne Gebäudereste umschließt. Beim Tor sind einige Buckelquader in die Mauer eingestreut.

Da in der Zwiefalter Chronik von 1138 unter den Wohltätern des Klosters ein Ernst als „von Hohenstein“ bezeichnet wird, während sein Vater in einer anderen Quelle noch „von Oberstetten“ genannt wurde, können wir Ernst von Hohenstein als Erbauer der Burg und ihre Entstehung vor 1138 annehmen. Die Familie des Burggründers, die Edelfreien von Oberstetten-Hohenstein, deren einer es bis zum Bischof von Augsburg gebracht hat, ist mit Albert von Hohenstein um 1200 erloschen. Von blutigem Kampf oder tragischem Geschehen um Burg Hohenstein ist uns nichts überliefert – nur von Benz Kaib von Hohenstein wissen wir, daß er in der Schlacht bei Reutlingen den Tod fand. In den Urkunden erscheint die Burg als Adelssitz und Verwaltungszentrum der kleinen Herrschaft Hohenstein.

Über einen Neffen des letzten Hohensteiners gelangte die Burg (vor 1220) an die Grafen von Zollern und später an deren Burgvogt auf Hohenstein, dessen Nachkommen sich nun Kaib von Hohenstein nannten. Kurz vor 1410 verlegten sie ihren Wohnsitz in die neu erworbene Burg Ehrenfels im Glastal. Damit war Burg Hohenstein aufgegeben und schon 1438 wird sie als Burgstall bezeichnet. 1981 wurde die Ruine von der 1975 entstandenen, nach ihr benannten Gemeinde Hohenstein erworben und baulich gesichert.

14

Achalm – der Hausberg Reutlingens

Die **Achalm** mit ihrer herrlichen Aussicht ist für die Reutlinger ein beliebter Erholungsraum in Stadtnähe, früher war sie oft genug daseinsbedrohender Schicksalsberg für die Reichsstadt zu ihren Füßen.

Gründungsberichte von Burgen sind äußerst selten – von Burg Achalm haben wir in der Zwiefalter Chronik gleich deren zwei. Danach erbaute die große Burg Achalm auf dem etwas höhergelegenen Südgipfel (heute mit Turm) das gräfliche Bruderpaar Egino und Rudolf, die kleine Burg Rudolfs Sohn Luitold. Dies soll nach der Zwiefalter Chronik in der Regierungszeit Kaiser Konrads III. (1024–1039) geschehen sein, Jahrzehnte vor der Erstnennung vergleichbarer Hochadelsburgen der Alb (Staufen 1079, Limburg 1078, Zollern 1061). Nach der Fundkeramik ist von einer späteren Entstehung der Burg, nicht wesentlich vor der ersten urkundlichen Nennung von 1075, auszugehen.

Als die Achalmgrafen mit Luitold 1098 ausstarben, gelangte die Burg über verschlungene Erbwege an die Grafen von Gammertingen und schließlich an die Edelfreien von Neuffen, die Lehnshoheit möglicherweise an die Welfen und deren Erben, die Staufer. Beim Aufstand des Stauferkönigs Heinrich (VII.) gegen seinen Vater Kaiser Friedrich II. wurde die Achalm erfolglos belagert, nach der Niederlage im Swiggerstal (Ermstal) aber den Neuffenern 1236 entzogen. Nun war die Achalm Reichsburg und Sitz königlicher Vögte. Zeitweise war sie den Landvögten für Niederschwaben übertragen. Als die Grafen von Württemberg 1330 in den Pfandbesitz der Burg kamen, wurde diese für die Reichsstadt Reutlingen zur ständigen Bedrohung.

Im Städtekrieg kam es 1377 zur großen Auseinandersetzung. Den von einem nächtlichen Raub- und Verwüstungszug gegen Urach heimkeh-

Burg Stöffeln, Forschungsstand 1931. „Die Gleichzeitigkeit beider Burgen läßt sich weder beweisen noch bestreiten. Daß sie nebeneinander bestanden, ist wahrscheinlicher, jedenfalls waren sie dann zu einer Wehr- und Wohneinheit zusammengeschlossen, wie es uns das treffliche Bild Kochs zeigt." (Wilhelm Kinkelin, 1931)

renden Reutlingern versuchte der junge Graf Ulrich (Sohn Eberhards des Greiners) mit seinen Rittern von der Achalm her den Weg zu verlegen. So kam es zum Kampf. Die Bürger und Handwerker der Stadt bezwangen die „Blüte der schwäbischen Ritterschaft", und der verwundete Ulrich konnte sich nur knapp auf die Achalm retten. Aber statt wie üblich die vom Pferd gestürzten, in ihren schweren Rüstungen nun eher hilflosen Herren bis zu ihrer Auslösung in ritterliche Haft zu nehmen, wurden alle erschlagen oder erstochen.

„Wie haben da die Gerber
so meisterlich gegerbt!
Wie haben da die Färber
so purpurrot gefärbt!"
(Ludwig Uhland)

Trotz der damaligen Alltäglichkeit von Gewalt und Grausamkeit erregte dieses Gemetzel großes Aufsehen. Reutlingen mußte sich in langen Schreiben an die verbündeten Städte um deren Verständnis und weitere Hilfe bemühen. Die Totenliste mit über 60 Adligen liest sich wie ein Burgenverzeichnis (Zollern, Tübingen, Gundelfingen, Hohenstein, Bichishausen, Killer, Stöffeln, Lichteneck, Sperbersеck, Neidlingen, Schloßberg, Jungingen, Lichtenstein ...). Mit diesem Sieg der Städte und dem Anwachsen ihres Bundes bahnte sich eine Entwicklung wie in der Schweiz an, die aber durch die vernichtende Niederlage der Städter 1388 bei Döffingen ein jähes Ende fand. Zugleich zeichnete sich mit dem Treffen von Reutlingen zusammen mit der ähnlich verlaufenen Schlacht von Sempach (1386) das militärische Ende reiner Ritterheere ab, und damit das Ende der Ritterzeit.

Da der Ausbau der Achalm zur Festung unter Herzog Ulrich unterblieb, weil sie als Pfandschaft Österreichs und des Reiches letztlich kein sicherer Besitz war, veraltete die Burg und verlor so ihre militärische Bedeutung. Im Dreißigjährigen Krieg wurde die Burg Württemberg entzogen, durch Österreich teilweise abgebrochen und nach der Rückgabe an Württemberg geschleift. Der nie ganz verschwundene Turm – mit herrlicher Aussicht rundum – wurde 1838 wieder errichtet, 1932 erneuert und erhöht.

Heute zeigen Mauerreste und Gebäudespuren die Burg so, wie sie der Tübinger Professor Martin Crusius 1587 beschrieben hat. Durch einen Torzwinger kommt man in einen Vorhof zwischen beiden Achalmburgen. Die kleine Burg fehlt im Plan des Professors; aus der Fundkeramik ergibt sich, daß die Gründung Luitolds schon nach 1200 aufgegeben worden war. Die große Burg mit zentralem Bergfried, nahegelegenem großem Wohnbau und einem weiteren Turm an der albseitigen Bergspitze verfügte sonst über keine Steinbauten innerhalb des weiten Mauerrings. Die volkstümliche Deutung des vordeutschen Namens läßt Uhland in seine Ballade von der Schlacht bei Reutlingen so einfließen:

„Ach Allm – stöhnt' einst ein Ritter,
ihn traf des Mörders Stoß –
Allmächt'ger wollt' er rufen –
man hieß davon das Schloß."

Burg Stöffeln

Sieben Gräben unterschiedlicher Größe durchschneiden den langgestreckten Höhensporn des Stöffelbergs über Gönningen auf einer etwa 300 m langen Strecke. Die Grabungen des Burgenforschers K. A. Koch 1930 legten dort Mauerreste frei und erbrachten überzeugende Grundrisse von zwei Burgen, konnten aber wichtige Fragen (Doppelanlage oder zeitliches Nacheinander, alle Gräben mittelalterlich oder teils vorgeschichtlich) nicht beantworten.

Heute wissen wir es: Die Burg an der Spornspitze mit Bergfried, Wohnturm (?) und Gebäudevertiefungen entstand nach den Keramikfunden im 12. Jh., möglicherweise schon um 1100, und wurde noch vor 1200 aufgegeben. Eine grabenumzogene Vorburg zu dieser Anlage ist nicht nachzuweisen und wenig wahrscheinlich. Die zweite Burg Stöffeln dürfte im 13. Jh. entstanden sein. Mit rechteckigem Mauerring, feldseitiger Schildmauer, freistehendem, über Eck gestelltem Bergfried und großem Wohnbau zeigt sie ungewöhnlich regelmäßigen und klaren Aufbau. Feldseitig wurde sie durch den mächtigen Hauptgraben geschützt, der Spornspitze zu durch einen Innengraben von der Vorburg getrennt. Nach den Oberflächenfunden bestand die Vorburg nur aus Holz- oder Fachwerkbauten, aber mit Kachelofenheizung. Möglicherweise war hier, und nicht im Palas, der Küchenbetrieb angesiedelt.

Im ganzen Burgbereich findet sich vorgeschichtliche Keramik, gehäuft um den kleinen Graben vor dem Hauptgraben. Er scheint nicht mittelalterlich überformt zu sein und könnte deshalb, wie vielleicht auch die Vorgräben, von der vorgeschichtlichen Anlage an diesem Platz herrühren.

An der großen Voranlage vor dem Hauptgraben, wahrscheinlich dem Tummelplatz für die Pferde, lassen sich feldseitig eine Mauer und ein kachelofenbeheizter Steinbau nachweisen, burgseitig standen nur Schuppen- und Scheunenbauten (Dachziegelfunde ohne Mauerspuren, Geschirr- und Ofenkeramik).

Aussagen zur Gründerfamilie, den Edelfreien von Stöffeln, sind mit vielerlei Fragezeichen versehen, weil bis heute eine umfassende Erforschung des an vielen Orten auftretenden Geschlechts aussteht. Dazu kommt, daß die 5 km entfernte „Alteburg“ auf dem Käpfle (Aussichtsturm) bei Bronnweiler als namengebende, frühe Burg Stöffeln gilt (1056 „Stofola“, um 1100 „Stophilin“ = kleiner Stauf, Sturzbecher).

Eine neuere Arbeit betrachtet die von 1109 bis 1138 mehrfach genannten Edelfreien von Stöffeln und die teilweise namensgleichen Edlen vom nahen Unterhausen, die von 1084 bis 1099 bezeugt sind, als Angehörige einer Familie, die sich ab 1100 nach ihrer neuerbauten Burg nannten. 1300 verkauften die von Stöffeln ihre Burg an Württemberg, das sie mehrmals verpfändete. Im Städtekrieg wurde die Burg 1388 von Reutlingen zerstört.

Andeck

An der Spitze eines langgezogenen Höhensporns, einem gegen Talheim gerichteten Ausläufer des Farrenbergs, lag einst die Burg Andeck. Ein gewaltiger Graben, dahinter die in einem Schuttwall verschwundene Schildmauer und ausgewühlte Reste der rechteckigen Kernburg sind davon geblieben. Hangfunde belegen ein mächtiges Gebäude (Turm oder Palas) mit Glatt- und Buckelquadern aus Keupersandstein. Das langgestreckte Gelände zwischen Burg und Vorgraben (mit Felsbrücke) zeigt nur an der Fläche hinter dem feldseitigen Wall (von einer Mauer?) Siedlungsspuren eines Wohn- und Wirtschaftsbereiches (ohne Steinbauten). Eine weitere Siedlungsfläche mit gleichartigen Funden vor dem Vorgraben war wohl der Platz des Wirtschaftshofs der Burg, ein dort aufgelesenes Sichelbruchstück bestärkt diese Einschätzung. In der Literatur genannte weitere Vorgräben samt mittlerer und äußerer Vorburg halten einer kritischen Prüfung nicht stand. – Im ganzen Bereich der Burg findet sich vorgeschichtliche Keramik.

Entstanden ist Andeck wenig vor 1282 als Ministerialenburg der Grafen von Zollern. Denn der Burggründer, ein Neffe des ersten zollerischen Schenken Werner von Zell (1251–1262 bezeugt), nannte sich Schenk von Neuenzell, seit 1282 aber „Schenk von Andeck“. Im 14. Jh. erlangten die Herter von Dußlingen Besitz an der Burg und wurden dort 1392 von hohenbergischen Städten belagert. Weitere Teilungen, Verpfändungen und Verkäufe splitterten den Besitz immer stärker auf und drängten die Schenken stückweise aus ihrer Stammburg; 1421 gehörte ihnen noch ein Achtel, 1435 waren sie von der Burg verschwunden. 1451 wurde mit Hans Schenk von Andeck, Hauskomtur des Deutschen Ordens, letztmals einer der Familie erwähnt. Am Ende des 15. Jh.s besaß Württemberg drei Viertel an Burg und Herrschaft Andeck. Als Württemberg 1618 auch das letzte Viertel erwerben konnte, war die Burg längst abgegangen, den Keramikfunden nach im späten 15. oder frühen 16. Jh.

Burg Stöffeln, Forschungsstand 1994. Die Zahl der Toranlagen, Zugbrücken und Zwingermauern hat sich verringert, der Zugang wird anders gesehen, und die Burg an der Spornspitze ist als Anlage des 12. Jh.s nachgewiesen, die nicht gleichzeitig mit der zweiten Stöffelburg bestand. – Forschungsstand 2060?

15

Hohenzollern – Stammburg preußischer Könige und deutscher Kaiser

Als am 3. Oktober 1867 die heutige Hohenzollernburg in Anwesenheit des preußischen Königs Wilhelm I. mit festlichem Glanz eingeweiht wurde, da war ihr Erbauer König Friedrich Wilhelm IV. von Preußen schon einige Jahre tot. 1819 war er als Kronprinz nach Hechingen gekommen, um die Stammburg seiner Ahnen zu besuchen. Der Gedanke, die zerfallene Burg in neuem Glanz erstehen zu lassen, ließ ihn seither nicht mehr los. 1850, Hohenzollern war inzwischen an Preußen gefallen und der einstige Kronprinz König, begann der Neubau auf den alten Grundmauern, nachdem vorausgegangene Teilerneuerungen unbefriedigend verlaufen waren. August Stüler, ein Schüler Schinkels, erhielt den Bauauftrag, für den Bau der Festungsanlagen wurde Oberst von Prittwitz, der Erbauer der Bundesfestung Ulm, herangezogen. 1856 war zwar der ganze Rohbau fertiggestellt, aber noch volle 11 Jahre dauerte es, bis auch die Innenausstattung der Zollernburg abgeschlossen wurde.

Die erste Burg Zollern war die Stammburg des 1061 erstmals genannten Geschlechts der Zollern, dessen fränkische Vertreter zu Burggrafen von Nürnberg und Markgrafen von Brandenburg und schließlich zu preußischen Königen und deutschen Kaisern aufstiegen. Zu Beginn des 15. Jh.s kam es im schwäbischen Zollernhaus zu einem verbissenen Streit zweier Brüder. Dabei mußte sich die Burg nach fast einjähriger Belagerung durch Württemberg und die schwäbischen Reichsstädte ergeben. Sie wurde 1423 völlig zerstört, und der Kaiser verbot ihren Wiederaufbau auf ewige Zeiten. Die Sage sieht hinter diesen Vorgängen den persönlichen Zwist zwischen der herrschsüchtigen Gräfin Henriette von Württemberg (Mömpelgard) und Graf Friedrich von Zollern. Danach war Friedrich von Zollern eng befreundet mit Graf Eberhard IV. von Württemberg, verstand sich aber nicht mit dessen Gemahlin Henriette. Nach dem frühen Tod Eberhards soll es sich zugetragen haben, daß die Gräfin dem gerade anwesenden Friedrich von Zollern einen Befehl erteilte. Dieser aber ließ ihr brüsk sagen, er lasse sich als freier Edelmann von keinem Weib Befehle geben. Nach ein paar Tagen erschien ein Bote auf dem Zollern mit der Ankündigung der erbosten Henriette: „Ich werde Eure Veste, Euer Leben und Euer Gut zu verschlingen trachten." Das soll ihr gelungen sein. Jahrelang soll Friedrich an Händen und Füßen gefesselt bei Wasser und Brot im Kerker geschmachtet haben.

Erst 1454 erreichte Graf Jos Niklas von Zollern die kaiserliche Genehmigung zum Wiederaufbau der Burg. Jahrzehntelang wurde an ihr gebaut, 1461 wurde die Michaelskapelle wieder geweiht. Sie ist als ältester Teil des Schlosses bis heute erhalten geblieben. Kurz vor dem Dreißigjährigen Krieg wurde die Burg durch vorgelagerte Basteien zur modernen Festung ausgebaut. Es nützte nichts. Im Krieg wurde die Burg nach langer Belagerung durch Schweden und Württemberger übergeben, später von bayerischen Truppen und nach dem Krieg von Österreich besetzt. Längst war sie nicht mehr ständiger Sitz der Hohenzollern, die ihre Residenz nach Hechingen verlegt hatten. So ließ man Gebäude und Festungsanlagen herunterkommen und verfallen.

Die heutige, dritte Anlage auf dem Zollern ist Schloß und Festung, ist Geschichtsdenkmal und Wahrzeichen des Landes zugleich und ein Besuchermagnet dazu. Das prächtige Schloß besitzt eine Reihe großartig ausgestatteter und festlich repräsentativer Räume. Der eigentliche Festsaal ist der Grafensaal, dessen ausgezeichnete Akustik Schloßkonzerten und anderen Veranstaltungen zugute kommt. Im Vorraum dazu finden sich Übersichten zur Herkunft, Verzweigung und verwandtschaftlichen Verbindung des hohenzollerischen Hauses. In der Bibliothek, die vor allem die Literatur zur Geschichte des Hauses und der Burg beherbergt, zeigen Gemälde des Historienmalers Peters wichtige Ereignisse aus der Geschichte der Burg. Die Schatzkammer enthält die preußische Königskrone von 1889 und persönliche Stücke aus dem

Imponierend wirkt die dreischiffige Halle des Grafensaals wie das ganze **Schloß Hohenzollern**, dessen Anlage und Ausstattung die Vorstellungen der späten Romantik von königlicher und fürstlicher Repräsentation wiedergibt.

„Nicht weit von Württemberg und Baden,
Von Bayern und der schönen Schweiz,
Da ragt ein Berg so hoch erhaben,
Den man den **Hohenzollern** heißt."
(Zollernlied von L. Egler)

Besitz der preußischen Könige. In der Michaelskapelle befinden sich die bekannten Reliefplatten aus dem frühen 12. Jh., in der evangelischen Burgkapelle standen von 1952 bis 1991 die Särge der Preußenkönige Friedrich Wilhelms I. und Friedrichs des Großen. Um das Schloß legt sich der Kranz der sechs Basteien mit prächtiger Aussicht ins Albvorland.

Haigerloch

Fast wären Haigerlochs schönste Gebäude, Schloß und Schloßkirche, in die Luft geflogen, denn im Felsenkeller darunter hatte seit 1944 die deutsche Atomforschung unter Werner Heisenberg an der experimentellen Kernspaltung gearbeitet, weshalb die Amerikaner 1945 den ganzen Keller wegsprengen wollten. Heute enthält er ein Atommuseum, das von Mai bis September täglich, sonst nur samstags und sonntags, von Dezember bis Februar nicht besichtigt werden kann.

Entstanden ist Haigerloch aus zwei Burgen und den zugehörigen Siedlungen. Von der 1095 erstgenannten Burg, wohl einer Gründung der 1162 ausgestorbenen Grafen von Haigerloch, steht heute noch ein gewaltiger Buckelquader-Bergfried, der als „Römerturm" ein Wahrzeichen der Stadt geworden ist. Die nahegelegene Wallfahrtskirche St. Anna von 1755 gilt als „barockes Juwel Hohenzollerns". Auf einem Bergsporn gegenüber bauten die Grafen von Hohenberg als neue Besitzer Haigerlochs um 1200 eine Burg, die ihnen mehr als ein Jahrhundert als wichtige Hofburg diente. Aus dieser Zeit stammen Bauteile des Schlosses und Buckelquader in der Ringmauer und beim stadtseitigen Tor. Nach dem Verkauf der Grafschaft Hohenberg an Österreich (1381) kam Haigerloch 1497 durch Tausch an Zollern und wurde durch die Erbteilung von 1576 Sitz einer eigenen Linie.

Graf Christoph von Hohenzollern-Haigerloch ließ 1580–85 die mittelalterliche Burg zur Residenz ausbauen und erweitern. Fruchtkasten (Zehntscheuer), Hofkaplanei und der Torturm entstanden in dieser Zeit. Als kühner Bau in ausgesetzter Lage wurde 1584–1604 die Schloßkirche (mit bedeutendem Renaissancealtar von 1609) geschaffen.

Auf dem Bergsporn über einer Eyachschlinge liegt **Schloß Haigerloch**, das als wichtige Hofburg der Grafen von Hohenberg und als Residenz einer zollerischen Linie herrschaftlichen Glanz in die kleine Stadt brachte. Die ehemalige Schloßkirche mit prachtvoller barocker Innenausstattung dient heute als Stadtkirche.

Die Schloßbauten und ihre Nebengebäude gruppieren sich um einen langgestreckten Hof, der durch seine Größe beeindruckt. Man erreicht ihn über einen steilen Aufgang an der Schloßkirche vorbei oder durch einen Torturm von der Bergseite her. Früher hinderte hier ein tiefer Graben den Zugang zur mittelalterlichen Burg. Der Blick auf die Stadt ist vom nahegelegenen Kapf am schönsten; das Stadtbild entfaltet seinen Reiz besonders zur Zeit der Fliederblüte. Die Stadt – in bautechnisch und verkehrsmäßig ungünstiger Lage – besitzt dafür landschaftlich malerischen Reiz. Behäbig liegt die Unterstadt in dem engen Talkessel, unruhiger zeigt sich der staffelförmige Aufbau der Oberstadt.

Nach dem Aussterben der Haigerlocher Linie gelangten Stadt und Herrschaft an die Linie Sigmaringen, und Haigerloch war nur noch zeitweise Residenz. In dieser Zeit erhielt die Schloßkirche ihre barocke Innenausstattung. – In den Gebäuden des Schlosses sind heute ein Hotel, ein Konzert- und Theatersaal, ein Tagungszentrum und eine Kunstsammlung untergebracht.

16

Das alte Zollernschloß in Balingen

Um es vorweg zu sagen: Das mit dem alten Turm der Stadtbefestigung malerisch an der Eyach gelegene Bauwerk ist weder alt, noch war es je Sitz der Zollerngrafen. Das ursprünglich wohl Haigerloch zugehörige Balingen wurde zum Hauptort der um 1250 an die Zollern gelangten Herrschaft Schalksburg, nach der sich eine eigene Linie als „Grafen von Zollern, Herren zu Schalksburg" bezeichnete. 1255 wurde die Stadt Balingen gegründet, und im Zuge der Befestigung dürfte eine Stadtburg der Zollern entstanden sein, vielleicht am Platz des heutigen Schlosses.

Als 100 Jahre später die Burgen an Bedeutung verloren hatten, wohnten die Zollerngrafen der Herrschaft Schalksburg vorzugsweise in ihrer Stadt Balingen. Das Ende kam überraschend: Von fünf Brüdern, die alle Friedrich hießen (!), war einer ohne Nachkommen 1377 bei Reutlingen gefallen, zwei waren Chorherren in St. Gallen, ein weiterer war Deutschordensherr. Als dem verbliebenen Friedrich Mülli sein einziger Sohn starb, verkaufte er die zollerische Herrschaft Schalksburg samt Stadt, Burg und 17 Dörfern 1403 an Württemberg. Daß die Herrschaft nicht an eine der anderen Zollern-Linien vererbt wurde, sorgte für Aufsehen.

Die von Wilhelm Hauff wiederbelebte Sage vom Hirschgulden gibt dafür eine volkstümliche Erklärung. Nach dieser Sage lebten auf der Schalksburg, auf dem Hirschberg und auf dem Zollern einst drei Brüder. Der auf der Schalksburg war unverheiratet und kinderlos. Seine Brüder spekulierten auf sein Erbe. Als der Schalksburger einmal erkrankte, ließ er – weil er seine Brüder kannte – das Gerücht verbreiten, er sei gestorben. Die Brüder vom Hirschberg und vom Zollern gaben Freudenschüsse von ihren Burgen ab und eilten auf die Schalksburg, wo sie von ihrem Bruder lächelnd begrüßt wurden. Wutentbrannt zogen sie ab. Der Schalksburger aber verkaufte daraufhin heimlich seine Herrschaft auf den Tag seines Todes um einen Hirschgulden an Württemberg. Nach seinem Tod händigte ein Vertreter Württembergs den enttäuschten Brüdern als Erbe den Hirschgulden aus. In ihrer Wut wollten sie diesen in Balingen vertrinken, erfuhren aber vom Wirt, daß durch einen Erlaß des Herzogs von Württemberg vom gleichen Tag Hirschgulden außer Kraft gesetzt seien. So konnten die Brüder mit ihrem Erbe nicht einmal ihre Zeche bezahlen.

Unter Württemberg wurde Balingens Befestigung verstärkt und ein Schloß als Sitz der adligen Obervögte errichtet. 1752 wurde dieses Schloß an Privatleute verkauft und als Wirtschaft und Brauerei genutzt. 1920 kaufte die Stadt das heruntergekommene Anwesen, ließ das halbverfallene Schloß abbrechen und 1936 nach altem Plan neu errichten, so wie wir es heute kennen. Nach dem Umzug von Heimatmuseum und Waagenmuseum in den neuen Museumsbau in der alten Zehntscheuer wurde das Zollernschloß zum Haus der Vereine, der Saal dient weiterhin der Stadt und der Volkshochschule für Veranstaltungen.

Schalksburg

„Kein Berg rundum, auch nicht der prachtvolle Zoller, bot eine solch gewaltige, natürlich befestigte Burg, eine solch uneinnehmbare Feste, wie der Schalksberg" (Zingeler/Buck, 1906). Etwa 1 km nördlich von Laufen im Eyachtal liegt in 900 m Höhe die Burg auf einer Berghalbinsel, nur durch einen langen, eingesattelten Grat mit der Hochfläche bei Burgfelden verbunden. Zwei Felsgräben trennen bergwärts eine Vorburg mit spärlichen Mauerspuren ab. Die überwiegend durch Felswände begrenzte Burgfläche bildet ein Dreieck von etwa 200 m Seitenlänge. In der feldseitigen Ecke steht ein Buckelquader-Bergfried, die erhöhte Ecke gegen Laufen bildet eine Burganlage mit Graben, verebneten Gebäudeflächen und Schuttwällen von Mauern, und in der Ecke gegen Balingen ragen die Reste eines Rundturms (Durchmesser 6 m, Mauerstärke 1 m) noch etwa 4 m empor. Von der angeblich vollständigen Ummauerung sind vereinzelt Mauerreste und Schuttwälle aufzuspüren.

Die Oberflächenfunde am Bergfried sind so zahlreich, daß auf weitere Gebäude in seiner Nähe geschlossen werden kann. Die Keramik reicht von etwa 1200 bis zum Ende der Burg 1557. Die größere Menge und Vielfalt der Funde an der Burg weisen sie als den Hauptwohnplatz der Schalksburg aus. Die Zeitstellung entspricht etwa der Anlage am Bergfried. Am Rundturm und dem anschließenden Nordrand liegen Dachziegel in großer Zahl, Reste von Geschirr- und Ofenkeramik fehlen aber so vollständig, daß es die gelegentlich hier vermutete zweite Burg sicher nicht gab. Die Ziegelreste mögen vom Turmdach und von Wirtschaftsbauten wie Scheunen, Schuppen, Ställen oder ähnlichem herrühren. Im Gelände zwischen Burg und Rundturm findet sich Keramik des späten 11./frühen 12. Jh.s. Einzelne, noch ältere Stücke lassen in der Schalksburg eine frühalamannische Höhensiedlung vermuten, wie sie auf Lochenstein, Achalm und Rundem Berg bei Urach festgestellt wurden.

Die Geschichtsforschung sieht in der Schalksburg die zugehörige Wehranlage eines hochadligen Herrensitzes mit Eigenkirche des 11. Jh.s in Burgfelden, dem schon ein Herrenhof mit Kirche im 7. Jh. vorausging. Um 1250 kam diese alte Herrschaft Schalksburg von den Hohenbergern an die Zollern. Für 1226 sind (hohenbergische) Ministerialen, seit 1266 die Zollerngrafen auf der Burg nachgewiesen. Nach dem Verkauf an Württemberg 1403 gelangte die Burg in den Pfandbesitz der von Bubenhofen, der von Rechberg und der Zollerngrafen, wurde 1464 zerstört und wieder aufgebaut und 1554 von Württemberg wieder ausgelöst. Da die Burg veraltet und heruntergekommen war, ließ sie Herzog Christoph 1557 abbrechen. Graf Froben Christoph von Zimmern bemerkt in seiner Chronik

von 1566 bitter dazu: „ Also was ainest nit zu erobern gewesen, das getrawt man iez nit wol zu erhalten, sic mutantur tempora“ (so ändern sich die Zeiten).

Wenzelstein

Wo südlich von Balingen eine regelrechte Paßstraße in Richtung Tieringen die Alb erklimmt, liegt nahe beim vielbesuchten Lochenstein und immer ein wenig in seinem Schatten die ehemalige Burg Wenzelstein. Als Gründer der Burg kennen wir die seit 1050 in Kaiser- und Königsurkunden besonders bei Klosterstiftungen bezeugten hochadligen Herren von Winzeln, die über gemeinsame Vorfahren wie den um 991 verstorbenen Thurgaugrafen Landold Verwandte der Vögte von Reichenau und der frühen Habsburger waren. Der namengebende Herrensitz Winzeln entstand wohl im 7./8. Jh. unter dem Wenzelstein, inmitten der zugehörigen Rodesiedlungen Hausen (am Tann), Weiherhausen, Waltershausen, Kernhausen und Ratshausen, deren meiste nach dem Abgang des Herrenhofs auch verschwanden. Etwa seit 1200 sind Herren von Winzeln nur noch am Hochrhein im Zusammenhang mit der Deutschordenskommende Beuggen und nicht mehr im Gebiet ihres Stammsitzes nachzuweisen. Da 1253 Besitz und Rechte der Herrschaft Winzeln als dem Kloster Beuron gehörig bezeugt sind, ohne daß die Burg erwähnt wird, muß diese im beginnenden 13. Jh. verschwunden sein. Nach der Fundkeramik entstand die Burg etwa um 1100 und dürfte nach 1200 aufgegeben worden sein.

Die Burg auf dem fast ringsum wandsteilen Felsgipfel einer Bergkuppe ist nur über einen schmalen Pfad zugänglich. Eine Felskluft und eine Böschung teilen die geräumige Gipfelfläche in eine Unterburg ohne Steinbauten und die etwas höherliegende Hauptburg mit geringen Gebäudespuren und einer ausgehauenen Zisternengrube. Doch nehmen die Siedlungsflächen nur einen Bruchteil der offenbar nicht ummauerten Burgfläche ein. Feldseitig unter dem Burgfels verläuft ein Graben mit vorgelegtem Wall. Der für einen Hochadelssitz recht bescheidene Bauaufwand ist vielleicht mit der natürlichen Wehrhaftigkeit der steilen Felswände zu erklären, eine ungewöhnliche Burg bleibt der Wenzelstein trotzdem.

Ein mächtiger Buckelquader-Bergfried mit burgseitigem Hocheingang sperrte einst den Zugang zur Innenfläche der **Schalksburg**. 1957–59 wurde der halbverfallene Turm mit Hilfe von Hubschraubern als Aussichtsturm wieder errichtet.

Seiner Lage in einer Ecke der Stadtbefestigung verdankte es das **„Zollernschloß“ in Balingen**, daß es den großen Stadtbrand von 1809 überstand, doch 1920 mußte es wegen Baufälligkeit abgebrochen werden. Der malerische „Wasserturm“ an der Eyach war einst Teil der Stadtbefestigung.

Tailfinger Schloß

Wie sehr das „Schloß“ hoch über dem Ort die Tailfinger beschäftigte, zeigen die vielen Sagen, die sich um die geheimnisvolle Anlage ranken. Sie erzählen von einem Tanzplatz, den der Schloßherr der Dorfjugend geschenkt habe, von einem unterirdischen Gang zur Truchtelfinger Mühle, von einer ledernen Brücke über das Tal zum Braunhartsberg, von Raubrittern und von einem Schatz in der Burg.

Die Kuppe an einer Felskante wird von einem doppelten Wall und einem tieferliegenden Graben bogenförmig umschlossen. Das meiste dieser Befestigungen, wie auch die eingetieften Haus- oder Zisternengruben, stammt wohl aus der Hallstattzeit, wie durch Keramikfunde in diesem Bereich belegt wird. Die mittelalterliche Burg nahm nur einen kleinen Teil der weiträumigen Fläche ein. Gebäude sind nicht mehr zu erkennen, doch konnte eine Grabung der Denkmalpflege 1985 den halbkreis-

förmigen Chorabschluß einer Kapelle nachweisen. Einen eigenen Graben hatte die Burg in der vorgeschichtlichen Anlage nicht, selbst eine Ringmauer läßt sich nicht (mehr?) erkennen. Nahe dabei, am heutigen Aussichtspunkt, zeigen die Oberflächenfunde eine zweite Siedlungsstelle an, die aber nur über Wohnbauten aus vergänglicherem Material verfügte. Neben der steinernen Burg befand sich demnach – ähnlich wie am Wenzelstein – ein unbefestigter Siedlungsteil.

Nach der Fundkeramik entstand die Burg Tailfinger Schloß im 11. Jh., vielleicht schon in seiner Mitte. Sie gehört damit zu den frühesten Höhenburgen der Schwäbischen Alb, deren Gründer ranghohe Adelsfamilien waren. Daß es von der Burg keine urkundliche Überlieferung gibt, mag mit ihrem frühen Ende in der Mitte des 12. Jh.s zusammenhängen.

Häringstein

„Schloßfels" heißt eine Felsgruppe über Ebingen, die mit 953 m Höhe selbst die anschließende Albhochfläche um 50 m überragt. Bekannt wurde der Schloßfels, als 1899 dort der „schönste unter den Aussichtstürmen der Alb" (Th. Engel, 1900) eingeweiht wurde, „ein prächtiger, 24 Meter hoher, jederzeit offener Turm, einer der besten Standorte für Alpenfernsicht" (J. Wais, 1903).

Von der Burg, auf die der Name hinweist, finden sich außer kleinen Teilen einer Stützmauer und einem Graben im Gelände unter der Burg kaum Spuren. Bei einer Grabung 1881 stieß man auf die Reste eines Gebäudes aus großen Quadern (Buckelquader?), das offenbar durch Brand zerstört worden war. Nach den Keramikfunden entstand die Burg um 1100 und endete vor 1250. Ihr Name ist uns in der alten Bezeichnung des Berges als „Heringstein" überliefert. 1292 erstgenannte Adlige von Häringstein werden in Esslingen, im Kloster Kirchberg bei Sulz, in Rottenburg und Tübingen erwähnt. Was zur Zerstörung der Burg und zum Wegzug der Herren von Häringstein aus der Gegend führte, wissen wir nicht.

Auf dem Schloßfels über Ebingen am Platz des Aussichtsturms stand die fast spurlos verschwundene Burg **Häringstein**. Vorn der hohe Giebel des ehemaligen Fruchtkastens, der heute das „Museum im Kräuterkasten" beherbergt.

17

In Waldeseinsamkeit an Fehla und Lauchert

„Man sagt, schloß **Ringingen** sei in aim krieg zerstört worden, wiewol das ungewiss, aber die maurn steen noch mehrtails, und ist ain schöner ansehenlicher edelmanssitz gewesen" (Zimmern-Chronik, 1566). Erhalten haben sich davon nur Gräben und der 16 m hohe Bergfried, der als Aussichtsturm zugänglich ist. Wann die Burg auf der Anhöhe über dem Ort vom im 12. und 13. Jh. genannten Ringinger Adel erbaut wurde, ist unbekannt. Auf der Burg saß im 14. Jh. ein Zweig der Truchsessen von Urach, danach gehörte sie den Swelhern (Stammsitz Wielandstein), die mit den Brüdern Althans, Mettelhans und Kleinhans hier bis 1459 bezeugt sind. Um 1500 war Burg Ringingen nicht mehr bewohnt.

Eine Gespenstergeschichte in der Zimmern-Chronik, die uns den Adel aus der Sicht des „gemeinen Mannes" zeigt, handelt vom letzten Burgherrn auf Hohenringingen. „Vom letzten Schmeller sagt man ain wunderbarliche und fürwar ainer tragedien vergleichende historiam, welche kains wegs denen nachkommen zu verschweigen ist. Bemelter Schmeller hat ain sitz und haimwesen uf der Alb und in dem schloß zu Ringingen gehabt und ist bei seinen lebzeiten ein solcher greusenlicher, herber man gegen seinen underthonen zu Ringingen gewesen, wie sich das nach seinem todt wol beschaint hat."

Als Geist bedrängte er nun nämlich seine Witwe bei Nacht und selbst am hellen Tag und verlangte, sie solle von ihm begangenes Unrecht wiedergutmachen: „Erstlichs habe er seinen armen leuten die früchten und velder mit seinem reiten, auch baisen (Beizjagd) und anderm waidwerk ohne

Ein fünfeckiger Wohnturm auf einem einzeln aufragenden Fels war anscheinend die ganze Burg **Ringelstein**, denn weitere Burgteile oder Spuren eines Wirtschaftshofs sind nicht auszumachen.

alle not verderbt und verwüstet. ... Beim undergang (Schiedsgericht) habe er außer gunst dem einen geben, dem andern genommen; darin hab er kain gewissen gehabt. ... Auch habe er seinen underthonnen alle bachoffen in iren heusern verbotten und ain gemainen bachoffen machen lassen, darzu ain becken geordnet, bei dem hab menigclich im dorf bachen müeßen (gegen Gebühr in Form des 20. Laibes). ... Der gemaindt hab er wider die billichkait und alles recht ein kelberwaidt eingezogen mit großem nachtheil der armen leut. ... In solchen stucken hab er Gott so hoch erzürnt, das er müeße also umbher faren in großer pein und marter. ... Aber die fraw wolt sich nit erwaichen lassen. Do hat sie der Gaist noch mehr erschreckt und geplagt."

Er hat sie in der Stube eingeschlossen und so eingeheizt, daß sie fast erstickt wäre, oder sie nachts beinahe zum Fenster hinausgeworfen. Hoch zu Roß bat er in Feld und Wald Bekannte, auf seine Frau einzuwirken. Erst als der Geist „die frawen außerm bett im leinlachen gehebt, die vier zipfel zusammen geknipft und sie für den laden hinauß an ain hilzin nagel gehenkt", versprach sie, alles wieder zu erstatten und zu tun, wie er es begehrt hatte. Als alles geschehen war und „die priester uf dem kirchhoff zu Ringingen das De profundis gesprochen, ist er inen sichtbarlich erschinen, inen getrewlichen gedankt, mit anzaig, das im geholfen und hinfüro aller pein erledigt, ein künd sei der ewigen freud".

Ringelstein (Aloisschlößle) liegt 2 km nördlich von Burladingen im Wald versteckt über der Straße nach Ringingen. Ein einzeln aufragender Fels trägt die zwei Stockwerke hoch erhaltenen, wuchtigen Mauern eines fünfeckigen Wohnturms. Weitere Burgteile sind nicht zu erkennen. Der Fundkeramik nach entstand die Burg im 12. Jh. und ging im 14. Jh. ab. Adlige von Ringelstein, die sich später auch nach Killer nannten, erscheinen vielfach in den Schriftquellen. Ihr bekanntester Vertreter war Heinrich von Killer († 1413), der als Reiterführer deutscher Soldritter in Italien zu Ruhm, zu einem gewissen Wohlstand und zu dem seltsamen Beinamen „Affenschmalz" gekommen war, der selbst auf seinem Grabstein in der Martinskirche in Ebingen steht.

Gut abzulesen ist an der schönen Ruine **Leckstein** das einstige Aussehen der Burg. Ein stattlicher Felsgraben schneidet bogenförmig die Bergecke über hohem Fels von der Hochfläche ab. Schuttwälle, eine Mauer mit erhaltener Lichtscharte („Schießscharte") und ein drei Stockwerke hoch aufragender Mauerzahn mit Balkenlöchern bezeugen einen Wohnturm mit talseitigem Anbau. Den etwas tiefer liegenden Burghof säumen wallartig die Schuttreste der Ringmauer. Spuren einer steinernen Innenbebauung fehlen hier.

Aus den Keramikfunden ergibt sich eine Entstehung der Burg im 12. Jh. und ihr Abgang im 14. Jh. Bruchstücke verzierter Bodenplatten, wie sie in Kirchen üblich waren, machen auf Leckstein eine Burgkapelle wahrscheinlich. Der heute gebräuchliche Name „Leckstein" taucht erstmals 1544 als Flurbezeichnung ohne sicheren Bezug zur Burg auf.

Leckstein. Eine Bilderbuch-Ruine auf steilem Fels mit hoch aufragendem Mauerzahn des Wohnturms, mit Resten der Ringmauer und Spuren weiterer Gebäude sowie einem wohlerhaltenen Burggraben bietet sich dem Besucher auf einer Höhe bei Gauselfingen.

Burg **Frazenhaas** auf einer Höhe westlich von Gauselfingen steckt voller Ungereimtheiten, für die noch keine überzeugende Erklärung gefunden werden konnte. Die 100 m lange Burgfläche auf einem erhöhten Bergsporn wird feldseitig durch eine etwa 40 m lange, verschleifte Befestigungslinie abgeriegelt. Diese besteht aus dem Schuttwall einer Mauer auf hoher Böschung über einem Graben und einer 30 m vorgelagerten Wall-Graben-Sperre. Unklar bleibt, was davon zu der vorgeschichtlichen Anlage gehört, die auf Frazenhaas nachgewiesen wurde.

Unzweifelhaft mittelalterlich sind die Reste zweier Gebäude von je knapp 7 m Seitenlänge, die nebeneinander dem Steinwall aufsitzen. Der Turm mit innenseitigen Balkenlöchern und hochliegender Lichtscharte ist in einer Hälfte noch 8 m hoch erhalten. Vom zweiten Gebäude, das für einen Turm zu dünne Mauern hat, sind noch kniehohe Reste vorhanden. Am andern Ende der Burgfläche, auf der ringsum steil felsigen Spornspitze lag ein kleiner Wohnplatz ohne Graben und Ringmauer, der anscheinend nur aus Holzbauten bestand. Die Scherben der Geschirr- und Ofenkeramik von hier und von dem 100 m entfernten Turm decken ungefähr den Zeitraum von 1200–1250 ab. Rätselhaft an Frazenhaas ist die riesige Burgfläche ohne Randbefestigung und Siedlungsspuren, der Hauptwohnplatz in Felslage, aber in für Wehrbauten ungeeigneter Holzbauweise (Brandpfeile!), dazu ohne Graben und weitab von dem schützenden Turm. Schriftliche Überlieferungen zur Burg, ihrem Namen und zugehörigem Adel gibt es keine. Die Benennung als Burg „Frazenhaas“, die möglicherweise Anlaß für die 1945 erstbelegte Scherzbezeichnung „Hasenfratz“ war, stammt aus Bruno Stehles Beschreibung Hohenzollerns von 1925.

Vorderlichtenstein

Zwischen Gauselfingen und Neufra liegt auf einer Höhe über der Lauchert die Burgruine Vorderlichtenstein. Beherrschend auf einem Felshöcker steht der Stumpf eines mächtigen Bergfrieds mit großen Eckbuckelquadern. Etwas tiefer schließt sich die dreieckige Burgfläche mit ringsum hoch erhaltener Mauer an, eine Seite zur Schildmauer verstärkt mit Wehrgang und Resten der Brüstungsmauer. Der Zugang erfolgte wie der heutige Fußweg durch eine Voranlage und durch ein Tor neben dem Turm in die Kernburg. Gebäudereste sind nicht zu erkennen, vielleicht waren Fachwerkbauten an die Ringmauer angelehnt. Durch eine Felsenge unter dem Turm kommt man in die grabenumschlossene, einst ummauerte Unterburg und an einen dahinter anschließenden Zwinger.

Erbaut wurde die Burg den Keramikfunden zufolge etwa um 1200. Burggründer waren Angehörige der Niederadelsfamilie von Lichtenstein, die ihr den Namen ihrer Stammburg gaben. Die 1182 erstgenannten Lichtensteiner waren ritterliche Dienstleute, zunächst der Achalmgrafen und ihrer Nachfolger von Gammertingen und von Ronsberg, später der Württemberger, der Zollern und anderer Herren. Mitglieder der weitverzweigten Familie finden wir als Soldritter in Italien, als Äbte, als Deutschordenskomture und als württembergische Vögte, Obervögte und Räte.

Dem Verkauf ihres Dorfes Bitz an die Stadt Ebingen im Jahre 1386 folgten Teilungen, Verpfändungen und weitere Verkäufe. 1411 besaß Württemberg die Burg sowie die halbe Burg Hinterlichtenstein. 1457 war Vorderlichtenstein Sitz eines württembergischen Burgvogts, 1474 Burgstall. Der Besitz kam als Lehen Württembergs an die von Bubenhofen, 1523 an die Speth und zusammen mit Gammertingen 1827 an das Fürstentum Hohenzollern-Sigmaringen. Der zur Burg gehörende Weiler im Fehlatal verschwand im 15. Jh., die Mühle dabei wurde 1959 abgebrochen.

Von Burg **Hinterlichtenstein**, auf einer Felskuppe etwa 500 m von Vorderlichtenstein entfernt, „nit ein Armbrustschueß weit voneinander“ (1557), ist weniger Mauerwerk erhalten, doch läßt sich das einstige Aussehen besser erkennen als dort. Beachtung verdient der noch 12 m hoch, aber nur in einer Hälfte erhaltene Bergfried, der so Stockwerkgliederung, Balkenlöcher und den runden Innenraum des viereckigen Turms sichtbar macht. Über seinem abgetreppten Sockel aus großen, teils buckelquaderartigen Steinblöcken stehen einzelne Steine weit aus der Mauer vor, wahrscheinlich nur, um Eindruck zu machen.

Burg Hinterlichtenstein in einer Rekonstruktionszeichnung von Christoph Stauß. Voraussetzung für den Versuch, sich das Aufgehende einer Burg auszudenken, ist ein aussagekräftiger Grundriß. Doch selbst dann sind noch verschiedene Deutungen möglich. Nach Zingeler/Buck (1906) lag z. B. der Eingang der Burg zwischen Turm und dem Haus in der abgerundeten Ecke, die Torrampe galt ihnen als schmaler Zwinger.

Das Werdenberger **Schloß in Trochtelfingen**. „Der Schloßbau beherrscht durch seine Masse und Höhe, die sogar die Pfarrkirche überragt, das gesamte Stadtbild." (Kunstdenkmäler Hohenzollerns, 1948)

Nach den Keramikfunden entstand die Burg im beginnenden 13. Jh., etwas später als Vorderlichtenstein. Schon Jahrzehnte vor 1400 wurde sie nicht mehr herrschaftlich bewohnt, wie sich aus dem immer spärlicher werdenden Fundanfall folgern läßt. Der Erwähnung als Burgstall 1447 (beim Erwerb der zweiten Hälfte von Hinterlichtenstein durch Württemberg) ist somit die tatsächliche Aufgabe der Burg als adliger Wohnsitz lange vorausgegangen.

Baldenstein, das „alte Schloß" bei Gammertingen, liegt 2 km südöstlich von Neufra auf einem felsigen Bergsporn etwa 50 m über der Talaue im autofreien Wandergebiet des unteren Fehlatals. Die 1933 und 1964–65 teilweise ausgegrabene Anlage bietet das seltene Beispiel einer Hochadelsburg des 11. Jh.s ohne spätere Veränderungen.

Kern der Anlage ist ein gewaltig großer Wohnturm (19 x 15 m), an der Spornspitze mit 2 m starken Mauern und ohne Zugang im Erdgeschoß. Er liegt in einer Ecke eines Mauergevierts mit feldseitig gegen einen bescheidenen Graben rechteckig vorspringendem Turm (Tor?). Etwas verwirrend sind jüngere Anbauten am Wohnturm und an der anschließenden Ringmauer, da sie merkwürdig unregelmäßige (Gebäude-) Grundrisse ergeben. Aufsehenerregend unter den Grabungsfunden und fast einmalig im gesamten Albbereich sind mehrere Schachfiguren und Spielsteine mit eingeschnitzten Tierdarstellungen sowie Reste kostbarer Gläser.

Baldenstein gilt als Burg der Grafen von Gammertingen aus der zweiten Hälfte des 11. Jh.s. Sie wurde nach dem Erwerb der Burg Achalm bald nach 1100 aufgegeben. Weil sich die Gammertinger Grafen nicht nach Baldenstein nannten, fehlen schriftliche Überlieferungen zur Burg. Nur in der Zwiefalter Chronik von 1138 wird von der Schenkung des (Burg-)Weilers Baldenstein an das Kloster berichtet, was auf den Abgang der Burg vor diesem Zeitpunkt schließen läßt.

Trochtelfingen gehörte ursprünglich den Grafen von Gammertingen. Es gelangte nach deren Aussterben (1182) über Zwischenbesitzer 1316 an die Grafen von Werdenberg und wurde Residenz einer eigenen Linie Werdenberg-Trochtelfingen. Nach 1500 wurde die Stadt zu einer richtigen Festung mit dreifachem Mauerring und Bastionen ausgebaut; der massige Geschützturm und ein Turm am ehemaligen Oberen Tor sind eindrucksvolle Reste davon. Das Schloß vom Ende des 15. Jh.s, ein spätgotischer Steinbau mit hohen Staffelgiebeln und angefügtem Treppenturm mit Wappenportal, dient heute als Schulhaus. Nach dem Aussterben der Werdenberger 1534 fiel Trochtelfingen an Fürstenberg, 1806 kam es zu Hohenzollern.

Burg Veringen

Ein Buckelquadertor mit erhaltenem Fallgatterschlitz führt in die Burg auf einem Umlaufberg über Veringenstadt. Die anschließende Ringmauer mit Buckelquaderecken ist etwa 3 m dick und bis 9 m hoch erhalten. Sie umschließt noch zwei Seiten der Burgfläche, stadtseitig fehlt sie. Dort steht die romanische Burgkapelle, 1515 von der hier ansässigen Malerfamilie Strüb ausgemalt. Der Turm mit Resten der ursprünglichen Buckelquaderverkleidung übertrifft mit Seitenlängen von fast 16 m jeden anderen Burgturm im Bereich der Schwäbischen Alb bei weitem. Bei den Bausicherungsarbeiten 1978–1983 zeigte sich, daß der gewaltige Turm des 13. Jh.s durch Ummauerung eines Wohnturms des 11./12. Jh.s entstanden ist. Der Besucher kann sich an dem heute begehbaren Turmstumpf selbst davon überzeugen. Von der Innenbebauung der Burg hat sich sonst nichts erhalten, wahrscheinlich gab es neben dem Wohnturm keinen weiteren Wohnbau. Später wurde die aus dem Burgweiler entstandene Stadt Veringen durch Schenkelmauern mit der Burg verbunden.

Burggründer war wohl Graf Manegold von Altshausen († vor 1109), den die Zwiefalter Chronik zu 1092 nach Veringen benannte wie auch seinen 1109 bei Illertissen gefallenen Sohn Graf Walther von Altshausen. Denn nach den Keramikfunden muß die Burg, entgegen der bisherigen Annahme, schon im 11. Jh. entstanden sein. Der eingemauerte Wohnturm stammt vermutlich von dieser ersten Burg Veringen. Daß die Benennung der Grafen nach ihrem Herrensitz in Veringendorf erfolgte, ist weniger wahrscheinlich.

Besitz und Macht der Grafen von Veringen erreichten ihren Höhepunkt unter dem 1216–1267 urkundlich belegten Grafen Wolfrad II. von Veringen, dem durch eine Heirat Gammertingen und Hettingen zugefallen waren. Er gilt als Gründer der Städte Gammertingen, Hettingen, Veringenstadt und Riedlingen, auch eigene Münzprägungen der Veringer sind aus seiner Zeit bekannt.

Die Auseinandersetzungen der schwäbischen Grafen mit König Rudolf von Habsburg um die nach dem Ende der Staufer entfremdeten Reichsgüter brachten den Veringern 1291 den Verlust ihrer angestammten Burg und Grafschaft Veringen. 1415 starb mit dem unverheirateten Grafen Wölflin von Veringen das Geschlecht aus. Als Habsburger Eigen gelangte die Burg als Pfand an verschiedene Besitzer, zeitweise auch wieder an die Grafen von Veringen, bis sie 1460 erstmals als Burgstall bezeichnet wurde.

In **Jungnau** erinnert ein noch 18 m hoher Buckelquaderturm auf einem Hügel im Ort an die Burg der Herren von Jungingen, denen der Ort seinen heutigen Namen verdankt. Ursprünglich hieß die kleine Siedlung nach den 1200 erstgenannten Herren von Schiltau, Lehnsleuten der Herrschaft Gammertingen. Ihre Burg Schiltau auf einer Felskuppe im südlichen Ortsteil, 1423 schon Burgstall, hat nur geringe Spuren hinterlassen. 1316 verkauften die von Schiltau ihre Burg und Herrschaft an die von Jungingen (im Killertal), die neben Schiltau die 1333 erstmals erwähnte Burg Jungnau bauten. 1367 gelangte Jungnau an die Reischach, 1418 an die Werdenberger und nach deren Aussterben 1534 an die Fürstenberger. Unter ihnen wurde der Palas der Burg zum schloßartigen Amtssitz ausgebaut und mit dem Turm verbunden.

Als eindrucksvoller Zeuge der einstigen **Burg Jungnau** blieb der noch 18 m aufragende Buckelquader- Bergfried mit abgetrepptem Sockel, spitzbogigem Hocheingang in 10 m Höhe und einer schönen Fensteröffnung gegen den Burghof erhalten. Stilgerecht horsten heute Falken darin.

1842 wurde abgebrochen und umgebaut. Die heutige Schule entstand, stark zurückgesetzt, am Platz des Schloßbaus, das Pfarrhaus anstelle des wesentlich größeren Fruchtkastens, von dem noch Mauern mit Buckelquadern vorhanden sind. Am Turm wurden Fachwerkstock und Satteldach abgebrochen und der hochliegende Verbindungsgang zum Schloß vermauert. Am abweichenden Mauerwerk unter dem Fenster läßt sich die Stelle noch gut erkennen. Schon 1738 entstand die Ortskirche St. Anna am Platz einer älteren (Burg-?) Kapelle.

18

Hornstein – das „Zuchthausschloß“

Der Verfall der Ruine Hornstein ist nicht mehr aufzuhalten“ (Bingen damals und heute, 1987). Wer früher die Ruine Hornstein mit ihren umfangreich hochragenden Mauerteilen in sichtbarer Auflösung erlebt hat, muß den Mut des „Fördervereins Ruine Hornstein“ bewundern, der sich 1988 daranmachte, dem Zerfall Einhalt zu gebieten. Mit Unterstützung durch Landesdenkmalamt, Denkmalstiftung, Naturpark Obere Donau, Landkreis, Arbeitsamt, Arbeitslosenprojekte und die Gemeinde Bingen wird seither auf Hornstein gewerkelt, und die Beteiligten scheinen den langen Atem zu haben, das kühne Vorhaben zu einem guten Ende zu bringen.

Dabei werden nur „sanfte“, substanzschonende Sanierungsmethoden angewandt, Aufmauerungen bleiben auf das statisch bedingte Mindestmaß beschränkt, und geradezu pingelig werden bauliche Details erhalten. Wenn gar noch die geplante Dokumentation der Arbeiten und der dabei gewonnenen Erkenntnisse zustande kommt, kann Hornstein als beispielhaft geglückte Ruinensicherung gelten, wie sie auch heute leider keineswegs selbstverständlich ist.

1244 und 1247 erscheint Hornstein erstmals in den Urkunden, und der Fundkeramik zufolge kann die Burg nicht wesentlich früher entstanden sein. Von dieser ersten Anlage dürfte die in Resten erhaltene Schildmauer mit Buckelquaderecken stammen, die zusammen mit dem später zugeschütteten Graben die Burg auf dem Fels feldseitig abschirmte. 1363 saßen drei Familien der großen Hornstein-Verwandtschaft auf der Burg, eine bewohnte den bis 1510 noch öfters genannten „Turm“. Ob es sich dabei um den „alten Wasserturm“ handelt (Durchmesser fast 10 m, Wand knapp 2 m dick), in dem 1694 die Schloßkapelle eingerichtet wurde, oder um die etwas unsicher bezeugte Burgstelle am anderen Ende des einstigen Burgweilers Hornstein, bleibt unklar. Teilungen, Verkäufe, Rückkäufe und Besitz als Lehen Württembergs bestimmten die Geschichte der Burg über lange Zeit. 1693–99 entstand nach einem Teilabbruch das Neue Schloß, ein hoher Giebelbau, der die ganze Burgfläche bis zur Schildmauer einnahm.

Burgruine Hornstein. „Der Kern der Anlage, der alte Palas am Felsabsturz, ist fast rettungslos im Verfall begriffen und nicht ohne Gefahr zu betreten“ (Architekt W. Pfefferkorn, 1974)

1787 wurde Hornstein verkauft und die Burg vom neuen Eigentümer 1818 als Zuchthaus und Strafarbeitsanstalt des Fürstentums Hohenzollern-Sigmaringen eingerichtet. Hornstein war nun „Strafhaus für die zur Zuchthaus-Strafe verurteilten Verbrecher“ und Zwangsarbeitshaus für „Sträflinge, welche schwerer Polizei-Vergehungen sich schuldig gemacht haben“, sowie „fremde Landstreicher, und Gauner, welche auf müßigem Bettel, oder sonst verdächtig in dem Lande angehalten werden“.

Fluchtverdächtige und „gefährliche Züchtlinge“ wurden in die „Spandauer Fußeisen geschmiedet“ oder am Bein mit einer Kette an eine 24 Pfund schwere Kugel angeschlossen. Durch Spinnen, Stricken, Flechten und Bürstenmachen sollten die Sträflinge ihren Unterhalt selbst bestreiten. Holz- und Wassertragen, Waschen und Putzen, Garten- und Feldarbeit für die Anstalt und Straßenarbeiten kamen unberechnet dazu. Werktags wurde 14–15 Stunden gearbeitet, Pausen gab es nur für das Morgenbrot mit Kirchgang und das Mittagessen mit Hofgang. Die Kost bestand aus Brot und Suppe sowie einmal wöchentlich Gemüse und Fleisch. Bestraft wurde durch Essensentzug, Einzelhaft, „Einthürmung in ein Gefängnis“ und durch Stockstreiche in Gegenwart aller Sträflinge, die auch schon als „Willkomm“ und „Abschied“ angeordnet

Schloß Hornstein vor dem Abbruch 1873 in einer Rekonstruktionszeichnung. Talseitig anstelle der ehemaligen Burg das Neue Schloß von 1699 mit Burgkapelle, hohem Treppenturm und Wehrturm, die Vorburg mit Langem Bau, der 1725 geweihten Schloßkapelle, Torbau gegen Hornstein, Kornhaus, Schloßtor gegen Bingen, Zwinger und Schloßgarten.

Eine alte Fotografie, aufgespürt von einem Heimatforscher aus Bingen, zeigt **Schloß Hornstein** vor dem Abbruch 1873. Zu sehen sind (von links): Torbau, Rundkapelle und Langer Bau der Vorburg, Rest der querstehenden Schildmauer, Treppenturm, Neues Schloß mit Anbau und alter Burgkapelle.

sein konnten. – Hornstein war zum „Zuchthausschloß“ geworden.

Nach dem Übergang Hohenzollerns an Preußen wurde das Zuchthaus 1868 wegen hygienischer und sittlicher Mißstände aufgehoben. Die Freiherren von Hornstein-Grüningen kauften 1870 das Stammschloß ihres Geschlechts zurück und ließen es 1873 bis auf Torturm und Kapelle abbrechen.

Burg **Hertenstein** lag auf einem frei aus dem Talhang aufsteigenden Fels knapp 3 km südlich von Jungnau, wo sich das Laucherttal verengt und in ein verkehrsfreies Wandergebiet übergeht. Eine zum Burggraben umgestaltete Kluft trennt den Burgfels vom anschließenden Bergrücken. Der Gipfel bot bestenfalls Platz für einen Wohnturm; Mauerreste fehlen. Zugehörige Stall- und Scheunenbauten lagen vielleicht in dem nordwärts stark verbreiterten Burggraben. Daß ein solcher Wohnturm im ausladenden Fachwerkaufbau durchaus wohnlichen Raum bot, belegt die Zimmern-Chronik: „Es het der groß steinin stock am schloß ain hilzin haus darauf, in die rigel gemaurt und etliche schuch an allen orten ußgeladen. Es ist aber gleichwohl in sollichem werlichen stock kain gewelb gewest, sondern allain hilzin brüninen und deren etliche ob ainander, und hat man durch hülzin stegen von ainem soler zum ander uf oder ab künden kommen. Oben aber im rigelwerk, ob dem stock, so hat es die recht wonung sampt der kuchin gehapt.“

Bewohner der Burg waren die 1250 und 1254 erstgenannten Herren von Hertenstein, ritterliche Dienstleute der Grafen von Veringen. Ihre Stammes- und Wappengenossen waren die 1244 und 1247 erstgenannten Herren von Hornstein. Nach deren Aussterben (1390) und dem Verkauf des Burgstalls Hertenstein an die Stadt Sigmaringen (1449) nannten sich die verschiedenen Linien der Hertensteiner „von Hornstein genannt von Hertenstein“, später nur noch „von Hornstein“. Entstanden ist die Burg nach Ausweis der Fundkeramik schon im 12. Jh. und damit deutlich vor Burg Hornstein. Die uns bekannten Hertensteiner vom Stamm Hornstein waren deshalb wahrscheinlich nicht die Burggründer, sondern auf andere Weise zu Burg und Namen einer uns nicht überlieferten älteren Adelsfamilie Hertenstein gekommen.

Schatzberg

Inmitten weiter Wälder zwischen Bingen, Egelfingen, Billafingen und Wilflingen liegen auf einem Felssporn die ansehnlichen Reste der Burg Schatzberg. Sie wurde 1267 erstmals genannt, entstand nach den Keramikfunden aber schon im 12. Jh. Adlige von Schatzberg, wohl die Burggründer, waren bei ihrer Nennung im 13. Jh. Lehnsleute der Grafen von Grüningen, 1274 wurden sie letztmals er-

Der Platz der verschwundenen **Burg Hertenstein** ist heute ein schöner Aussichtspunkt über dem Laucherttal im Erholungsgebiet des Sigmaringer Stadtwaldes.

wähnt und sind danach vermutlich ausgestorben. Nach 1300 gelangte die Burg als Lehen Habsburgs an die von Hornstein, die eine eigene Linie Hornstein zu Schatzberg bildeten, die aber auch Sitze in Wilflingen und Friedingen hatte. Zunehmende Verkäufe, Fehden, Raufhändel und andere zweifelhafte Unternehmungen der unruhig-streitbaren Hornstein-Schatzberger kennzeichnen im 15. Jh. den Niedergang des Geschlechts.

Der urkundlich seit 1438 bezeugte Ritter Jos von Hornstein-Schatzberg, der Vorletzte des Geschlechts, war das, was wir heute als „Raubritter" bezeichnen. Zu seiner Zeit waren Gewalt und Fehden für einen Ritter weder ungewöhnlich noch ehrenrührig und die Grenzen zur reinen Räuberei fließend. Jos ging dabei aber offenbar zu weit. Nach Staßenüberfällen auf Leute des Bischofs von Augsburg vom Schatzberg aus wurde die Burg im Auftrag des Kaisers 1442 niedergebrannt. 1449 wurde Burg Hohenberg, die Jos als österreichisches Pfand innehatte, in einer Fehde mit Rottweil zerstört. 1459 geriet Ritter Jos in die Acht des Reiches und 1485 kam der unstet Umhergetriebene in Konstanz zu Tode. Als Hans Hödiö lebt er in der Sage weiter:

„Jedesmal, wenn in der Kirche zu Bingen zur Wandlung geläutet ward, wurde seine Leiche wieder aus der Erde herausgeworfen. Darum wurde sie dann in jenes entlegene Tal begraben, wo der Klang der Binger Glocken nicht gehört werden kann. Aber Hans Hödiö fand auch hier keine Ruhe. Er muß des Nachts ‚geistend' das Tal durchwandern. Wenn er Leute gewahr wird, ruft er mit jämmerlicher Stimme: ‚Hans Hödiö!' Das ist aber kein Schreckruf, sondern ein Ruf um Hilfe, um ein Gebet, auf daß er bald erlöst werde. Die bösen Buben suchen ihn herbeizulocken mit dem Schimpfvers:

Hans Hödiö
Hat Läus und Flöh,
's hot neamet meh,
Als der Hans Hödiö!"
(B. Stehle in seiner Beschreibung
Hohenzollerns von 1925)

Burg Schatzberg, wie sie vor der Zerstörung ausgesehen haben mag. Die Zeichnung zeigt den Bergfried mit angebautem Torhaus, den hochliegenden Palas, einen kleinen Zwinger und die Vorburg am Burggraben. Da der Bergfried mit seinen Buckelquaderecken aus der Mitte des 13. Jh.s stammen dürfte, bestand die frühe Burg Schatzberg vermutlich nur aus einem Wohnturm am Felsrand und einem Graben anstelle des späteren Burghofs.

19

Sigmaringen – das hochragende Fürstenschloß

Schloß Sigmaringen, dessen umfänglicher, vielgliedriger Baukörper sich imposant über der Stadt auftürmt, ist das Ergebnis einer langen und vielfältigen baulichen Entwicklung, die eng verwoben war mit einer bewegten Besitzergeschichte.

Erstmals erwähnt wurde Burg „Sigimaringin" 1077, als der Gegenkönig Rudolf von Rheinfelden beim Herannahen König Heinrichs IV. die Belagerung abbrechen mußte. Besitzer waren 1083 die Edelfreien von Sigmaringen-Spitzenberg, später die Grafen von Helfenstein-Spitzenberg (1183), die Grafen von Montfort (vor 1272), König Rudolf von Habsburg (seit 1290), die Grafen von Württemberg (seit 1325), die Grafen von Werdenberg (seit 1459) und seit 1535 die Zollerngrafen.

Unter den baulustigen Grafen von Werdenberg erhielt das Schloß im 15. und 16. Jh. schon die räumliche Ausdehnung, die es heute hat. An einen Mord wird der Besucher noch heute durch ein Relief am Schloßtor erinnert, das Graf Felix von Werdenberg als Sühne für seinen Mord an dem Grafen Andreas von Sonnenberg im Jahr 1511 anbringen ließ. Es zeigt eine Pieta, vor der Graf Felix in voller Rüstung barhäuptig kniet. Viel Gerede gab es um seinen Tod auf dem Reichstag in Augsburg, wo er sich wegen seiner Tat rechtfertigen sollte. Nach der Zimmern-Chronik soll ihm dort auf Befehl des Kaisers nachts unversehens das Haupt abgeschlagen worden sein. Bei der Beisetzung in Trochtelfingen habe man in dem verschlossenen Sarg sein Haupt hin- und herrollen hören.

Graf Christoph, der letzte Werdenberger, heiratete die Witwe des Grafen Eitelfriedrich III. von Zollern. Ihren Sohn Karl aus erster Ehe belehnte

Schloß Sigmaringen. „Die mit wertvollen Gemälden, Gobelins, Möbeln, Porzellan und Uhren ausgestatteten Säle und Salons vermitteln ein markantes Bild der Repräsentationsarchitektur und Wohnkultur einer fürstlichen Residenz im 19./20. Jh." (Museen und Galerien zwischen Neckar und Bodensee, 1991)

Die **Waffenhalle** im Schloß Sigmaringen mit der berühmten Sammlung von etwa 3 000 Hieb-, Stoß- und Schußwaffen, Rüstungen, Helmen und Kleingeschützen gilt als größte private Waffensammlung Europas.

König Ferdinand I. mit den Grafschaften Sigmaringen und Veringen. So gelangten die Zollerngrafen der Linie Zollern-Sigmaringen (seit 1576) in den Besitz des Schlosses. 1850 kamen die hohenzollerischen Fürstentümer an Preußen; 1944/45 war das Schloß Sitz der aus Frankreich geflohenen Vichy-Regierung mit dem später zum Tod verurteilten Marschall Pétain.

Die bauliche Entwicklung, mit schweren Einschnitten durch Brände 1539, im Dreißigjährigen Krieg (1633) und 1893, läßt sich gliedern in den Burgbau der salischen und staufischen Zeit, von dem der Buckelquader-Bergfried und weitere Buckelquaderteile der Tor-, Ring- und Vorhofmauer stammen, in den Umbau zum Schloß unter den Grafen von Werdenberg und den in vielen Schritten erfolgten Ausbau zur fürstlichen Residenz der Hohenzollern.

In dieser dritten Bauperiode entstanden das Gebäude zwischen den beiden westlichen Tortürmen und dem alten Bergfried sowie der neben dem Schloß stehende Kirchturm. Der Baumeister Hans Alberthal aus Dillingen wandelte die Burg durch umfangreiche Um- und Neubauten in ein Renaissance-Schloß um. Kaum waren die Bauarbeiten beendet, überfiel im Dreißigjährigen Krieg ein Trupp schwedischer Reiter Sigmaringen und setzt den oberen Teil des Schlosses in Brand. Der Wiederaufbau, der erst 25 Jahre später eingeleitet werden konnte, wurde dem Baumeister Michael Beer aus dem Bregenzer Wald übertragen. Er bemühte sich um weitgehende Übereinstimmung in den Grundrissen mit dem ursprünglichen werdenbergischen Bau. Eine durchgreifende Neugestaltung erfuhr das Schloß nach dem großen Brand 1893 durch den Münchener Architekten von Seidl (1899–1906).

Der Besucher kommt durch das Schloßtor und die überwölbte Auffahrt zum Burgtor mit dem Buckelquader- Bergfried. Vom Schloßhof geht es durch Eingangshalle und Treppenhaus zu den Salons, zum Speisesaal, dem Miniaturen-Durchgang, durch Ahnensaal und Königszimmer zur Portugiesischen Galerie, dem Festsaal des Schlosses mit wertvollen flämischen Gobelins. Durch die Hubertushalle mit den Jagdtrophäen gelangt man in die Waffenhalle, für viele Besucher der eigentliche Höhepunkt der Führung.

Das Schloß kann von Februar bis November besichtigt werden. Der außerhalb gelegene Galeriebau mit einer bedeutenden Sammlung süddeutscher Tafelmalerei und einer vor- und frühgeschichtlichen Sammlung ist leider nur nach Vereinbarung für Gruppen zugänglich. Im Marstallmuseum am Fuß des Schloßbergs sind Kutschen, Sänften und Schlitten zu sehen.

20

Felsburgen hoch über der Donau

Verwegener als **Gebrochen Gutenstein** hat schwerlich eine Albburg ihren Platz gewählt. Auf einer Felsspitze im Steilhang über der Donau ragt eine 12 m lange Mauer mit Buckelquadern noch 8 m hoch empor. Mauerreste am Felsfuß, eine verebnete Siedlungsfläche im Hang unter der Burg und Grabenreste des Wirtschaftshofs auf der Hochfläche darüber zeigen, daß das unzugängliche Bauwerk auf der begrenzten Felsfläche, wohl eine Art Wohnturm, nur ein Teil der Burg war.

Die 1354 erstgenannte Burg war österreichisches Lehen der von Reischach und von Gundelfingen, dazwischen Pfandbesitz der von Stuben. Sie wurde dabei als Neu-, Nieder- oder Untergutenstein bezeichnet. Die Keramikfunde weisen auf eine Entstehung der Burg um 1200, 1410 ist sie Burgstall, 1659 heißt sie erstmals Gebrochen Gutenstein. Die Namen der Burg zeigen, daß sie in Zusammenhang mit dem Adelssitz in Gutenstein und der benachbarten Burg Burgfelden – der wahrscheinlichen Burg Gutenstein – gesehen werden muß. Zwar wird 1212 Adel von Gutenstein und 1306/07 eine Burg Gutenstein genannt, doch wissen wir nicht, welche der drei Burgen gemeint und damit wohl die Stammburg ist.

Burg Dietfurt muß schon im 11. Jh. entstanden sein, denn Edelfreie von Dietfurt treten 1095 bei der Stiftung des Klosters Alpirsbach als Zeugen auf, und in der Zwiefalter Chronik von 1138 werden Angehörige des Geschlechts als Wohltäter des Klosters genannt. Ab 1132, die Gründerfamilie war inzwischen ausgestorben, erscheint die Burg als Reichslehen in der Hand wechselnder Besitzer, spä-

Fast 100 m steil über der Donau liegen die Reste der in aufwendiger Buckelquaderbauweise errichteten Burg **Gebrochen Gutenstein** so kühn auf einer so unzugänglichen und so wenig Platz bietenden Felsspitze, daß man mehr übersteigerte Geltungssucht als angemessenes Sicherheitsstreben dahinter vermuten möchte.

Burgruine Dietfurt. Mitten im Tal, auf steilem Fels über der Donau, steht der Bergfriedstumpf mit schön erhaltenem Hocheingang und Buckelquadern aus der Mitte des 13. Jh.s. Unter der Burg lag ein Kultraum der Neutempler von 1929 in einer Höhle, in der seit 1971 eine lückenlos erhaltene Schichtfolge mit Funden vom Ende der Eiszeit bis zum Mittelalter ergraben wird.

ter als Lehen der Nellenburger im Besitz der Herren von Reischach, und schließlich gelangt sie über die Grafen von Werdenberg an das Haus Fürstenberg. Der Abgang der Burg, so unsicher wie vieles an der Besitzergeschichte, wird für das 15. Jh. angenommen.

Falkenstein

Gegenüber von Neumühle liegt hoch über der Donau die Burg Falkenstein. Vom Tal aus kann man in halber Hanghöhe den Felsturm von Unterfalkenstein sehen, Oberfalkenstein auf dem felsigen Kamm der Höhe hat keine Blickverbindung mit dem Tal.

Die umfangreiche Ruine **Oberfalkenstein** ist seit der 1989 abgeschlossenen Grabung und baulichen Sicherung über eine Stahltreppe am Platz eines abgegangenen Turmes zugänglich. Über die ovale Burgfläche mit hoch erhaltenen Mauern ragt im Norden ein bastionartiger „Geschützturm" hinaus, im Süden ein rechteckiger Torturm, zu dem die Treppenrampe des einstigen Zugangs aus der Vorburg führt. Als eigentliche Ritterburg kann Oberfalkenstein nicht gelten, denn sie wurde von den Grafen von Zimmern durch grundlegende Umgestaltung der in baufälligem Zustand erworbenen alten Burg erst zwischen 1516 und 1545 erbaut. Da zu dieser Zeit Burgen wehrtechnisch längst überholt waren – Württemberg baute etwa zeitgleich seine Landesfestungen –, haben wir in der Anlage eine bauliche Rückbesinnung, eine Art „Nostalgieburg" vor uns.

Nach den Grabungsfunden entstand Oberfalkenstein ungefähr um 1200. Herren von Falkenstein, die dem Donau-Falkenstein sicher zugeordnet werden können, erscheinen 1255 und 1257 in Urkunden des Klosters Salem. Von den späteren Falkensteinern mit dem Beinamen „Hasenbein" kam die Burg als Lehen der Grafen von Lupfen an die Herren von Magenbuch, die seit 1367 auch Unterfalkenstein besaßen. Durch Verkauf gelangten beide Burgen 1390 an die von Bubenhofen und 1516 an die von Zimmern, erbweise 1594 an die Grafen von Helfenstein und 1627 an das Haus Fürstenberg. 1631/32 wird die Burg als unbewohnbar bezeichnet.

Unterfalkenstein liegt auf einem kühn aufschießenden Felsturm im Talhang, nur 100 m von der oberen Burg entfernt. Durch Aufmauerungen wurde eine Burgfläche von etwa 15 m Durchmes-

„Falkenstein" hieß das sturmfreie Felsnest hoch über der Donau, zutreffend wie kaum sonst bei den vielen Burgen dieses beliebten Namens. Fast peinlich bei so einer Stammburg, daß die letzten Ritter von Falkenstein den Beinamen „Hasenbein" führten.

Burg Dietfurt, wie sie – nach den Resten und Spuren einstiger Mauern zu schließen – im Spätmittelalter etwa ausgesehen haben könnte. Das Aussehen der Gründungsanlage im 11. Jh. läßt sich nicht mehr ermitteln, vermutlich bestand sie aus einem Wohnturm auf der Felsspitze.

ser geschaffen. Ein aufgehendes Mauerstück mit einer vom Tal aus sichtbaren großen Öffnung und ein grabenseitiger Schutthaufen sind einzige Überbleibsel der Burggebäude. Der Zugang führte vom Berg her über eine Felskluft zu einer kleinen Vorburg und über eine zweite Kluft zur Burg.

In Urkunden des 14. Jh.s erscheint Unterfalkenstein als selbständige Burg mit eigenem Zubehör (1367: „die niedere Burg Valkenstain mit aller Zugehörde", 1390: „die untere Valkenstain mit Leuten und Gütern"), die zeitweise andere Lehnsinhaber hatte als die obere Burg. 1407 wird sie als Burgstall bezeichnet, sie war also nicht mehr bewohnbar. Die Fundkeramik datiert die Burggründung in die Mitte des 12. Jh.s. Danach war Unterfalkenstein die ältere Burg und damit die namengebende Stammburg der adligen Familie von (Donau-) Falkenstein.

Burg Hausen

Die Ruine auf dem steilwandigen Fels eines Höhensporns über Hausen wird durch einen Felsgraben und eine tiefe Kluft von der Hochfläche abgeschnitten. Ein kleines Vorwerk zwischen den Gräben hat Reste der Ummauerung und Spuren eines Gebäudes hinterlassen. Die langgestreckte Kernanlage zeigt hochragende Mauerteile an der Spornspitze, Spuren der Randbebauung und Reste eines starken Buckelquader-Bauwerks am Zugang. Auf der Hochfläche befanden sich der Wirtschaftshof im Bereich des heutigen Forsthauses und ein „Schloß" (wohl des 16. Jh.s) mit Nebengebäuden innerhalb der noch vorhandenen Hof- und Gartenmauern. An der Hangkante 200 m östlich davon steht ein kleiner Turm ohne Dach mit ebenerdigem Zugang. Sein Zweck konnte bislang nicht geklärt werden, doch weisen die Baumerkmale ihn eher dem Schloß als der Burg zu.

Burgruine Hausen in schwindelnder Felslage bietet einen herrlichen Blick auf das Donautal und auf die gegenüberliegende Felsgruppe mit der einstigen Burg Lägelen. Links der ehemalige Wirtschaftshof.

Unserer Burg und nicht dem Dorf oder anderen „Hausen"-Orten werden die 1094 erstgenannten Edelfreien von Hausen zugeordnet, obgleich die Fundkeramik eine so frühe Entstehung der Burg nicht bestätigt. Nicht hierher gehören der Minnesänger Friedrich von Hausen und der Mitgründer des Klosters Alpirsbach, Routmann von Hausen. Seit 1256 nennt sich ein Zweig der niederadligen Herren von Ramsberg nach der Burg. In einer Auseinandersetzung mit diesen Herren von Hausen läßt Württemberg ihnen 1470 die Burg gewaltsam wegnehmen, die sie erst nach 1521 wiedererlangten. Nach ihrem Aussterben 1648 kam

Schloß Hausen über wechselnde Besitzer 1803 an Baden und wurde auf Betreiben des Amtmanns ohne Not 1813 abgebrochen.

Werenwag

Leuchtend weiß auf hohem Felssporn ist Burg Werenwag Zierde des Donautals und Inbegriff einer Ritterburg, auch wenn das meiste der reizvoll abgetreppten Schloßgebäude vom Ausbau im 17. und 18. Jh. herrührt und nach dem Brand 1891 und dem schweren Erdbeben 1911 weitere Änderungen erfuhr. Sicher mittelalterlich sind der Bukkelquaderturm (mit jüngerem Staffelgiebelaufsatz) am Burgzugang, der Buckelquaderunterbau des grabenseitigen Flankierungsturmes und die feldseitige Ringmauer mit eingestreuten Buckelquadern.

Aus der Baugeschichte Werenwags ist bemerkenswert, daß es im Gegensatz zu den meisten Burgen im 17. Jh. keine Zisterne mehr gab, sondern fließendes Wasser. Nach einer Urkunde von 1631 war ein aus Messing gegossenes Stampfpumpwerk vorhanden. Mit diesem wurde aus dem Weiher von Langenbrunn, der wiederum aus dem Schmittenbrunnen gespeist wurde, Wasser in den Vorhof befördert, in dem ein Brunnenhaus stand. Das Werk verschlang riesige Geldsummen. Da der Schmittenbrunnen Eigentum des Klosters Beuron war, entstand immer wieder Streit, der aber auch zu ergötzlichen Zwischenfällen führte. So wird berichtet, daß im Jahr 1677 anläßlich einer Einladung der damalige Schloßherr Friedrich von Laubenberg dem Probst von Beuron einen vergoldeten Pokal überreicht habe, der mit Wasser vom Schmittenbrunnen gefüllt war und den dann alle Anwesenden zum Zeichen der Eintracht leerten.

Ob die 1075 erstgenannten Edelfreien von First (bei Öschingen), die 1092 und 1095 mit Gütern bei Beuron und im Bäratal erscheinen, Gründer der Burg waren, ist strittig. Nach der Fundkeramik entstand die Burg im 12. Jh. Seit 1216 sind niederadlige Herren von „Werbinwac" nachweisbar, die als Stammesverwandte der seit 1197 genannten Herren von Wehingen deren Wappen und Leitnamen (Hugo und Albert) führten und wie diese Hohenberger Lehen, nach 1381 Lehen Österreichs, innehatten. Bekannt wurde das Geschlecht durch den 1258 und 1279 bezeugten Minnesänger Hugo von Werenwag, von dem uns sechs Lieder in der Manesse-Handschrift überliefert sind. Nach 1500 gelangte Werenwag als Lehen Österreichs, seit 1721 als Eigengut, über mehrere Besitzer 1830 an das Haus Fürstenberg. Es dient heute als Wohnsitz und ist deshalb für Besucher leider nicht zugänglich. – Der Sage nach soll die wegen falscher Eide ruhelose Seele eines früheren Burgvogts auf Werenwag umgehen und bei nächtlichen Begegnungen die Menschen erschrecken.

Schloß Werenwag im Donautal.
„Freudenreicher, süßer Mai,
du sollst uns willkommen sein.
Schöne Blumen mancherlei
bringet uns dein heller Schein.
Hast die Welt so schön erneut,
hast befreit Vögelein."
(Hugo von Werenwag)

21

Feste Wildenstein – Herberge der Jugend

Nördlich von Leibertingen, 200 m über der Donau, steht die mächtige und guterhaltene Feste Wildenstein, von der heute die Jugend Besitz ergriffen hat. Das Deutsche Jugendherbergswerk hat sie nach dem Erwerb (1971) zur Jugendherberge ausgebaut und vorbildlich das Alte mit dem Neuen verbunden. Aus den Festungsbauten sind Schlaf- und Aufenthaltsräume geworden, im einstigen Palas ist die Burgschenke untergebracht, und der weiträumige Burghof bietet Platz für das bunte Durcheinander aus Schulklassen, Wandergruppen und Besuchern vom nahen Parkplatz her.

Mit den seit 1168 bezeugten Herren von Wildenstein und ihrer nur einen Steinwurf weit entfernten Burg hat die jetzige Anlage nichts zu tun. Vermutlich durch Heirat waren die 1263–1317 hier genannten Edelfreien von Justingen Besitznachfolger der ausgestorbenen Wildensteiner geworden. Sie dürften die erste Burg am Platz der heutigen Feste Wildenstein erbaut haben, nach den Keramikfunden wohl im späten 13. Jh. Daraus erklärt sich das Fehlen von Buckelquadern an Burg und Feste Wildenstein. Den Justingern folgten wechselnde Besitzer, wobei Burg und Herrschaft zeitweise geteilt waren.

1397/98 brachten die Freiherren (seit 1538 Grafen) von Zimmern die Burg teils als Lehen, teils zur Verwaltung an sich, 1415 wurde die ganze Burg ihr Eigen. Sie bot dem seit dem Erwerb von Meßkirch (1354) überwiegend dort sitzenden Geschlecht Zuflucht in der Werdenberger Fehde (1489–1503), vor der Pest (1518/19), vor Unruhen im Bauernkrieg (1525) und im Fürstenkrieg gegen den Kaiser (1552), in dem auch Klöster und Edelleute der Umgebung ihre Wertsachen auf die Feste flüchteten. Zwischen 1520 und 1550 ließ Gottfried Werner von Zimmern (1484–1554) mit unerhörtem Aufwand anstelle der alten Burg eine Feste errichten, die als uneinnehmbar galt. Daß sie tatsächlich nie erobert wurde, lag aber eher an ihrer strategischen Bedeutungslosigkeit im abgelegenen Donautal, das ja erst 1850 eine durchgehende Straße erhielt.

Vom Leben auf Burg Wildenstein haben wir ein facettenreiches Bild wie von sonst keiner Burg der Schwäbischen Alb. Darin fehlt nicht ein Brand auf der Burg, die knappe Abwehr eines feindlichen Überrumpelungsversuchs, der Mordanschlag des Werdenbergers von hier aus, ein Streit, bei dem beinahe ein von Zimmern seinen Vater erstochen hätte, das Leimkochen aus alten Urkunden (!), der Verrat durch einen Diener, die Sorge mit einem illegitimen Sohn, eine Gespenstererscheinung und eine bunte Fülle von allerhand „wunderbarlichen, seltzamen, lecherlichen und schimpflichen handlungen, hendeln, schwenken, spenn und bossen". Dies verdanken wir der 1564–66 entstandenen Zimmern-Chronik, dem 2 000-Seiten-Werk des Grafen Froben Christof von Zimmern, der sich mit dieser beispiellosen Fundgrube zur Reichs-, Kloster-, Adels- und Kulturgeschichte des süddeutschen Raumes im Spätmittelalter ein unvergängliches Denkmal geschaffen hat.

Burg Wildenstein hoch über der Donau hat fast unverfälscht das Aussehen bewahrt, das sie beim Ausbau zu einer Feste durch Graf Gottfried Werner von Zimmern 1520–1550 erhalten hatte.

Im Jahr 1594 erlosch das Geschlecht derer von Zimmern im Mannesstamm. Acht überlebende Schwestern des letzten Namensträgers veräußerten die Burg und Meßkirch an die Grafen von Helfenstein-Gundelfingen. Nach dem Aussterben dieser Familie fiel sie 1627 erbweise an die Fürstenberger, die Meßkirch zu ihrer Residenz machten. Im Dreißigjährigen Krieg wurde 1642 die Feste Wildenstein durch streifende Reiter vom Hohentwiel im Handstreich genommen, weil die einzige Wache vor geöffnetem Tor spazierenging, während die restliche Besatzung zur Messe nach Meßkirch geritten war. Ein bayerischer Trupp vertrieb die Schweden zwar wieder, aber die Feste wurde erst nach dem Krieg zurückgegeben.

Nach der Verlegung der fürstenbergischen Residenz nach Donaueschingen 1744 wurde der Wildenstein 1745 als Staatsgefängnis und 1770 als Zeughaus aufgegeben. Daß die Feste trotzdem weiter instand gehalten wurde, hat einen wenig schönen Grund. 1658 konnten die Fürstenberger durch gute Beziehungen in Wien durchsetzen, daß Wildenstein als „importanter Platz" für das Reich eingestuft wurde, dessen Baulast und Garnisonskosten Stadt und Landschaft Meßkirch durch eine Sondersteuer zu tragen hatten. Alle Einwendungen, Proteste und Prozesse gegen die ungerechtfertigte Entscheidung nützten nichts, erst 1837 gelang es, die drückende Belastung abzuschütteln. Immerhin blieb so eine interessante Anlage des 16. Jh.s weitgehend unverändert erhalten.

Altwildenstein, die namengebende Stammburg Wildenstein, in einer Rekonstruktionszeichnung von Christoph Stauß, nach der die Burg einst eine beeindruckende Anlage gewesen sein könnte.

Auf einer ehemaligen Zugbrücke kommt der Besucher über den ausgemauerten Graben zur Vorburg mit 74 m langem Wehrgang auf der 3 m starken Schildmauer mit zwei flankierenden Geschütztürmen. Über den schluchtartigen Hauptgraben führt eine Brücke (einst Zugbrücke) zur Kernburg, die feldseitig durch Kommandantenturm und Hauptbastion mit 7–14 m dicken Mauern gegen Artilleriebeschuß geschützt war. Von diesem Hauptbollwerk führen gedeckte Wehrgänge zum rückwärtigen Palas. Die Burgkapelle von 1536/37 enthält den berühmten Wildenstein-Altar des Meisters von Meßkirch (Original in Donaueschingen) mit einer Darstellung des Grafen Gottfried Werner von Zimmern, dem Schöpfer der Feste Wildenstein.

Altwildenstein, die namengebende Stammburg Wildenstein, liegt am Wanderweg vom Wildenstein ins Donautal auf dem äußersten Fels der Bergecke. Der ursprüngliche Zugang zur Burg führ-

te aus der grabenartigen Kluft über ein schmales Felsband zur talseitig geschützt gelegenen Unterburg mit Hof und Steinbauten, von dort steil aufwärts zur Hauptburg. Vom Wohnbau auf der Felsspitze sind geringe Mauerreste mit zwei Buckelquaderecken und eine Zisternengrube erhalten.

Burggründer waren die 1168 und 1174 in Urkunden des Klosters Salem erstmals genannten Herren von Wildenstein. Die bisher in der Literatur angegebene Erstnennung der Burg Wildenstein von 1077 ist zu streichen, sie beruht auf einer Urkundenfälschung des Klosters Beuron. Nach der Fundkeramik entstand die Burg im 12. Jh. und wurde nach der Mitte des 13. Jh.s verlassen.

Burg Hexenturm war wie der benachbarte Hahnenkamm eine weitere Burg der 1168 erstgenannten Herren von Wildenstein. Der rundum wandsteile Felsturm der oberen Burg ist nicht begehbar, aber von einer etwas höherliegenden Felsrippe aus bequem einzusehen. Die durch eine gewinkelte Futtermauer (mit Buckelquadern) vergrößerte Gipfelfläche trug eine kleine Burg, von der noch ein Keller mit Lichtscharte, eine aufgehende Mauer, Balkenlöcher und ein Zisternenschacht zu erkennen sind.

Der Sage nach waren hier Hexen eingesperrt. „Als die Brücke, die einmal hinüberführte, zusammenbrach, mußten die armen Frauen elende umkommen.“ Am talseitigen Felsfuß sind Mauerreste der Unterburg und einer kleinen Höhlenburg erhalten. Auf die obere Burg führte einst eine lange Felstreppe, deren Reste auf einem talseitigen Felsband von Franz Frey wiederentdeckt wurden.

Nach der Fundkeramik, die leider keine Unterscheidung der drei Burgteile auf, in und unter dem Felsturm zuläßt, entstand die Burg im 12. Jh. und bestand wahrscheinlich bis Ende des 14. Jh.s. Möglicherweise beziehen sich die Besitzteilungen, von denen wir aus Urkunden vom Ende des 14. Jh.s wissen, auf Burg Hexenturm als einen der Teile des Wildensteins. – Der Hexenturm liegt (schlecht zugänglich) im Steilhang unterhalb von der Pferdekoppel zwischen Parkplatz und Burg Wildenstein.

Burg Hexenturm auf der durch eine Buckelquadermauer vergrößerten Gipfelfläche eines Felsturms im Steilhang über der Donau. Von der Unterburg mit kleiner Höhlenburg am talseitigen Felsfuß (bei der Fichte) führte eine Felstreppe zur oberen Burg hinauf.

22

Höhlenburgen im Naturpark Obere Donau

Höhlenburgen waren noch vor wenigen Jahren auf der Schwäbischen Alb unbekannt, inzwischen konnten acht solcher Adelssitze in befestigten Höhlen aufgefunden werden. Meist liegen sie in wenig tiefen Höhlen mit hochliegendem, weitem Eingang, den eine Mauer, manchmal mit Fachwerkaufsatz, verschloß. In den Fels gehauene Balkenlöcher weisen auf hölzerne Einbauten und mehrgeschossige Nutzung des Höhlenraumes hin. Ofenkachelfunde bestätigen die Höhlenburgen als Dauerwohnsitze, aufgelesene Hufnägel belegen die Pferdehaltung. In einigen Fällen läßt sich zugehöriger Adel nachweisen, in anderen wahrscheinlich machen.

Höhlenburg Weiler

In einer Donauschlinge zwischen Thiergarten und Gutenstein liegt der Tiergartenhof mit der Georgskapelle, die 1275 Pfarrkirche des abgegangenen Dorfes Weiler war. Die Zimmern-Chronik berichtet von diesem Ort, seinem Adel und dessen Burg in einer Höhle: „Ich kann nit underlassen, zu vermelden des Weilers halb an der Tonaw, das ist vor jaren ain aigens geschlecht gewest und hat ain aignen adel gehapt ... Iren sitz und wonung ist gewest in ainem holen felsen ob dem Weiler an ainer gehen wandt, das man mit mühe kan hinauf kommen. Man hats ainest für sturmfrei geachtet, als es auch noch dieser zeit mit geringem wider mögte darzu gebracht werden. Ob demselbigen burgstall ist der felsen so gehe und hoch, als ob er mit ainer scheren wer beschnitten worden ..."

Die dreischiffige Georgskapelle, „die kleinste Basilika nördlich der Alpen", war einst die Pfarrkirche der abgegangenen Ortschaft Weiler. Adel von „Wyler ob der Tonaw" bewohnte im 12. und 13. Jh. eine **Höhlenburg**, deren gähnend weite Öffnung in der Felswand über Donau und Talstraße zu sehen ist.

Von der genannten Höhlenburg sind noch Reste der starken Frontmauer und der Stützmauer eines Vorplatzes sowie künstliche Felsabsätze, Balkenlöcher und eine Felstreppe erhalten. Der zugehörige Adel wird in der Zwiefalter Chronik von 1138 mit Besitz im nahegelegenen Vilsingen erwähnt. Die 1367 und 1434 bezeugten Adligen von Weiler saßen nicht mehr in ihrer Stammburg, denn nach Ausweis der Fundkeramik wurde die Höhlenburg Weiler im frühen 14. Jh. aufgegeben. Durch den Verlauf der Talstraße zwischen Donau und der einst fast unzugänglichen Höhlenburg hat diese sehr an Wirkung verloren, ist dafür aber für Besucher leicht zu erreichen.

Höhlenburg Schmeien

Halbwegs zwischen Ober- und Unterschmeien, wenig über der Straße, zeigt ein Fels ein großes Höhlenloch, in dem einst die Burg des Adels von Schmeien lag. 4 m über dem Waldboden öffnet sich in der senkrechten Felswand eine nur 4–6 m tiefe Höhle von stattlicher Breite und Höhe. Verschlossen war sie von einer 13 m langen Frontmauer, die aus Mörtelresten und einem Felsabsatz erschlossen werden kann. Ein ausgehauenes Balkenloch in reichlich 3 m Höhe kann als Beleg für die zweigeschossige Nutzung der etwa 7 m hohen Höhle gelten.

Edelfreie von Schmeien („Smiehun") werden nur einmal in einer Niederschrift des Klosters Gengenbach zu 1137 genannt; nach den Keramikfunden entstand ihre Burg in der ersten Hälfte des 12. Jh.s. 1334 wird Burg Schmeien („Smyehen") im Besitz der Grafen von Hohenberg erwähnt, die Familie des Burggründers war zu dieser Zeit vermutlich schon ausgestorben. Die Hohenberger verkauften 1339 das Dorf (Ober-) Schmeien, 1342 Burg und Mühle an die Herren von Jungingen. Beim nächsten Verkauf 1346 werden wieder Dorf und Mühle genannt, nicht aber die Burg, die sich demnach schon in Abgang befand. Auch bei den weiteren Nennungen des Ortes 1391, 1397 und 1408 wird die Burg nicht mehr erwähnt. Als Grenzmarke in einer Wildbannbeschreibung aus dem Jahr 1362 erscheint die Burg zwar nochmals, daß sie damals noch bewohnt oder bewohnbar war, kann daraus aber nicht abgeleitet werden. Da nach den Keramikfunden die Burg spätestens im 14. Jh. abging, dürfte ihr Ende noch vor der Mitte dieses Jh.s anzusetzen sein, obwohl Nennungen als Burgstall erst von 1461 und 1497 vorliegen. Die in der Literatur übliche Zuordnung der Burg Schmeien zum Flurname „Burgstall" nördlich über Unterschmeien ist falsch, eine Burg gab es dort nicht.

Blick aus der **Höhlenburg Weiler** auf Talstraße, Donau und Tiergartenhof mit der Georgskapelle am Platz des ehemaligen Dorfes Weiler. In der Höhle sind verebnete Felsabsätze – vermutlich Balkenlager mehrgeschossiger Einbauten – und Reste einer schmalen Felstreppe zu erkennen.

Schwer tun sich Leute vom Fach mit den neu entdeckten Höhlenburgen: Der eine will diese, der andere jene nicht gelten lassen, der dritte kann sie nur als „niederadlige Wohnstrukturen“ akzeptieren. Daß ein düsteres Felsloch in einem Nordhang wie hier die **Ziegelhöhlenburg** Dauerwohnsitz von Edelfreien war, paßt so gar nicht in die geläufige Vorstellung von der Ritterzeit.

Die **Petershöhle** im Petersfels liegt im rechten Talhang etwas donauabwärts vom Kloster Beuron. Am Fuß des Felskegels mit dem großen Gipfelkreuz führt eine Holztreppe etwa 5 m hinauf zur Höhle. Hinter dem weiten Eingang öffnet sich eindrucksvoll eine ovale Halle von der Größe eines dreistöckigen Hauses. Die Frontmauer besteht aus metergroßen, unregelmäßig aufgetürmten Bruchsteinen und geht im oberen Teil in kleinteilig vermörteltes Bruchsteinmauerwerk über, das auch einen kanzelartigen Vorbau am Mauerende noch kniehoch umschließt. Ein Deckenfenster gab der Wehranlage Licht, ohne sie zu gefährden.

Die Fundkeramik enthält neben zahllosen Scherben der Bronze-, Kelten- und Römerzeit auch Stücke der Geschirr- und Ofenkeramik des 12. und 13. Jh.s. Sie belegen trotz ihrer geringen Zahl zusammen mit den Baubefunden die Nutzung der Höhle als mittelalterliche Wehranlage. Da weitere Hinweise auf einen Adelssitz fehlen, ist die Petershöhle auch als eine befestigte Zuflucht des nahen Klosters Beuron denkbar.

Ziegelhöhlenburg

Eine teils hüfthohe, 24 m lange Mauer vor einer nischenförmigen Felsaushöhlung im unzugänglichen Steilhang über der Donau ist alles, was von der Höhlenburg bei der Ziegelhöhle ins Auge fällt. Doch auch die tiefere Höhle daneben mit weitem Höhlentor über einer Felsstufe war Teil der Höhlenburg. Spärliche Reste einer gemörtelten Frontmauer und mehrere in den Fels gehauene Balkenlager belegen, daß die düster und wenig einladend wirkende Höhle als befestigter Wohnplatz diente. Zahlreiche Scherben der Geschirr- und Ofenkeramik, Hufnägel und eiserne Bolzenspitzen bestätigen diese Einschätzung. Die älteste mittelalterliche Keramik von den beiden Höhlen stammt aus dem 12., die jüngste aus dem späten 13. Jh.

Burggründer könnte ein Angehöriger der 1089 erstgenannten Edelfreien (?) von Fridingen gewesen sein; schriftliche Überlieferungen zur Burg fehlen. Vermutlich geht die 1544 erstbezeugte „Ziegelhütte“, heute eine Hofgruppe mit kleiner Kapelle, auf den Wirtschaftshof der einstigen Burg zurück. – Erreicht wird die Doppelhöhle von der Ziegelhütte aus über einen Pfad, der am Waldrand vom Talsträßchen abzweigt und unterhalb der Ziegelhöhle zur Ziegelhöhlenburg führt.

23

Im Wanderparadies um die Donauversickerung

Kallenberg
Wo zwischen Fridingen und Kloster Beuron der schönste Teil des wildromantischen Durchbruchtals der Donau durch die Schwäbische Alb allein den Wanderern gehört, liegt hoch über dem Tal auf dem Felsgipfel einer Bergkuppe die Ruine Kallenberg. Prunkstück der Anlage ist der 14 m hohe Bergfried mit Hocheingang und einem Rest des rundbogigen Burgtors. Er besteht unten aus hervorragendem Buckelquadermauerwerk, weiter oben – nun aus Kalktuff statt aus Massenkalk – nur noch aus glatten Quadermauern mit einzelnen Buckelquadern und zuoberst aus schlichtem Bruchsteinmauerwerk. Dieser gelegentlich an Burgen zu beobachtende Wechsel der Bauausführung mag von einer Bauunterbrechung, vom Wechsel des Bauherrn oder schwindender Finanzkraft der Burgherrschaft herrühren – verläßlich nachweisen läßt sich das meist nicht.

Die in hochragenden Teilen erhaltene Ringmauer war ursprünglich ebenfalls mit Buckelquadern verkleidet, einige davon können in Zweitverwendung an den Mauerresten des 1903 abgebrannten Oberhofs, des ehemaligen Wirtschaftshofs der Burg, beobachtet werden. Die rückwärtigen Ringmauerabschnitte aus Kleinquadermauerwerk stammen möglicherweise von einer Vorgängeranlage auf dem felsig erhöhten Burgteil am Aussichtspunkt. Nach der Fundkeramik entstand Burg Kallenberg im späten 12. Jh., merklich früher als das (z. Zt. angenommene) Aufkommen der Buckelquader in unserem Raum.

Buckelquader, davon war in der Einleitung schon die Rede, gehören zur Architektur der Stauferzeit. Die Frage nach Ursprung und Zweck der Buckelquader, die ein unverwechselbares Bauelement der Wehrbauten der Stauferzeit sind, ist nicht eindeutig zu beantworten. Jedenfalls belebten Buckelquader die Burgmauern und verliehen ihnen monumentale Wirkung.

Ein gut gearbeiteter Buckelquader-Bergfried wie hier an der **Ruine Kallenberg** war nicht nur in spätstaufischer Zeit der Glanzpunkt einer Ritterburg, auch heute noch schmückt er eine Burgruine und macht sie gleichsam zum Wallfahrtsort der Burgenfreunde.

Kallenberghöhle in einer Felswand dicht bei der Burg. Wegen der geringen Größe galt sie trotz der starken Frontmauer mit Sperrbalkenloch nicht als Dauerwohnplatz. Doch die Lesefunde lassen keine andere Deutung zu. Unklar bleibt das Verhältnis der kleinen Höhlenburg zur benachbarten Burg Kallenberg.

Der Transport und das Vermauern einer so erheblichen Anzahl großer Steine bedurfte gewaltiger Anstrengungen und stellt eine beachtliche organisatorische und technische Leistung dar. Steine von bis zu 2 m Länge, 60 cm Höhe und 80 cm Tiefe konnte man nur aus nahegelegenen Steinbrüchen holen. Wo es möglich war, nutzte man gleich den Burggraben als Steinbruch. Das Werkzeug der Steinmetzen entsprach der Größe der Werkstücke. Die großen Spitzhauen und die beilartigen „Flächen" konnten nur beidhändig benutzt werden. Neben der Geschicklichkeit der Steinmetzen spielte die Art des Materials eine bedeutende Rolle. Sandstein war naturgemäß leichter zu bearbeiten als spröder Kalkstein. Trotzdem hat man offenbar versucht, aus jedem Gestein Buckelquader herzustellen. Die fertigen Quader, die manchmal bis zu 2 t schwer waren, brachte man mit dem Kran und Seilen an ihren Platz im Bauwerk. Dabei verwandte man Rollenzüge, die durch Haspel oder Tretrad bewegt wurden. Die noch heute sichtbaren Löcher in den späten Buckelquadern dienten den Zangen, mit denen die Steine gepackt und nach oben gezogen wurden.

Man unterscheidet drei Zeitstufen der Bauweise mit Buckelquadern. Zuerst erscheinen geschlossene Buckelquadermauern, die auf der Alb etwa seit 1220 auftreten. Ihnen folgen durch einzelne glatte Quader aufgelockerte Buckelquaderflächen oder Mauern, die nur noch über eingestreute Buckelquader verfügen. Den Abschluß bilden Bauwerke mit Eckbuckelquadern an sonst glatten Mauerflächen aus verputztem Bruchsteinmauerwerk. Schon nach weniger als 50 Jahren kamen Buckelquader aus der Mode, doch entstanden auch in nachstaufischer Zeit vereinzelt Bauwerke mit Buckelquadern. Datierungen durch Buckelquader sind daher nur begrenzt verläßlich.

Die seit 1221 bezeugten Herren von Kallenberg waren wahrscheinlich ritterliche Dienstleute der Grafen von Hohenberg. Im Besitz der Hohenberger befand sich 1334 die Burg mit der recht umfangreichen Herrschaft Kallenberg. Beim Verkauf der Grafschaft Hohenberg 1381 gelangte Kallenberg an Österreich und wurde bis 1805 wechselnden Besitzern verpfändet und zu Lehen gegeben. Wann die Burg aufgegeben wurde, wissen wir nicht. Als beim großen Erdbeben 1911 ein Giebel des Turms herabstürzte, war sie jedenfalls schon seit langem nicht mehr bewohnt.

Die **Kallenberghöhle** mit Bauresten einer Höhlenburg liegt nur 50 m von der Burgruine entfernt, aber so versteckt in einer vom Wald verdeckten Felswand, daß sie kaum Beachtung findet. Über einer Felsstufe öffnet sich der 8 m breite Höhleneingang. Der langgestreckte Höhlenraum verschmälert sich rasch, erlaubte aber eine zweigeschossige Nutzung. Die starke Frontmauer mit Riegelbalkenloch des Zugangs und Sims einer Öffnung in Stockwerkhöhe über dem Boden endet dicht unter der Decke, wohl um den Rauchabzug zu ermöglichen.

Zahllose Scherben der Geschirr- und Ofenkeramik vom Hang unter der Höhle belegen einen Wohnplatz, der um 1200 entstand und ungefähr bis zur Mitte des 13. Jh.s benutzt wurde. Die Höhle war also ein für längeren Aufenthalt angelegter befestigter Wohnplatz, der nach Entstehungszeit, Steinbauweise und einsamer Lage trotz der geringen Größe nur ein Adelssitz, eine Burg gewesen sein kann. Merkwürdig ist die Nähe dieser Höhlenburg zur gleichzeitigen Burg Kallenberg, die einen Zusammenhang zwischen beiden Anlagen voraussetzt.

Schloß Bronnen – halb trutzige Felsburg, halb romantisches Waldschlößchen – liegt in einsamer Felswildnis hoch über dem Donautal flußabwärts von Burg Kallenberg. Sein heutiges Aussehen erhielt es 1731–55 beim Ausbau der alten Burg zum Jagdschloß durch den Deutschordensbaumeister J. C. Bagnato; damals entstand auch die kleine Schloßkapelle. Noch von der Burg stammt der untere Teil des Turms mit Buckelquaderecken. Auch das sogenannte Jägerhaus am rückwärtigen Hofrand enthält Mauern mit einzelnen Buckelquadern von einem Vorgängerbau.

Nach den Keramikfunden entstand die Burg in der ersten Hälfte des 12. Jh.s. Da schriftliche Nachrichten über Bronnen erst später einsetzen, kennen wir weder die adligen Burggründer noch die Herkunft des merkwürdigen Burgnamens. 1241 erscheint die Herrschaft Mühlheim (mit Bronnen) im Besitz der Grafen von Zollern, ohne daß wir erfahren, wann und wie sie dazu gekommen sind. 1303 trugen sie diesen Besitz dem Bistum Konstanz zu Lehen auf, wobei erstmals Burg Bronnen genannt wurde. Nach Verpfändungen verkauften die Zollern 1391 die Herrschaft Mühlheim an Konrad von Weitingen, der sie 1409 an die Herren von Enzberg weiterverkaufte; in ihrem Besitz ist Burg Bronnen geblieben. Sie ist privat bewohnt und daher nicht zugänglich.

Eine schmale Holzbrücke bildet den einzigen Zugang zur Burg. Die schönste Aussicht auf das Schlößchen bietet ein Felsvorsprung auf der Südwestseite, wenn man dem Waldweg folgt. Hier wird klar, wie sehr Fels und Bau eine Einheit

Ifflinger Schloß im Stadtkern von Fridingen. Es enthält seit 1979 die Stadtbücherei und seit 1987 das Heimatmuseum Oberes Donautal mit Darstellungen zur Geschichte des Schlosses (Mai–Okt., Fr.–So. nachm. geöffnet).

bilden. Hinter dem Hauptbau steht die Kapelle, dahinter als Fachwerkbau das Jägerhaus. Eine Ringmauer schützt zusätzlich die Bergseite. Man erreicht das Schlößchen von einem Waldparkplatz bei Buchheim aus.

Als **Burgstall Stein** gilt die Ruine auf einem steilen Fels („Schloßfels"), der nahe bei der Mattheiser-Kapelle auf dem Kirchberg bei Fridingen hoch über der Donau aufragt und eine herrliche Aussicht über das Tal zum Stiegelesfels und zur Kallenberg-Ruine bietet. Erhalten haben sich von der Burg geringe Reste einer Baugruppe aus Bergfried und wehrhaftem Palas am Burggraben sowie ein Stück Ringmauer, das auf 30 m Länge noch bis zu 6 m hoch reicht. Nach den Keramikfunden entstand die Burg im 12. Jh., schon im 13. Jh. wurde sie aufgegeben. Als Burggründer kommen Angehörige des 1089 erstmals genannten Ortsadels von Fridingen in Betracht.

Strittig ist, ob die Nennung eines Burgstalls Stein 1409 sich tatsächlich auf diese Burg bezieht. Danach empfing Hans von Wildenfels durch Herzog Leopold von Österreich, Inhaber der Herrschaft Hohenberg seit 1381, als Hohenberger Lehen „ain burgstal genannt Stain, gelegen ze Fridingen und Kallemberg an der Tunaw und ain hof daselbs ..." Die Zuordnung zu unserer Burg kann

Burgstall Stein. Eine Rekonstruktionszeichnung von H. Seitz aus den Blättern des Schwäbischen Albvereins zeigt die Burg von der Grabenseite mit wehrhaftem Palas, Bergfried, Tor, der erhaltenen Ringmauer und den vermuteten Wirtschaftsbauten am rückwärtigen Felsrand.

Schauseite des **Enzberg-Schlosses in Mühlheim** mit Wappen und figurentragenden Säulen am stadtseitigen Hauptportal. Das Schloß ist Sitz der Freiherrn von Enzberg und nicht öffentlich zugänglich.

nicht als eindeutig gelten, weil es um Fridingen und Kallenberg mehrere namenlose Burgstellen mit nahegelegenem Hof gibt: so etwa die Ziegelhöhlenburg mit der Ziegelhütte, die Höhlenburg am Scheuerlehof, eine Burg in der vorgeschichtlichen Anlage Rockenbusch über der ehemaligen Bronner Mühle, eine Höhlenburg und eine Felsburg im Naturschutzgebiet Stiegelesfels mit zu vermutendem Wirtschaftshof auf der anschließenden Rodefläche auf der Höhe. Unter diesen namenlosen Burgen wird außerdem die Stammburg der niederadligen Herren von Wildenfels vermutet. Vielleicht bringen uns derzeit laufende Bemühungen eines Burgenfreundes bald die erwünschte Aufklärung.

Schloß Fridingen und die denkmalgeschützte Altstadt des Donaustädtchens führen vor, wie reizvoll alte Bausubstanz sachgerecht erhalten und lebendig genutzt werden kann. Entstanden ist das sogenannte Ifflingerschloß aus der Burg Neuhohenberg, die von den Grafen von Hohenberg nach der Aufgabe der befestigten Höhensiedlung Altfridingen um 1300 als Wasserburg erbaut worden war. Nach dem Verkauf der Herrschaft Hohenberg 1381 war die Burg als Lehen Österreichs im Besitz der Herren von Ebingen, der von Balgheim (seit 1394), von Stain (seit 1498) und von Ifflingen (seit 1536). 1793 erwarb die Stadt das mehrfach umgebaute und erweiterte Anwesen und ließ das meiste davon abbrechen, 1942 vernichtete ein Brand die oberen Geschosse des verbliebenen Schloßteils. Dieser einstige Erweiterungsbau zwischen Burg und Ringmauer enthält in den Giebelmauern noch Teile der Burgmauer und der ursprünglichen Turmburg. Seit den umfangreichen Erneuerungsarbeiten (1978–81) dient das interessante Bauwerk als Stadtbücherei und Heimatmuseum.

Schloß Mühlheim, ein hoher Reckteckbau mit Mansarddach und zwei flankierenden Rundtürmen mit zwiebelförmiger Haube, liegt malerisch an der Spornspitze einer Anhöhe über der Donau. In seinem Kern geht das Schloß auf die alte Burg der Zollern zurück, der 1751–53 nach Plänen Bagnatos im ehemaligen Burggraben gegen die Stadt ein Schloßbau angefügt wurde. Das **Vordere Schloß** zwischen Schloß und Kirche war die eigenständige Anlage einer Enzberg-Linie mit Nebengebäuden und Zubehör. Der heutige Bau mit reicher Architekturmalerei stammt aus der Mitte des 18. Jh.s. Er beherbergt Stadtbücherei und Heimatmuseum. Burg und Stadt Mühlheim, 1241 im Besitz der Grafen von Zollern erstmals bezeugt, gelangten 1391 an die Herren von Weitingen und 1409 an die mit ihnen verwandten Herren von Enzberg, die bis heute im Schloß wohnen.

24

Hohenberg – Grafensitz in tausend Meter Höhe

Burg Hohenberg auf dem Titelblatt der um 1430 entstandenen Rottweiler Hofgerichtsordnung. Die Darstellung mit zwei Türmen und zwei großen Wohnbauten bestätigt die Ergebnisse der Grabung. Nicht wiedergegeben ist die Schildmauer, deren Platz das übergroße Tor einnimmt.

In einer freistehenden Berggruppe am westlichen Albrand erheben sich 300 m über das Vorland der Lemberg-Gipfel, mit 1015 m der höchste Berg der Schwäbischen Alb, der Hochberg und der langgestreckte Rücken des Oberhohenbergs. An seinem auf drei Seiten steil abfallenden Ende trägt er in 1011 m Höhe die höchstgelegene Burg der Alb.

Burg Hohenberg war die Stammburg der 1170 erstmals genannten Grafen von Hohenberg. Sie waren ein Zweig der Zollerngrafen und sollten für zwei Jahrhunderte zum beherrschenden Adelsgeschlecht am oberen Neckar werden. Zum erheirateten Erbe der Grafen von Haigerloch kamen im 13. Jh. weitere Erwerbungen dazu, so daß die Grafschaft schließlich aus einem geschlossenen Gebiet von Rottenburg bis Fridingen mit acht Städten und zahlreichen Burgen bestand. Hohenberg war Hofburg der Grafen, deren buntgemischte Bewohnerschaft wohl mehr als 50 Personen umfaßte. Dazu gehörten Truchseß und Marschall, Notar der Kanzlei und Priester für die Kapelle, ritterliche Burgmannen und Wächter, Hofbedienstete und Handwerker sowie Knechte und Mägde. Aus der Burgsiedlung am Fuß des Berges war eine kleine Stadt geworden, die aber das Ende der Burg nicht lange überdauerte.

Seinen Höhepunkt erlebte das Geschlecht mit Graf Albrecht II. von Hohenberg (1235–1298 bezeugt), dessen Schwester Gertrud mit Rudolf von Habsburg verheiratet war. Als Landvogt in Niederschwaben und kriegerischer Parteigänger seines königlichen Schwagers war er in zahllose Auseinandersetzungen und Kämpfe verwickelt, wobei er 1298 den Tod fand. Die Manesse-Handschrift, die ihn als Minnesänger vorstellt, zeigt ihn bei diesem Kampf vor seiner Burg Leinstetten. Das 14. Jh. brachte Teilungen und Verkäufe, die 1381 mit dem Verkauf der Grafschaft Hohenberg an Österreich ihren Abschluß fanden. 1486 ist das Geschlecht der Grafen von Hohenberg erloschen.

Burg Wehingen in einer Rekonstruktionszeichnung von Christoph Stauß. Sie zeigt an der Spornspitze Reste der Gründungsanlage Alt-Wehingen, die später zugunsten der jüngeren Burg aufgegeben wurde.

Die Burg Hohenberg fand 1449 ein spektakuläres Ende. Nach wechselnden Verpfändungen war sie 1434 als Pfand an Hans von Hornstein zu Schatzberg gelangt, dessen Sohn Jos in einer Fehde des Städtekriegs die Stadt Rottweil so übel schädigte, daß sie gegen die Burg vorging. Zwar war der Burgherr abwesend, aber die Burg mit 21 Bewaffneten, 40 Klotz- und Handbüchsen und zahlreichen Armbrüsten so gut versehen, daß sich der erbittert geführte Kampf über 16 Stunden hinzog. Fortgesetzter Beschuß und der Einsatz eines hölzernen Belagerungsturmes brachten schließlich den Fall der Burg. Ohne Erbarmen wurden die Überlebenden niedergemacht oder von den Mauern gestürzt, die Burg ausgeplündert, zerstört und niedergebrannt.

Obwohl sich nur Grundmauern und Gräben erhalten haben, kennen wir die einstige Burg Hohenberg recht gut. Sie wurde 1910–13 ausgegraben, und der Bericht darüber enthält einen Plan. Dazu gibt es vom Hohenberg eine der ganz seltenen frühen Burgdarstellungen (von 1430), wodurch die Grabungsergebnisse bestätigt werden.

Die grabenumzogene Voranlage enthielt mehrere Wohn- und Wirtschaftsgebäude, doch fehlen Hinweise auf Steinbauten und eine Ummauerung. Die Kernburg mit Schildmauer, zwei Türmen und zwei Wohnbauten erscheint zunächst nicht unüblich, doch die Schildmauer von 3 m Stärke mißt in der Länge 25 m, und die Gebäude waren 27 und 20 m lang bei 14 und 12 m Breite (!). Einmalig auf der Alb ist der achteckige Buckelquader-Bergfried, der die Schildmauer im Zugangsbereich verlängerte. Er könnte in der Zeit des 1207–1225 bezeugten Grafen Burkhard II. entstanden sein, Schildmauer und der runde Bergfried an der Burgrückseite – beide in Bruchsteinmauerwerk ausgeführt – stammen von einer jüngeren Verstärkung der Burg.

Burg Wehingen
Etwa 2 km östlich von Wehingen, wo bei Harras 1697–1839 eine Eisenhütte bestand, liegen auf der Schloßhalde die Reste der Burg Wehingen. Nahe der Spitze schneiden zwei Quergräben eine leicht felsige Burgstelle aus dem schmalen Höhensporn heraus. Erhalten haben sich außer einer mannshoch aufragenden Mauer am bergseitigen Graben nur geringe Mauerreste und Gebäudespuren. Nach den Keramikfunden entstand die Burg nach der Mitte des 13. Jh.s und wurde im 15. Jh. aufgegeben.

Überraschend ergab die Fundkeramik außerdem den Nachweis einer weiteren Burg an der äußersten Spitze der Schloßhalde, die nur schwache Spuren im Gelände hinterlassen hat. Diese Burg entstand um 1200 und wurde im 13. Jh. zugunsten der benachbarten Neuanlage verlassen. Auf der Schloßhalde haben wir damit die Reste zweier Burgen vor uns: An der Spornspitze stand die wenig aufwendig und wehrhaft gestaltete alte Burg, daran anschließend die mit großem Grab- und Bauaufwand errichtete spätmittelalterliche Nachfolgeanlage.

Herren von Wehingen, Stammesverwandte der Herren von Werenwag, erscheinen erstmals 1197 als Inhaber von Lehen des Klosters Reichenau, des Ortsherren in Wehingen. Da sie dort keine ortsherrschaftlichen Rechte hatten, waren sie möglicherweise kein alteingesessener Adel, sondern als Ministerialen der Reichenau in diese Gegend gekommen. 1351 verkauften sie ihre Burg, wahrscheinlich als Hohenberger Lehen, an Österreich. Nach mehreren Verpfändungen wurde diese 1475 als Burgstall bezeichnet.

Die Ritter von Wehingen fanden in Österreich eine neue Heimat, wo sie in mehreren Linien bedeutende Stellen im Dienst der Kirche (Bischof, Komtur der Johanniter) und des Hauses Habsburg erlangten. So Hans von Wehingen, der es zum Rat, Kämmerer und Marschall Erzherzog Sigismunds brachte. 1486 sollte er als Vogt der Oberen Herrschaft Hohenberg im Auftrag Österreichs sogar seine verfallene Stammburg wieder aufbauen. Doch dazu kam es nicht, denn Hans von Wehingen gehörte zum Kreis der Vertrauten des Erzherzogs, die für den Beinahe-Verkauf von Tirol und Vorderösterreich an Bayern 1487 verantwortlich gemacht, geächtet und aller Ämter und Lehen enthoben wurden. Eine Sage greift diese Ereignisse auf, indem sie einen Jost von Wehingen durch den Vorwurf der Majestätsbeleidigung zum Totschläger werden läßt, der, vom Kaiser verfemt und landflüchtig, seine Burg für immer verlassen muß.

Burgruine Michelstein liegt hoch über Egesheim auf einem Aussichtsfelsen an der Hangkante des Bäratals, kann aber von der Hochfläche her auf nahezu ebenem Weg erreicht werden. Der ehemalige Burgzugang führte hart an der Felskante über den Graben und durch einen kleinen Torzwinger zum inneren Tor, das durch ein Riegelbalkenloch belegt wird. Erhalten geblieben sind ein hohes Stück der Ringmauer am Grabenrand und

die fünf Stockwerke hoch reichende Hälfte eines Turmes mit Buckelquaderecken, Balkenlöchern und Balkenlagern der Geschoßdecken, mit Lichtscharten und Hinweisen auf einen grabenseitig hochgelegenen hölzernen Umgang. Die langgestreckte Burgfläche hinter dem Turm war feldseitig ummauert, enthielt anscheinend aber keine Steingebäude.

Burggründer waren die 1101–1305 genannten Edelfreien von Michelstein, die auch als Stifter der um 1300 entstandenen kleinen Klause bei Egesheim gelten. Obwohl die frühen Nennungen nicht sicher unserer Burg Michelstein zuzuordnen sind, kann aufgrund der Keramikfunde von einer Burggründung um 1100 ausgegangen werden. Im großen Erdbeben von 1356 wurde die Burg möglicherweise beschädigt, endgültig zerstört wurde sie im Städtekrieg 1377 durch Rottweil. Mit der Grafschaft Hohenberg kam der Burgstall mit Zugehör 1381 an Österreich und nach wechselnden Lehnsinhabern 1536 an die Herren von Ifflingen, die sich seit 1465 nach ihrer Burg Granegg (bei Rottweil) nannten. So kam Michelstein zum Namen Granegg. Seit 1931 ist der Schwäbische Albverein Besitzer und Betreuer der Ruine.

Burgruine Michelstein (falsch „Granegg“) auf einem langgestreckten Fels über Egesheim. Links zwischen den Bäumen ein Rest der Ringmauer und der hochragenden Turmhälfte.

Burgruine **Pfannenstiel** liegt im Wald beim Rheinfelderhof 2 km westlich von Kloster Beuron. Hoch erhaltene Mauern eines lang-rechteckigen Wohnturmes (23 x 12 m) bilden den Kern der Anlage auf dem langgestreckten Felsgipfel eines Bergrückens über dem Bäratal. Vom tieferliegenden Burghof mit geringen Mauerresten führte der ehemalige Zugang durch ein heute zur breiten Bresche ausgebrochenes Tor, dessen Riegelbalkenloch um 1900 noch zu sehen war. Eine Pforte gegenüber könnte von einem Aborterker stammen; der jetzige Zugang ist neuzeitlich. Zwei Gräben schneiden den Burgplatz aus dem Bergkamm heraus, ein weiterer trennt eine Voranlage ab, die vielleicht einmal ummauert war.

Erst nach ihrem Abgang erscheint die Burg in der schriftlichen Überlieferung. 1476 verkaufte Jörg von Werenwag, wahrscheinlich aus der Mitgift seiner Frau Margarete von Urbach (bei Schorndorf), Burgstall Pfannenstiel mit der Gemarkung Eck (?) und allem Zubehör an Kloster Beuron und einen Mitkäufer, dessen Teil 1495 an das Kloster gelangte. „Pfannenstiel“ könnte danach durchaus der ursprüngliche Burgname sein, auch wenn uns kein Adel dieses Namens überliefert ist. Nach den Keramikfunden entstand die Burg nach 1200 und wurde ungefähr um 1400 aufgelassen.

Die Sage kennt die näheren Umstände: Der letzte Burgherr auf Pfannenstiel hatte lange Zeit als einziges Kind eine Tochter. Als sehr viel später doch noch ein Stammhalter geboren wurde, konnte sie die Zurücksetzung durch den nachgeborenen Bruder nicht ertragen. Als die Eltern einmal fort waren, befahl sie einem Diener, den Säugling in der Bära zu ertränken. Der aber übergab ihn einer alten Frau, die den Buben aufzog. Doch bei der Hochzeit der bösen Schwester zerschmetterte ein Blitz sie samt ihrer Burg. Der Bruder erfuhr erst spät von seiner wahren Herkunft. Er wollte aber nichts von einem Wiederaufbau der Burg Pfannenstiel wissen, sondern baute sich auf einem nahen Felssporn die Burg Kreidenstein.

25

Honberg über Tuttlingen – Württembergs erste Festung

Honberg über Tuttlingen ist eine bemerkenswerte Anlage, denn sie verkörpert als Neuschöpfung und einziger Burgenneubau Württembergs im 15. Jh. den Typ einer Frühfestung, die nicht mehr Ritterburg und noch nicht Landesfestung im späteren Sinn war. Sie war nie Stammsitz eines Adelsgeschlechtes mit Burgzubehör wie Bau- und Fuhrfronen und Burgbezirk, sondern Wohn- und Amtssitz württembergischer Obervögte. Sie entstand 1460 unter dem jungen Grafen Eberhard (im Bart) als Südfestung Württembergs, doch fehlen ihr die Elemente des späteren Festungsbaus wie mächtige Rundturmbastione, rechteckige Basteien und spitze oder sternförmige Stein- und Erdwerke.

Zur Besatzung gehörten um 1520 außer dem Obervogt und vier Wächtern zwei Büchsenmeister und neun Knechte; im Bauernkrieg 1525 wurde sie um weitere acht Mann erhöht. Nach dem Erwerb des Hohentwiels 1538 und seinem Ausbau zur Landesfestung Württembergs verlor die Feste Honberg ihre Bedeutung, weshalb die Garnison verringert und schließlich aufgehoben wurde und Bauarbeiten unterblieben. Im Dreißigjährigen Krieg waren zwar zeitweise wieder Besatzungen auf der Feste, doch der schlechte Bauzustand machte sie zum Spielball wechselnder Kriegsparteien, bis sie 1645 vom Hohentwiel aus durch Truppen Widerholds zerstört wurde. Später diente sie als Steinbruch.

Kern der Festungsanlage Honberg war das „Schloß" am stadtseitigen Rand des Bergrückens über Tuttlingen. Der riesige Steinbau (30 x 16 m) über drei Stockwerke mit Satteldach, Staffelgiebeln und vier flankierenden Rundtürmen war durch einen Graben vom anschließenden „Sammlungsplatz" getrennt. Eine noch 5 m hohe Mauer mit nach innen offenen Halbtürmen umschloß die Gesamtanlage. Feldseitig war die hier 70 m breite Mauer verstärkt und durch zwei noch 12 m hohe Flankierungstürme für Geschütze gesichert. Ein Erdwall vor dem Graben sollte die Frontmauer vor Beschuß schützen. Die weitläufige Festungsfläche (350 x 70 m) zeigt keine Innenbebauung, war aber zur Aufnahme größerer Truppenteile geeignet. – Burg Honberg stellt so das bedeutende Baudenkmal einer sehr regelmäßigen und übersichtlichen Frühfestung dar, die – später kaum verändert – in umfangreichen Resten auf uns gekommen ist.

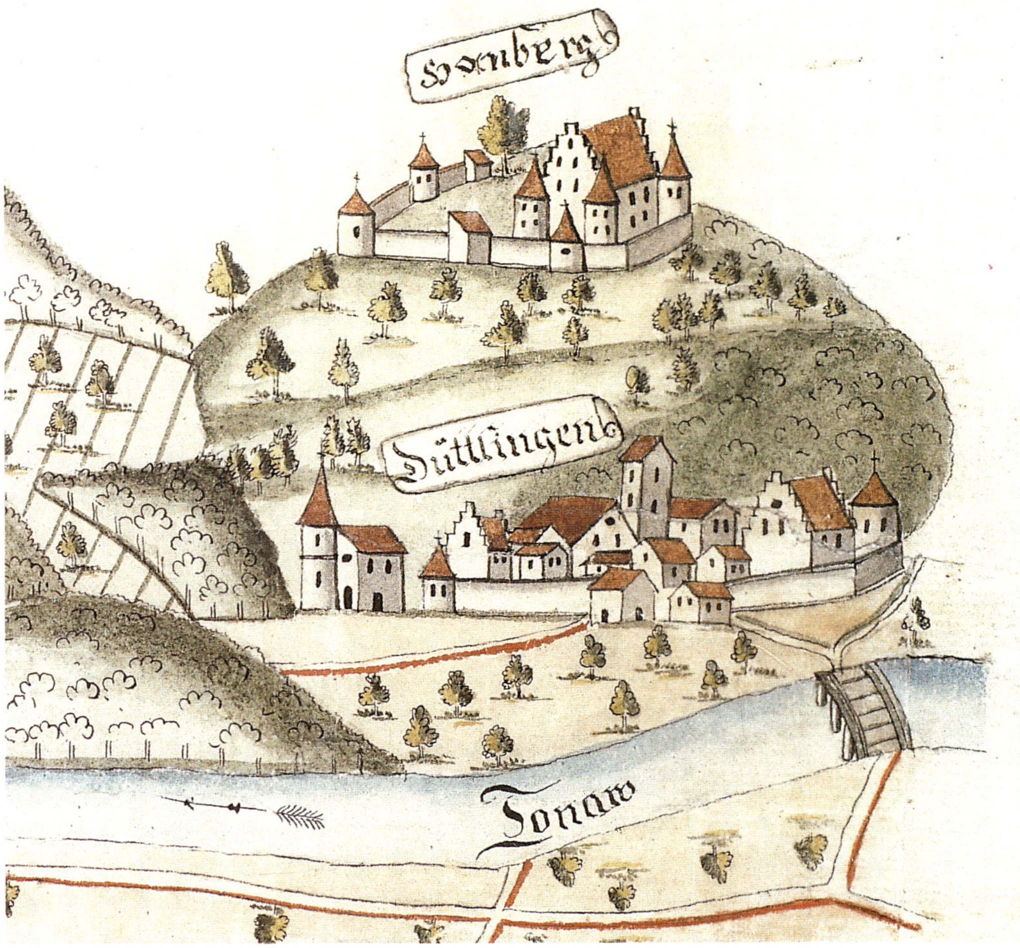

Honberg in der Enzbergkarte von 1544.

Ruine **Konzenberg** liegt auf einem Bergsporn zwischen Elta- und Krähenbachtal etwa 5 km westlich von Tuttlingen. Nahe beim Zugang über den Burggraben steht frei in der geräumigen, von Resten der Ringmauer gesäumten Burgfläche der eindrucksvolle Stumpf eines gewaltigen Buckelquaderturms. Die 12 und 13 m langen Mau-

Honberg über Tuttlingen. Blick in das Innere des ehemaligen „Schlosses" mit dem 1893 wieder aufgebauten Eckturm (nicht im Bild der Aussichtsturm mit offener Zinnenplattform von 1883).

ern aus mächtigen Buckelquaderblöcken sind 4 m dick und reichen bei abnehmender Größe und Qualität der Buckelquader noch 13 m hoch, was etwa der halben Höhe des ursprünglichen Turms entsprechen mag. Der rundbogige Hocheingang befindet sich an der grabenabgewandten Seite des Bergfrieds in 10 m Höhe. Schlecht zugänglich sind spärliche Reste eines weiteren Steinbaus, vielleicht eines Turms, etwa 100 m den Berggrat abwärts.

Die 1239 im Besitz der Herren von Hirscheck (bei Altshausen) erstmals erwähnte Burg auf altem Reichsgut war durch Heirat von den Herren von Wartenberg an die von Hirscheck gelangt. 1300 erwarb das Domkapitel Konstanz Burg und Herrschaft Konzenberg. Nach vielfacher Verpfändung verkaufte das Bistum 1600 die Herrschaft an die Domprobstei Konstanz, so daß die Dompröbste Landesherren waren. Verwaltungssitz wurde das Schloß in Wurmlingen, die Burg diente nur noch als Sitz eines Jägers. Ihr undramatisches Ende, beispielhaft für die meisten Burgen, schildert die Beschreibung Tuttlingens von 1839: „Weil diese einsam von Waldungen umgebene Burg ... unbewohnt und ihrem Schicksal überlassen blieb, so war es kein Wunder, daß räuberische Hände ihre allmählige Zerstörung beförderten. Im Julius 1818 wurden alle Schlösser und Beschläge ihrer Thüren, Laden und Fenster, nebst einigen eisernen Ofenthürchen und der großen Kette am Ziehbrunnen im Schloßhofe geraubt und selbst alle Fenster zerschlagen, um das Blei an denselben zu stehlen." Vom anschließenden Abbruch blieb nur der Turm verschont.

Lupfen

Halbwegs zwischen Villingen-Schwenningen und Tuttlingen auf freistehendem Bergrücken 2 km nördlich von Talheim überragt ein Aussichtsturm (von 1911) in fast 1 000 m Höhe den Wald am Platz der einstigen Burg Lupfen. Ein Graben schneidet die von Gräben mit Vorwall umschlossene Burgstelle an der Westspitze des Höhenrückens ab, ein zweiter die geräumige Vorburg. Mauern sind nicht erhalten; nur Schuttwälle, Gruben und bei der Grabung 1909 freigelegte Fundamente

Ruine Konzenberg mit dem Stumpf eines mächtigen Buckelquader-Bergfrieds und einem schönen Lagerplatz im Wald ist vom nahen Parkplatz aus ohne Mühe zu erreichen.

geben undeutliche Hinweise auf die einstige Baugestalt. Ungedeutet sind bislang drei weitere Gräben, die 400 m von der Burg entfernt den gratartig verschmälerten Bergrücken queren. Auf dem anschließenden Ostteil der Höhe befand sich eine vorgeschichtliche Siedlung.

Lupfen war die Stammburg der schon 1065 bezeugten Edelfreien von Lupfen. Sie erscheinen später mit Schenkungen an Kloster Rottenmünster (bei Rottweil), an dessen Gründung 1222 sie mitgewirkt hatten. 1258 verlegten sie das von ihnen gegründete und geförderte Kloster in Kernhausen (Markung Ratshausen bei Schömberg) nach Offenhausen. Erfolgreicher als die Stammlinie war die 1251 entstandene Linie Lupfen-Stühlingen, die in den Grafenstand aufstieg.

1304 wurde Burg Lupfen an Österreich verkauft, doch gelangte sie 1315 als Pfand der Grafen von Hohenberg an das Haus Lupfen zurück. 1377 und 1416 wurde die Burg durch die Reichsstadt Rottweil zerstört, weil die von Lupfen im Städtekrieg auf seiten Württembergs, bei der Auseinandersetzung zwischen Kaiser Sigmund und Herzog Friedrich von Österreich auf der Seite des Herzogs standen. 1437 kam die wieder aufgebaute Burg durch Kauf an die Herren von Friedingen und 1444 an Württemberg. Sie geriet in Abgang und war 1570 nicht mehr bewohnbar. Die Herren von Lupfen waren 1439 ausgestorben, die Linie der Grafen von Lupfen erlosch 1582.

Karpfen

„Wegen seiner mannigfaltigen Aussicht verdient es diese Ruinenburg noch immer, von Reisenden bestiegen zu werden, und erhebend ist die Umsicht auf die Menge von Ortschaften und die Stadt Rottweil; an die traurige Wandelbarkeit der Menschenwerke aber mahnend der Hinblick auf die Trümmer der mächtigen Burg …“ So steht es in der Beschreibung des Oberamtsbezirks Tuttlingen von 1839, und dabei ist es geblieben: Der 4 km südwestlich von Spaichingen frei vor dem Albrand 912 m hoch aufragende Bergkegel bietet eine hinreißende Rundumsicht, wogegen an die Burg fast nur noch Geländespuren erinnern.

Blick vom Lupfen. „Die Aussicht ist nahezu unbegrenzt. Glitzern im Süden die weißen Spitzen der Alpen, so dunkeln im Westen die Tannenwälder des nahen Schwarzwaldes. Im Norden dann der Steilabfall des Heubergs mit seinem hellen Juraabbruch ..."
(Arthur Hauptmann, 1987)

Ein Graben trennte die Vorburg mit Torbau und rundem Mauerturm von der zwingerumschlossenen, etwas höherliegenden Kernburg. Sie bestand aus drei ungefähr quadratischen Gebäuden von etwa 10–12 m Seitenlänge – möglicherweise Wohntürme verschiedener Besitzer –, aus einem runden Mauerturm, der Ringmauer und dem Tor. Einen Bergfried hatte die Burg nicht. Häßliche Grabungsspuren veranschaulichen, wie nötig das Denkmalschutzgesetz war, das solcherlei „Forschungen" verbietet und zukünftig hoffentlich noch wirkungsvoller unterbindet.

Die Burg war ursprünglich Reichslehen im Besitz der von etwa 1050 bis 1234 genannten Hochadelsfamilie von Karpfen (Calphen). Wie sich die Besitzverhältnisse durch Erbteilungen, Verkäufe, Belehnungen und Verpfändungen weiter entwikkelten, ist nur bruchstückhaft erkennbar. Für 1410 bietet ein erhaltener Burgfriedenvertrag der Burg Karpfen einen einzigartigen Einblick in die inneren Verhältnisse einer Burg des Spätmittelalters. Die zehn Besitzteilhaber an Karpfen waren Grafen (Hochberg, Eberstein, Zollern), Edelfreie (Urslingen) und Niederadlige (Remchingen, Enzberg), doch hatten die meisten ihren Wohnsitz nicht auf der Burg. Der Vertrag regelte die gegenseitige Hilfe, die Unterhaltung (Baulast) der Burg, ihre Ausrüstung, Bevorratung, Verwaltung und Besatzung, die gemeinsame Verteidigung, die Beherbergung Dritter, die Schlichtung in Streitfällen und das gegenseitige Vorkaufsrecht an den Burganteilen.

Die Besatzung auf Karpfen bestand danach aus dem (adligen) Hauptmann, zehn Kriegsknechten (fünf beritten), sieben Wächtern und dem Torwart. Sie verfügte über 16 Büchsen (Kanonen), 20 Armbrüste mit 5 000 Pfeilen, Pulver, Kugeln und 20 Ersatzharnische. Die Vorräte umfaßten 9 000 Liter Wein, 200 Doppelzentner Mehl,

Getreide und Futterhafer, 25 Doppelzentner Musmehl, Erbsen und Salz sowie vier Rinder und zehn Schweine.

Nach Mißbrauch der Burg als Raubrittersitz (wenn von ihr Unrecht ausging, wenn Schuldige Schutz erhielten oder wenn unrechtmäßige Beute in ihr geborgen wurde) besetzte die Reichsstadt Rottweil Karpfen 1413 im Auftrag des Kaisers.

Burg Karpfen lag einst beherrschend auf einem ringsum freistehenden, steilen Bergkegel vor dem Westrand der Schwäbischen Alb.

Danach wurde den am Unrecht beteiligten Lehnsinhabern ihr Burganteil entzogen. 1422 kam es zur Neubelehnung, 1444 zum Verkauf an Württemberg. 1491 wurde Hans Wirtemberger, der außereheliche, aber legitimierte Sohn des Grafen Eberhard im Bart, mit Burg und Herrschaft Karpfen belehnt; seine Familie nannte sich bis zu ihrem Ende (1663) „von Karpfen". Im Dreißigjährigen Krieg wurde die schon seit 1629 dem Verfall überlassene Burg 1634 durch Österreich besetzt und abgebrannt.

Register

Seiten mit Erläuterungen zum jeweiligen Fachbegriff sind **halbfett**, Bildhinweise *kursiv* angegeben.

Literatur
Bildnachweis

Weitgehend vollständig erfaßt ist unsere Auswahl an Burgen und Schlössern in den Werken der amtlichen Landesbeschreibung wie den Oberamts- und Kreisbeschreibungen, den „Kunst- und Altertumsdenkmalen“, dem „Königreich Württemberg“ und dem „Land Baden-Württemberg“ sowie im „Handbuch der historischen Stätten“ und in dem 6 Bände umfassenden „Burgenführer“, der zu allen Anlagen auch Pläne und Literaturlisten enthält. Die andern hier genannten Arbeiten stellen eine thematische oder regionale Auswahl an Burgen und Schlössern vor.

Umfassendere Darstellungen

Oberamtsbeschreibungen in Württemberg, Stuttgart ab 1824 bis 1885. Zweite Bearbeitung ab 1893 bis 1930
Das Königreich Württemberg, Bd. 1–4, Stuttgart 1904–1907
Die Kunst- und Altertumsdenkmale in Württemberg, Stuttgart ab 1889
Die Kunstdenkmäler Hohenzollerns, Bd. I, Hechingen 1939, Bd. II, Stuttgart 1948
Das Land Baden-Württemberg, Bd. I–VIII, Stuttgart 1974–1983
Kreisbeschreibungen des Landes Baden-Württemberg, Stuttgart ab 1953, Sigmaringen ab 1968
Handbuch der historischen Stätten Deutschlands, Bd. 6, Baden-Württemberg, 2. Aufl., Stuttgart 1980
Schmitt, Günter: Burgenführer Schwäbische Alb, 6 Bände, Biberach 1988–1994

Albführer von Julius Wais, Neubearbeitung Ruth Wais, 13. Aufl., Stuttgart, Bd. I 1954, Bd. 2 1971
Antonow, Alexander: Burgen des süddeutschen Raums im 13. und 14. Jahrhundert, Bühl 1977
Biel, Jörg: Vorgeschichtliche Höhensiedlungen in Südwürttemberg-Hohenzollern, Stuttgart 1987
Bizer, Christoph und Götz, Rolf: Vergessene Burgen der Schwäbischen Alb, Stuttgart 1989
Bumiller, Casimir: Studien zur Sozialgeschichte der Grafschaft Zollern im Spätmittelalter, Sigmaringen 1990
Dörr, Gerd: Schwäbische Alb, Burgen, Schlösser, Ruinen, HB-Bildatlas, 1988
Frick, Walther: Felsen, Burgen, Rittersleut, Sigmaringendorf 1987
Haug, Gunter: Droben stehet die Kapelle ... Ausflüge in die Vergangenheit Schwabens, Stuttgart 1988
Hauptmann, Arthur: Burgen einst und jetzt, Konstanz, Bd. I 1984, Bd. 2 1987
Heim, Ines: Sagen von der Schwäbischen Alb, Karlsruhe 1992
Kraus, Johann Adam: Burgställe und Schlösser in und um Hohenzollern (Hohenzollerische Heimat 19), 1969
Streng, Hermann: Burgen, Schlösser und Ruinen im Tuttlinger Raum, Tuttlinger Heimatblätter 1976
Uhl, Stefan: Buckelquader an Burgen der Schwäbischen Alb (Zeitschrift für Hohenzollerische Geschichte, Bd. 26), 1990
Zingeler, K. Th. und Buck, Georg: Zollerische Schlösser, Burgen und Burgruinen in Schwaben, Berlin 1906
Zürn, Hartwig: Die vor- und frühgeschichtlichen Geländedenkmale und die mittelalterlichen Burgstellen der Kreise Stuttgart, Böblingen, Eßlingen und Nürtingen, ... der Kreise Göppingen und Ulm, Stuttgart 1956 und 1961

Alberti, Otto: Württembergisches Adels- und Wappenbuch, Nachdruck 1975 des 1889–1916 in Stuttgart erschienenen Werkes
Fleckenstein, Josef (Hrsg.): Das ritterliche Turnier im Mittelalter, Göttingen 1985
Meyer, Werner und Eduard Widmer: Das große Burgenbuch der Schweiz, Zürich 1977
Museen in Baden-Württemberg, 3. Aufl., Stuttgart 1992
Museen und Galerien zwischen Neckar und Bodensee, 2. Aufl., Sigmaringen 1991
Satrapa-Schill, Almut: Höhenburgen – Leben und Versorgung, Stuttgart 1977
Staatliche Museen in Baden-Württemberg, Freudenstadt 1985
Walther, Ingo: Codex Manesse – Die Miniaturen der Großen Heidelberger Liederhandschrift, Frankfurt 1988
Die Chronik der Grafen von Zimmern, Sigmaringen 1964–1972 (Bd. 4 und 5 stehen noch aus), ältere Ausgabe von K. A. Barack, 1881/82
Die Zwiefalter Chroniken Ortliebs und Bertholds, Sigmaringen 1978

Zu den Einzelkapiteln

Die folgende Zusammenstellung bietet nur eine sehr beschränkte Auswahl besonders jüngerer Arbeiten, die meist weitergehende Literaturlisten enthalten. Nicht genannt werden hier die eingangs aufgeführten umfassenderen Darstellungen.

1 Härtsfeld und Ries

Akermann, Manfred, Bauzeugen der Stauferzeit im östlichen Schwaben, Stuttgart 1977
Archäologische Wanderungen im Ries (Führer zu archäologischen Denkmälern in Bayern, Schwaben, Bd. 2), 2. Aufl., Stuttgart 1988
Kunstdenkmäler Bezirksamt Nördlingen, in: Die Kunstdenkmäler von Bayern, Schwaben I, 1938

2 Kapfenburg

Aalen,Lauchheim, Ellwangen (Führer zu vor- und frühgeschichtlichen Denkmälern, Bd. 22) Mainz 1973
Archäologische Wanderungen im Ries (Führer zu archäologischen Denkmälern in Bayern, Schwaben, Bd. 2), 2. Aufl., Stuttgart 1988
Mayer, Eugen: Schloß Kapfenburg, München 1973
Pfeifer, Hans: Ostschwaben im Mittelalter, in: Der Ostalbkreis, Stuttgart 1978
Rombach, Otto: Hohenbaldern – ein Schloß am Ries (Beiträge zur Landeskunde), 1972

3 Hellenstein

Akermann, Manfred: Schloß Hellenstein, Heidenheim 1974
Bühler, Heinz: Die Güssen – ein schwäbisches Niederadelsgeschlecht (Jahrbuch des historischen Vereins Dillingen), 1982
Geschichte der Herrschaft Heidenheim bis zum Ende des 16. Jahrhunderts, Dissertation, Tübingen 1952
Lehmann, Erhard: Lerne Deine Heimat kennen, Bd. 1 und 2, Heidenheim 1982 und 1985

4 Hohenstaufen

Bühler Heinz: Zur Geschichte der frühen Staufer (Hohenstaufen Nr. 10), Göppingen 1977
Maurer, Hans-Martin: Der Hohenstaufen, Geschichte der Stammburg eines Kaiserhauses, Stuttgart 1977
Müller, Otto (Hrsg.): Auf den Spuren der Staufer, Gerlingen 1977
Ziegler, Walter (Hrsg.): Staufer-Forschungen im Stauferkreis Göppingen, Göppingen 1977

5 Um Göppingen und Schwäbisch Gmünd

Fischer, Isidor: Heimatbuch für Weißenstein und Umgebung, Schwäbisch Gmünd 1927
Gemeinder, Emil: Die Burg Hohenrechberg und ihre Geschichte, Salach 1974
Die Herren von Rechberg, in: Donzdorfer Heimatbuch, 1976
Kettenmann, Jürgen: Sagen im Kreis Göppingen, Weißenhorn 1976
Maurer, Hans-Martin: Burgen und Adel in staufischer und nachstaufischer Zeit, in: Der Kreis Göppingen, Stuttgart 1973
Der Rosenstein bei Heubach (Führer zu archäologischen Denkmälern in Baden-Württemberg, Bd. 10), Stuttgart 1985
Setzen, Florian: Geheimnisvolles Christental, Donzdorf 1994

Ziegler, Walter: Die Kulturdenkmale des Kreises Göppingen, Sonderdruck einer Artikelserie von 1972–74, Göppingen o.J.
Ders.: Romantische Filstalreise, Weißenhorn 1983
Ders. (Hrsg.): Stauferstätten im Stauferland, Stuttgart 1977

6 Helfenstein
Bühler, Heinz: Richinza von Spitzenberg und ihr Verwandtenkreis (Württ. Franken Nr. 58), 1974
Burkhardt, Georg: Geschichte der Stadt Geislingen, Konstanz 1963
Heinkel, Hugo und Ziegler, Walter: Burg Spitzenberg, in: Die Marktgemeinde Kuchen, Kuchen 1978
Kettenmann, Jürgen: Sagen im Kreis Göppingen, Weißenhorn 1976
Maurer, Hans-Martin: Burgen und Adel in staufischer und nachstaufischer Zeit, in: Der Kreis Göppingen, Stuttgart 1973
Reichardt, Lutz: Ortsnamensbuch des Kreises Göppingen, Stuttgart 1989
Ziegler, Walter: Die Kulturdenkmale des Kreises Göppingen, Göppingen o.J.

7 Limburg, Teck, Aichelberg
Gründer, Irene: Studien zur Geschichte der Herrschaft Teck, Stuttgart 1963
Maurer, Hans-Martin: Burgruinen im Landkreis Nürtigen, Nürtingen 1967
Burgen und Adel in staufischer und nachstaufischer Zeit, in: Der Kreis Göppingen, Stuttgart 1973
Weilheim bis zur Stadtgründung, in: Heimatbuch Weilheim an der Teck, Weilheim 1969
Schmid, Karl (Hrsg.): Die Zähringer, Bd. I und II, Sigmaringen 1986
Schwenkel, Hans (Hrsg.): Heimatbuch des Kreises Nürtingen, Bd. I 1950, Bd. II 1953

8 Lenninger Tal
Bizer, Christoph; Götz, Rolf; Pfefferkorn, Wilfried: Wielandstein, Sonderdruck aus: Burgen und Schlösser, Heft 1980/II und 1981/I, Braubach 1981
Gemeinde Lenningen (Hrsg.): Schlössle Oberlenningen, Lenningen 1992
Götz, Rolf: Das „Schlössle“ in Oberlenningen, 1985
Maurer, Hans-Martin: Burgruinen im Landkreis Nürtingen, Nürtingen 1967
Die hochadligen Herren von Neuffen und von Sperberseck im 12. Jahrhundert (Zeitschrift für Württ. Landesgeschichte, 25. Jahrgang), Stuttgart 1966
Schwenkel, Hans (Hrsg.): Heimatbuch des Kreises Nürtingen, 1950 und 1953

9 Hohenneuffen und Urach
Bär, Walter: Der Neuffen, Neuffen 1992
Maurer, Hans-Martin: Burgruinen im Landkreis Nürtingen, Nürtingen 1967
Röhm, Walter: Urach, Stadtführer durch Kunst- und Geschichte, Urach 1978
Schwenkel, Hans (Hrsg.): Heimatbuch des Kreises Nürtingen, 1950 und 1953
Heimatbuch des Bezirks Urach, Urach 1933

10 Ermstal, Münsingen, Grafeneck
Pfefferkorn, Wilfried: Burgen der Münsinger Alb, in: Münsingen – Geschichte, Landschaft, Kultur, Sigmaringen 1982
Röhm, Walter: Urach, Stadtführer durch Kunst und Geschichte, Urach 1978
Sachs, Dietrich: Grafeneck früher und heute, in: Gomadingen im Wandel der Zeiten, Gomadingen 1987

11 Um Blaubeuren und Schelklingen
Hilsch, Peter: Die Burgen um Blaubeuren, in: Blaubeuren, Sigmaringen 1986
Uhl, Stefan: Schelklinger Burgen, Schelklinger Hefte 18, 1991
Ders.: Schloß Justingen, Schelklinger Hefte 16, 1990

12 Großes Lautertal
Bizer, Christoph; Götz, Rolf; Kies, Wolfram: Vergessene Burgen, in: Münsingen – Geschichte Landschaft, Kultur, Sigmaringen 1982
Dohl, Gunther: Die Grafen von Wartstein und ihre Burgen im Lautertal, Ulm 1991
Messow, Friedhelm (Hrsg.): Das Große Lautertal, Ulm 1991
Pfefferkorn, Wilfried: Buckelquader an Burgen der Stauferzeit in Württemberg, Ludwigsburg 1977
Ders.: Burgen der Münsinger Alb, in: Münsingen – Geschichte, Landschaft, Kultur, Sigmaringen 1982
Speth von Schülzburg-Stier, Margit: Die Schülzburg und ihre Geschichte, 1988
Uhrle, Alfons: Beiträge zur Geschichte der Herren von Gundelfingen, in: Münsingen – Geschichte, Landschaft, Kultur, Sigmaringen 1982
Ders.: Regesten zur Geschichte der Edelherren von Gundelfingen, von Justingen , von Steußlingen und von Wildenstein, Dissertation, Tübingen 1960

13 Lichtenstein
Bizer, Christoph und Götz, Rolf: Wo stand die erste Burg Lichtenstein? In: Vergessene Burgen der Schwäbischen Alb, Stuttgart 1989
Bizer, Christoph; Brändle, Rudolf; Götz, Rolf: Erpfinger Burgen und ihre Geschichte, Sonnenbühl 1987
Bizer/Götz/Pfefferkorn/E. Schmidt: Burgruine Hohenstein, Hohenstein 1987
Kinkelin, Wilhelm: Pfullinger Heimatbuch, 1956

14 Achalm, Stöffeln, Andeck
Harter, Hans: Gab es „Herren von Hausach“? (Die Ortenau 52), 1972
Kinkelin, Wilhelm: Heimatbuch Gönningen, 1952
Maurer, Hans-Martin: Die Achalm und der mittelalterliche Burgenbau (Reutlinger Geschichtsblätter, Neue Folge Nr. 6), 1968
Schipperges, Stefan: Der Bempflinger Vertrag von 1089/90, Esslingen 1990

15 Hohenzollern und Haigerloch
Baur, Willy: Die Burg Hohenzollern, Tübingen o.J.
Gers, Herbert: Burg Hohenzollern, Burgführer, 6. Aufl. 1984
Kraus, Uwe und Schaffer, Wolfgang: Im Land der Hohenzollern, Stuttgart 1991

16 Balingen, Schalksburg, Wenzelstein
Bizer, Hermann (Hrsg.): Tailfinger Heimatbuch, Tailfingen 1953
Decker-Hauff, Hansmartin: Burgfelden und Habsburg (Zeitschrift für Württ. Landesgeschichte, 11. Jahrg.), 1952
Jänichen, Hans: Burgfelden, ein Herrschaftssitz des 7. Jahrhunderts (Zeitschrift für Württ. Landesg., 11. Jahrg.), 1952
Schuster, Felix: Das „Zollernschloß“ in Balingen, in: Schwäbisches Heimatbuch, Bd. 25, Stuttgart 1939
Stettner, Walter: Ebingen, Sigmaringen 1986

17 An Fehla und Lauchert
Burkarth, Herbert: Geschichte der Herrschaft Gammertingen-Hettingen, Sigmaringen 1983
Kühbauch, Friedrich: Die Herren von Lichtenstein, in: 650 Jahre Bitz, Stuttgart 1982
Scholkmann, Barbara: Burg Baldenstein, Sigmaringen 1982
Uhl, Stefan: Die Burgruinen Vorder- und Hinterlichtenstein, Leckstein und Hasenfratz (Zeitschrift für Hohenzollerische Geschichte, Bd.23), Sigmaringen 1987
Zillenbiller, Erwin (Hrsg.): Stadtwerdung im Landkreis Sigmaringen, Burg und Stadt Veringen, Sigmaringen 1985

18 Hornstein, Schatzberg
Uhl, Stefan: Die Burgruine Schatzberg, in: Wilflingen – 900 Jahre Geschichte, Riedlingen 1989
Weber, Edwin (Hrsg.): Schloßruine Hornstein – Bau- und Herrschaftsgeschichte (in Vorbereitung)

19 Sigmaringen
Kaufhold, W. und Siegel, R.: Schloß Sigmaringen und das Fürstliche Haus Hohenzollern, 1966
Kraus, Uwe und Schaffer, Wolfgang: Im Land der Hohenzollern, Stuttgart 1991

20 Gutenstein, Falkenstein, Werenwag
Bender/Knappe/Wilke: Burgen im südlichen Baden, Freiburg 1979
Hiegl, Notker: Hausen im Tal, Burgen und Bürger einst und jetzt, Engen o.J.
Pfefferkorn, Wilfried: Die Burgruine Falkenstein an der Donau (Zeitschrift für Hohenz. Gesch., Bd. 22), Sigmaringen 1986
Ders.: Felsenburgen im oberen Donautal (Burgen und Schlösser, Nr. 14), 1974

21 Wildenstein
Bender/Knappe/Wilke: Burgen im südlichen Baden, Freiburg 1979
Burgführer Jugendherberge Wildenstein, 1986
Heim, Armin: Die Stadt der Fürstenberger, Meßkirch 1990
Pfefferkorn, Wilfried: Felsburgen im oberen Donautal (Burgen und Schlösser, Nr.14), 1974

22 Höhlenburgen

Binder, Hans: Höhlenführer Schwäbische Alb, 3. Aufl., Stuttgart 1989

Bizer, Christoph und Götz, Rolf: Höhlenburgen zwischen Mühlheim und Sigmaringen, in: Vergessene Burgen der Schwäbischen Alb, Stuttgart 1989

Hiegl, Notker: Hausen im Tal, Burgen und Bürger einst und jetzt, Engen o. J.

23 Kallenberg, Fridingen, Mühlheim

Blessing, Elmar: Mühlheim an der Donau, Heimatbuch 1985

Schnell, Martin: Burgen, in: Fridingen an der Donau 1963

Schuster, Eduard: Burgen und Schlösser Badens, 1908

Seitz, Harry und Stauß, Christoph: Ruine Burgstall bei Fridingen (Blätter des Schw. Albvereins, Nr. 4, 1986)

24 Hohenberg, Wehingen, Michelstein

Maurer, Hans-Martin: Burgen am oberen Neckar, Hohenberger Hofburgen – Bautypen – Burgfrieden, in: Zwischen Schwarzwald und Schwäbischer Alb, Sigmaringen 1984

Müller, Hans-Peter: Die Grafen von Hohenberg, in: Schörzinger Heimatbuch, 1985

Stemmler, Eugen: Zollern und Hohenberg (Hohenzollerische Jahreshefte, Nr. 21), 1961

Stierle, Leopold: Die Herren von Wehingen, Sigmaringen 1989

Uhl, Stefan: Die Burgruine Granegg bei Egesheim (Blätter des Schw. Albvereins, Heft 5, 1991)

25 Honberg, Lupfen, Karpfen

Maurer, Hans-Martin: Burgen am oberen Neckar, in: Zwischen Schwarzwald und Schwäbischer Alb, Sigmaringen 1984

Ders.: Die landesherrliche Burg in Wirtemberg im 15. und 16. Jahrhundert, Stuttgart 1958

Schäfer, Volker: Hochadelsherrschaft am oberen Neckar, in: Zwischen Schwarzwald und Schwäbischer Alb, Sigmaringen 1984

Archiv der Herren von Rechberg (Fotos: W. Ziegler, Göppingen): 32 (unten 2 x), 33 (2 x)

Brändle, R; Münsingen: 69 (2 x)

Braun, J.; Tübingen: 68, 73

Dohl, G.; Rothenacker: 70 (unten), 71 (2 x)

Frey, F.; Leibertingen: 104

Fürstlich Hohenzollernsche Hofkammer; Sigmaringen: 98

Germanisches Nationalmuseum; Nürnberg: 24 (Sign.: La 4039), 25 (Sign.: La 4039)

Hauptstaatsarchiv; Stuttgart: 45

Hehl, E; Tiefenbronn: Titelbild, 22, 41 (oben), 54, 82, 83

Klammet, G.; Ohlbach: 29

Kreisarchiv Göppingen: 30 Löbl-Schreyer; Bad Tölz-Ellbach: 75

Mock, F.J.; Biberach: 28, 67 (links)

Museum Stadt Mühlheim (Foto: R. Leibinger): 117

Pfündel, Th.; Stuttgart: 97

Ritzel, A.; Obertshausen: 16 (oben)

Schmitt, C.L. (Bildarchiv Superbild; München): 14

Schneiders, T; Lindau: 86

Schwenk, Haigerloch (Foto: R. Kränzler): 84

Seitz, H.; Reutlingen: 113 (unten)

Staatsgalerie Stuttgart: 58 (Inv.Nr.: 1526)

Stadt Weilheim a.d. Teck: 40

Stadt Neuffen (Foto: Luftbild Elsässer, Stuttgart): 50

Stadtarchiv Ulm: 38

Stadtarchiv Geislingen: 34

Stauß, Chr.; Rulfingen: 46, 49 (unten), 56 (oben), 81, 91, 95 (links), 96 (unten), 101 (unten), 105, 115

Universitätsbibliothek Heidelberg 11 (3 x), 12 (3 x)

Württembergische Landesbibliothek; Stuttgart: 52 (oben; Sign.: HB XV 5, 37r.)

Württembergisches Landesmuseum; Stuttgart: 52 (unten), 114

Ziegler, W.; Göppingen: 27, 32 (oben)

Vorsatzkarte: B. Gauder, Leinfelden-Echterdingen

Bizer, Chr.; Lenningen: alle sonstigen Abbildungen

Bücher aus dem DRW-Verlag

Baden-Württemberg
Daheim in einem schönen Land Von Martin Blümcke. 96 S. mit 45 ganzseitigen Farbfotos. 27 x 24 cm.

45 ganzseitige Farbfotos geben einen Eindruck von Landschaften, Städten und baulichen Kleinoden Baden-Württembergs. Martin Blümcke erzählt dazu Wissenswertes über Land und Leute. Außerdem gibt er interessante Ausflugs- und Besichtigungstips.

Faszination Schwäbische Alb
Am Trauf entlang vom Rosenstein zum Dreifaltigkeitsberg. Von Eva Walter und Thomas Pfündel. 160 S. mit 212 Farbfotos. 24,5 x 30,5 cm.

Das 160-Seiten-Erlebnis: Mit großformatigen Farbfotos von Meisterhand, viele doppelseitig. Mit interessanten Texten: abwechslungsreich, kurz, prägnant und mit viel Neuem. In modernem Outfit, der repräsentative Bildband der Spitzenklasse. Das Geschenk für jede Gelegenheit.

Baden-Württemberg
Traditionsbewußt – Zukunftsorientiert. Von Thomas Pfündel und Eva Walter. 168 S. mit 186 Farbfotos, 24 x 26 cm.

Der dreisprachige Text- und Bildband der Spitzenklasse stellt das liebenswerte, traditionsreiche Land im deutschen Südwesten in ausgesucht schönen Farbfotos vor. Ein Vorspann bringt Wissenswertes über die letzten 40 Jahre Landesgeschichte.

Württemberger Wein
Landschaft, Geschichte, Kultur. Von Carlheinz Gräter. 320 S. mit 100 Abb. 15 x 21,5 cm.

Die letzte zusammenfassende Darstellung der „Geschichte des Weinbaus in Schwaben" (I. Dornfeld, 1868) hat jetzt mit diesem Buch eine gelungene Nachfolge: Die historische Darstellung reicht von der Wildrebe und den frühesten Spuren des Weinbaus in römischer Zeit bis zum historischen Umbruch in Weinbau und Kellerwirtschaft nach dem Zweiten Weltkrieg. Berichtet wird über den Zusammenhang von Wein und Kultur, von Rebe und Landschaft, den gegenwärtigen Stand des Rebbaus.

Geliebtes Schwaben
Unterwegs im Ländle. Mit 45 Wandervorschlägen. Von Gottlob Eisenhardt. 96 S. mit 45 Farbtafeln, 20,5 x 20 cm. Der farbige Bilderbogen quer durch das schöne Schwabenland, mit erläuternden Texten und Wandertips.

Villa Reitzenstein kulinarisch
Gastfreundschaft im Staatsministerium Baden-Württemberg. 20 Menüs zum Nachkochen für jedermann von Günther Czapalla und Torsten Oestergaard. 100 S. mit 20 doppelseitigen Menübildern, 15 Farbfotos über die Villa Reitzenstein und 19 schwarz- weißen Fotos über das Serviettenfalten und Tischeindecken. 20,5 x 20 cm.

Schwarzwaldleben – anno dazumal
Ein historischer Bilderbogen aus dem 19. und frühen 20. Jahrhundert. Von Bernhard Oeschger und Edmund Weeger. 136 S. mit 140 historischen Fotos, 24 x 26 cm. Text und Bild zeigen den Alltag der Schwarzwälder Bevölkerung.

Streifzüge durch den Schwäbisch-Fränkischen Wald
Land, Leute, Geschichte, Sagen. Von Eva Walter und Thomas Pfündel. 118 S. mit 106 Farbfotos.

Streifzüge im Donautal
Von Donaueschingen bis Ulm. Von Eva Walter und Thomas Pfündel. 160 S. mit 118 Farbfotos, 24 x 26 cm. Das romantische Donautal mit seinen Burgen, Schlössern, Klöstern und Städten.

Streifzüge im Neckartal
Von Ludwigsburg bis Bad Wimpfen. Von Eva Walter und Thomas Pfündel. 128 S. mit 199 Farbfotos, 24 x 26 cm. Die aktuellen Informationen über die Landschaft zwischen Ludwigsburg und Bad Wimpfen.

Im Land der Hohenzollern
Landschaften, Kultur und Geschichte entlang der Hohenzollernstraße. Von Uwe Kraus und Wolfgang Schaffer. 112 S. mit 113 Farbfotos, 24 x 26 cm.

Schwäbische Tüftler und Erfinder
Hrsg. von Jörg Baldenhofer. 174 S. mit über 150 meist farbigen Abb., 24 x 26 cm. Eine Technikgeschichte im Querschnitt schwäbischer Lebensbilder.

Badische Tüftler und Erfinder
Hrsg. von Jörg Baldenhofer. 120 S. mit über 130 meist farbigen Abb., 24 x 26 cm. Berühmte Erfinder aus Baden und ihre Erfindungen.

Schwäbische Forscher und Gelehrte
Lebensbilder aus sechs Jahrhunderten. Hrsg. von Helmuth Albrecht. 136 S. mit 144 teilweise farbigen Abb., 24 x 26 cm. Leben und Werk von 22 schwäbischen Naturforschern.

Schwaben – Land der Dichter
Von Werner Waldmann. 140 S. mit 130 Farbbildern und vielen historischen Darstellungen, 24 x 26 cm. Lebensbilder von 12 berühmten schwäbischen Dichtern in Text und Bild, stimmungsvoll illustriert.

... da laß Dich fröhlich nieder
90 Wirtshausschilder, fotografiert und vorgestellt von Friedrich-W. Klemme. 60 S. mit 91 Farbfotos. 20,5 x 20 cm.

DRW-Bücher zum Thema Burgen und Schlösser, Kirchen und Klöster

Vergessene Burgen der Schwäbischen Alb
Von Christoph Bizer und Rolf Götz. 136 S., 91 Abbildungen in Farbe und 10 Rekonstruktions-Zeichnungen, Format 24 x 26 cm.

Zu Entdeckungsreisen an die schönsten Plätze der Schwäbischen Alb, zu vergessenen Burgen auf Felsspitzen, in Höhlen und in vorgeschichtlichen Wehranlagen lädt dieses Buch den Albfreund ein. Es überrascht mit zahlreichen Neuentdeckungen, mit bisher unbekannten Höhlenburgen und mit völlig veränderten Entstehungsgeschichten selbst so bekannter Anlagen wie Lichtenstein, Falkenstein oder Wildenstein. Viele wenig beachtete oder geschichtlich falsch eingeordnete Albburgen erhalten eine unerwartete Neubewertung (nach Forschungserkenntnissen bis 1989). Sagen und Geschichten aus mittelalterlichen Quellen sowie eine Fülle in Farbbildern vorgelegter Bodenfunde lassen Ritterleben und Burgenalltag der Schwäbischen Alb lebendig werden. Wegweiser, Register und Literaturverzeichnis erleichtern den Zugang zu den 75 Burgen, die in nahezu 100 Farbfotos und Rekonstruktions-Zeichnungen vorgestellt werden. Der repräsentative Bild- und Textband lädt ein, die schönsten Plätze der Schwäbischen Alb und ihre vergessenen Burgen neu zu entdecken und zu erleben.

Burgen und Schlösser in Hohenlohe
Von Wilhelm Gradmann. 167 S., 84 Abbildungen, davon 57 meist großformatige Farbfotos, Format 24 x 26 cm.

Hohenlohe ist das Land der Burgen und Schlösser. Besonders am Oberlauf von Kocher und Jagst – eingebettet in eine herrliche Landschaft – liegen zahlreiche Burgen. Viele von ihnen wurden zu Schlössern ausgebaut, die heute noch – wie Weikersheim – als künstlerisch wertvolle Bauten bekannt sind. Andere behielten den einfachen Stil der alten Ritterburg bei; andere verfielen. Der Wandel vom Mittelalter zur Neuzeit, der Bauernkrieg, der Dreißigjährige Krieg und die napoleonische Zeit haben in Hohenlohe ihre Spuren hinterlassen. Lebendig werden vom Autor die Schicksale der früheren Bewohner geschildert. Das Buch wurde für Freunde der heimatlichen Landschaft geschrieben, die zugleich für die Darstellung historischer Zusammenhänge aufgeschlossen sind. Sie werden Anregungen zum Besuch der geschichtsträchtigen Stätten finden und das auf Fahrten und Wanderungen bereits Gesehene vertiefen können. In diesem Bildband werden 37 Burgen, Schlösser und Ruinen in ausgewählt schönen Farbaufnahmen bekannter Fotografen und in ausführlichen Texten vorgestellt. Zusätzlich vermitteln Reproduktionen alter Stiche, Gemälde und Zeichnungen dem Leser die Entwicklung dieser historisch bedeutenden Gebäude in den vergangenen Jahrhunderten. Darüber hinaus wird auf weitere 47 Burgen, Schlösser und Ruinen kurz eingegangen.

Burgen und Schlösser am Neckar
Von Esslingen bis Mannheim. Von Wolfgang Kress. 128 S. mit 44 Farbfotos und 26 schwarzweißen Abbildungen und einer Übersichtskarte, Format 24 x 26 cm.

Bilder aus vergangenen Zeiten beschwören Burgen, Ruinen und Schlösser herauf. Sagenumwitterte Geschichte und Historien verbinden sich mit ihnen, zugleich sind sie greifbare Zeugnisse der Geschichte. Dieser Bildband stellt auf großformatigen Farbfotos und zeitgenössischen Bilddokumenten über 30 Ruinen, Burgen und Schlösser entlang dem Neckartal von Esslingen bis Mannheim ausführlich vor. Erzählt wird Wissenwertes und Unterhaltsames über die bauliche Entstehungsgeschichte, Ursprung und Wandel, und über die wechselvolle Geschichte der Bewohner für den Liebhaber und Entdecker von Burgen und Schlössern und der sie umgebenden Landschaft. Der Text-Bildband für den heimatkundlich und historisch interessierten Leser und Fotofreund gleichermaßen.

Kirchen und Klöster der Schwäbischen Alb
Von Günter Memmert. 160 S., 78 vierfarbige und 8 schwarzweiße, meist großformatige Abbildungen, Format 24 x 26 cm.

Die Schwäbische Alb ist des Schwaben geliebter Steingarten. Lange bevor es ihn in die Fremde zieht, besucht und erwandert er sein „Hausgebirge“. Neben Ruinen, Burgen und Schlössern sind hier Kirchen und Klöster ein eigenes Thema. In anschaulichen Schilderungen und ausgesucht schönen Farbaufnahmen bekannter Fotografen werden 31 Bauwerke ausführlich vorgestellt. Das Thema umspannt einen weiten Bogen über nahezu tausend Jahre Geschichte. Angefangen bei den zur Ehrfurcht mahnenden Zeugen aus romanischer Zeit, erlebt der Leser die zu immer mehr Begeisterung strebende Sehnsucht gotischen Bauens, spürt den Aufbruch der neuen Zeit in der Renaissance und Reformation und die Lebensfreude barocker Räume. Auch das mit rechnendem Verstand gebaute Erbe des Klassizismus und die mit idealistischem Sinn erträumten Vergangenheitsbilder der Romantik werden behandelt.

N
Stuttgart
A 8
B 10
Fils
Lauter
Kirchheim
B 28
A 81
Tübingen
Neckar
Echaz
Reutlingen
B 312
B 27
Teck
Hahnenkam
Hohenneuffen
9
Sulzburg
Rauber
Diepoldsb
Schlößle
Oberlenningen
8
Wielands
Erms
14
Achalm
Hofen
Hohenurach
Urach
Sperberse
Stöffeln
10
Wittlingen
Greifenstein
Baldeck
Andeck
Lichtenstein
13
Alter Lichtenstein
Uhenfels
Seeburg
Haigerloch
Eyach
Gr. Lauter
Münsingen
Melchingen
Grafeneck
15
Hohenzollern
Schnatren
Ringingen
Ringelstein
Hölnstein
Hohenstein
Blankenstein
Hohenhundersingen
16
Balingen
Burladingen
Trochtelfingen
B 465
Schlichem
Bichishausen
Niedergundelfingen
12
Hohengundelfi
Schalksburg
Frazenhaas
Leckstein
Schmiecha
Derneck
Schülzburg
Tailfinger
Schloß
17
Wartstein
Monsberg
B 27
Wenzelstein
Lichtenstein
B 313
Maisenburg
St. Ruprecht
Häringstein
Rottweil
Albstadt
Altehrenfels
Hohenberg
Baldenstein
Ehrenfels
Reichenstein
24
Rechtenstein
Wehingen
Lauchert
Schwäbische Albstraße
Schmeie
Veringen
Michelstein
Bära
Jungnau
Schatzberg
Hausen
Falkenstein
Werenwag
Weiler
Schmeien
20
18
Hornstein
B 311
Pfannenstiel
19
Hertenstein
A 81
Karpfen
Burgstall
Stein
21
Wildenstein
Dietfurt
Sigmaringen
22
Hexenturm
Gebrochen Gutenstein
Lupfen
Mühlheim
Petershöhle
Bronnen
Donau
Konzenberg
23
Fridingen
B 313
Tuttlingen
Ziegelhöhlenburg
Kallen-
berg
25
B 311
Honberg